## 과학 · IT

신 문 으 로   공 부 하 는   말 랑 말 랑

# 시사상식

### 신문이 술술 읽혀야 상식이 쌓인다

신문은 36페이지에서 40페이지 정도의 지면으로 이루어져 있습니다. 이를 한 권의 책으로 옮겨본다면 몇 페이지 정도 될까요? 하루의 신문 내용을 책으로 옮겨보면 약 200페이지 정도라고 합니다. 얇고 가벼운 신문이 이렇게 방대한 양의 정보를 담고 있었다니 새삼 놀랍지 않은가요? 게다가 책과는 다르게 신문은 여러 분야의 다양한 지식을 다룹니다. 하루치 신문을 책과 비교할 때 질적으로 전혀 뒤떨어지지 않는 다양한 내용들을 전해준다는 것을 알 수 있죠. 신문을 읽으면 전 세계 사회현상과 흐름, 전망, 관련된 역사, 문화 등을 배울 수 있습니다. 가장 저렴하게 지식을 습득할 수 있는 방법인 셈이죠.

### 클릭화학

배리 K. 샤플리스 교수와 모르텐 멜달 교수는 서로 다른 분자를 군더더기 없이 효율적으로 결합시키는 방법을 고안했습니다. 클릭화학의 요점은 마치 서로 딱 맞는 장난감 블록을 결합하듯, 분자도 그러한 방식으로 군더더기 없이 원하는 물질로 합성해내는 것입니다. 클릭화학은 부산물 없이 분자들이 결합되었을 때 생성되리라 예측되는 물질을 정확히 만들어낼 수 있는 것이죠.

### 누리호

한국형 발사체 누리호에 실린 성능검증위성과 위성모사체가 궤도에 안착했습니다. 이로써 대한민국은 세계 7번째로 1톤 이상인 실용적 규모의 인공위성을 우주발사체에 실어 자체기술로 쏘아올린 우주강국의 반열에 올랐죠. 발사에 성공한 누리호는 위성을 쏘아올린 액체연료 엔진부터 발사체에 탑재된 페어링에 이르기까지 핵심기술과 장비 모두 국내 연구진이 개발했습니다.

## 양자역학·6G·클릭화학·누리호 등
# 과학 시사상식 키워드를 한큐에!

(주)시대고시기획

신문으로 공부하는 말랑말랑

# 시사상식

## 과학 · IT

SD에듀
(주)시대고시기획

# 머리말

## 과학 시사상식을 신문으로 재미나게!

과학과 IT는 흥미로운 분야이지만 가까이 하기엔 먼 분야이기도 합니다. 일단 과학이라면 질색부터 하고 보는 사람들도 많이 있는데요. 특히 기초과학의 경우 많이 들어보기는 했는데 정확히 어떤 개념인지는 잘 모르는 경우가 많죠. 거기다 나날이 기술은 발전하고 있어서 자고 일어나면 뉴스에 새로운 IT·기술 용어가 튀어나오곤 합니다. 그래서 과학상식이라고 하는 것은 쉽게 이해하기도 어렵고 일부러 정보를 찾아서 습득하기도 번거로운 게 사실입니다.

그런데 이러한 과학상식을 손쉽게 쌓을 수 있는 방법이 있는데요. 바로 신문을 이용하는 것입니다. 한 부의 신문에는 기초과학 관련기사부터 기초과학을 활용한 IT·산업 기술과 동향, 또 이와 연관된 경제, 사회, 환경이슈 등 다방면의 시사상식 정보가 가득 들어 있습니다. 과학과 기술은 우리와 동떨어진 것이 아니라 사실은 우리의 삶 전반에 영향을 끼치고 있기 때문에, 한 가지의 과학지식을 갖추게 되면 마치 나무줄기처럼 다른 분야의 시사이슈를 이해하는데도 도움이 되죠.

이 책은 먼저 효율적으로 상식을 쌓을 수 있는 신문읽기의 방법을 제시하고, 우리가 자주 들어봤지만 쉽게 이해하기 어려운 과학용어와 최근 화제가 되는 과학시사 키워드를 소개합니다. 또 이러한 용어들이 실제 기사에서는 어떻게 드러나고, 어떤 이슈가 되고 있는지도 함께 알아봅니다. 이 책을 통해 난해한 과학이슈를 좀 더 쉽고 가볍게 이해할 수 있을 것입니다.

### 이 책의 특징

첫째 교과서에 나오는 기초과학부터 IT·환경 등 과학시사 키워드 80가지 엄선!

둘째 말랑말랑 해설 읽고, 관련 기사 정독하고, 퀴즈로 마무리!

셋째 신문으로 상식을 업데이트할 수 있는 자신만의 상식 쌓기 노하우 전수

넷째 역사의 한 페이지에 남은 세기의 과학자들과 만나며 과학역사 상식도 UP!

# 왜 상식을 쌓아야 할까?

## 상식은 시민사회의 기본 소양

우리는 사회를 살아가며 '상식적', '비상식적'이라는 말을 흔히 사용합니다. 이는 상식이 사회 구성원들이 매끄럽게 소통하게 하는 수단이 된다는 의미입니다. 상식이 없다면 어떤 주제로 대화하면서 맥락을 잘못 이해해 쉽게 다투거나 제대로 된 의견교환을 할 수 없을 것입니다. 상식은 우리가 시민사회를 살아가면서 갖춰야 하는 기본 소양인 셈입니다.

## 문해력은 상식에서 나온다

최근 우리사회에서는 학생과 성인을 막론하고 '문해력'이 현저히 떨어진다는 분석이 잇달았습니다. 기본적으로 문해력은 글의 구조와 그 안에 담긴 어휘를 이해하는 능력을 뜻하지만, 더 나아가 어떤 사회현상을 스스로의 기준을 갖고 사고하는 것을 뜻하기도 합니다. 그러기 위해서는 상식이 필요합니다. 상식이라는 대상에 대한 기본적인 이해인 상식 습득이 선행되어야, 더 확장되고 심화된 사고도 나올 수 있는 것이죠.

## 기업은 상식이 있는 사람을 원한다

상식은 그 사람이 살아오며 축적해온 교양의 정도를 의미합니다. 공기업과 공공기관에서는 이미 인재채용 때 상식 필기시험을 치러 보통 이상 정도의 상식을 갖춘 지원자를 선발하고 있습니다. 또한 기업의 채용면접에서는 흔히 사회 현안과 트렌드를 묻는 질문이 나옵니다. 지원자가 얼마나 이슈에 기민하게 반응하고, 이에 발맞춰 사고하고 행동할 수 있는지 심사하는 것이죠. 이런 센스 있는 사람을 기업은 원합니다.

## 대입구술·면접에서도 상식이 필요해

상식이 많다는 것은 아는 것이 많다는 뜻이고, 많이 아는 사람은 할 수 있는 말도 많습니다. 대입논술과 구술·면접전형에서는 예상치 못한 질문에 즉흥적으로 사고하고 이를 정리해 언어로 풀어내는 능력이 필요합니다. 기본상식이 있다면 무엇보다 유리하겠죠? 이를 위해 평소 다방면의 상식을 쌓는 것뿐 아니라 해당 상식에 관해 스스로 생각을 정리해두는 것도 필요합니다. 그런 바탕이 있어야 비판적이고 창의적인 안목이 나올 수 있습니다.

# ▌그렇다면 왜 〈말랑말랑 시사상식〉일까요?

## 신문 읽는 법부터 차근차근

이 책은 신문 읽기를 바탕으로 하고 있습니다. 상식의 '보물창고'인 신문 읽는 법을 먼저 살펴보고, 기사의 정보를 습득하여 정리하는 법부터 상세히 알려줍니다.

## 꼭 알아야 하는 키워드만 쏙쏙

어떤 상식부터 공부해야 될지 모르겠다고요? 광범위한 다방면의 시사상식 키워드를 중요도와 시의성을 바탕으로 쏙쏙 엄선했습니다.

## 시사상식과 일반상식을 한번에

시사상식과 일반상식의 사전적 정의는 다르지만 꼭 구분해 공부할 필요는 없습니다. 이 책에서는 최신이슈는 아니더라도 늘, 혹은 다시금 화제가 되는 일반상식의 내용도 함께 실었습니다.

## 말랑말랑, 쉽고 친절한 설명

단순한 설명과 암기 위주로 된 기존의 상식책을 넘어, 읽으면서 정말 쉽고 재미있게 이해할 수 있는 친절한 설명을 곁들였습니다.

## 시의적절한 기사

상식 키워드가 실제 기사에서 어떻게 사용되는지 알아볼 뿐 아니라, 키워드를 더 깊게 이해하고 관련된 다른 정보는 무엇인지 파악하도록 하는 시의적절한 기사를 골랐습니다.

## 이해를 돕기 위한 시각자료

말랑말랑한 설명과 함께 이해를 돕는 그림 · 사진 · 도표 등의 시각자료를 넣었습니다. 풍부한 정보를 한눈에 파악할 수 있습니다.

## 한 번 더 이해하기 위한 퀴즈

키워드마다 읽은 내용을 한 번 더 복습하기 위한 다양한 유형의 퀴즈를 곁들였습니다. 실제 상식 시험에 출제되는 내용을 바탕으로 해 기출유형도 엿볼 수 있습니다.

# 이 책의 구성과 특징

## ①
### 쉽고, 빠르게
### 시사상식을 쌓는 공부법을 공개한다

신문을 이해하는 기본상식과 신문의 중요성을 깨달았다면, 이제 고 빠르게 시사상식을 쌓을 수 있을지 알아봐야겠죠. 우선 매일

## ②
### 시사상식 키워드 정리
#### 1. 온실효과(과학)
대기를 빠져나가야 하는, 지표에서 반사된 복사에너지가 어 행성의 기온이 상승하는 현상이다. 대기 자체가 온실 '온실효과'라는 이름이 붙었다. 온실효과 자체는 원래 행 의한 자연발생적인 온실효과는 지구 온난화의 원인이 가스의 양이 과거에 비해 늘어나 온실효과가 극대화 되

## ①　009 핵융합
### 이토록 무한한 에너지

태양은 수십억년 동안 타올랐고, 앞으로도 수십억년 동안 타 다는 것은 결국 에너지를 낸다는 것입니다. 에너지를 내려면 양 안에서는 어떤 일이 벌어지기에 이토록 오랜 시간 동안 타

## ②
### '인공태양' 프로젝트 본격화,
### 핵융합 발전 500MW급 실증로 만든

정부가 인공태양 프로젝트인 핵융합 발전기 건설을 본격적으로
500MW급 핵융합 발전 실증로 건설 착수를 목표로 필요한 주요 기
어간다. 국제 핵융합 실험로(ITER)에 참여하는 주요국들은 ITER에
성을 확인하기 전 자국내 핵융합에너지 실현 가속화에 주력하고 있
과학기술정보통신부 장관은 '제18차 국가핵융합위원회'에서 '핵융
생산 실증로 기본개념' 등의 안건을 심의·의결했다. 이날 발표된

## 센스 넘치는
## 지성인의 비결은?

**❶ 시사이슈 정리법 공개**

신문을 술술 읽으며 쉽고 빠르게 스스로 시사상식을 쌓아갈 수 있는 핵심 노하우를 대방출합니다.

**❷ 시사용어 키워드 정리**

꼭 알아야 할 용어, 모르는 용어의 정리법을 알려줍니다. 신문 읽기와 병행해 빠짐없이 키워드를 정리 하면 효과가 두 배가 되어 상식이 더욱 풍성해집니다.

## 상식 키워드를 습득하는
## 효과적인 방법

**❶ 말랑말랑한 설명**

당신에게 꼭 필요한 설명! 말랑말 랑하게 풀어 쓴 해설로 과학상식을 쉽고 재미있게 공부해보세요.

**❷ 뉴스 속 상식**

쉽고 말랑말랑한 설명을 읽어봤다 면 관련 상식이 어떻게 활용되고 있는지 직접 확인해보면 이해가 훨 씬 쉽겠죠. 뉴스 속 상식은 여러분 이 공부한 과학용어가 뉴스 속에 어떻게 언급됐는지 보여줍니다.

ATURES

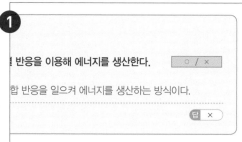

① 반응을 이용해 에너지를 생산한다. ○ / ×

합 반응을 일으켜 에너지를 생산하는 방식이다.

답 ×

②
상식UP! Quiz

└ 문제 우주에서 블랙홀을 이용해 먼 거리를 지름
정되는 공간은?
① 웜홀
② 화이트홀
③ 밴 앨런 구역
④ 퀘이사

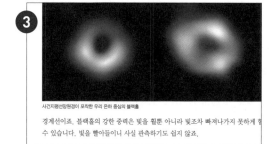

사건지평선망원경이 포착한 우리 은하 중심의 블랙홀

경계선이죠. 블랙홀의 강한 중력은 빛을 휠뿐 아니라 빛조차 빠져나가지 못하게 할
수 있습니다. 빛을 빨아들이니 사실 관측하기도 쉽지 않죠.

## 지식을 풍성하게 하는 다양한 통로

**① 기초 쌓는 ○× 퀴즈**

확률은 반반! ○× 퀴즈를 풀어보며 상식에 대한 흥미를 늘리고 개념을 마무리해보세요.

**② 상식 UP! 객관식 퀴즈**

객관식 퀴즈를 풀면서 조금 더 깊이 있는 과학지식을 쌓아갈 수 있습니다. 말랑말랑한 해설과 함께 공부하면 배경지식은 보너스!

**③ 설명을 돕는 그림과 도표**

한눈에 보는 그림과 도표를 추가해 복잡한 과학 개념의 이해를 돕고자 합니다. 더욱 생생하게 머릿속에 기억될 것 같죠?

① 별별 과학자

"기하학의 창시자"

# 유클리드

수학이라는 학문은 인류가 숫자를 세고, 인류를 둘러싼 세계를

## 역사 속 과학자들과의 별별 만남!

**① 과학역사 상식도 쏙쏙!**

우리가 잘 몰랐던 역사 속 별별 과학자들과 만나며 그들의 업적과 중요한 순간들, 그들이 과학과 인류의 역사에 끼친 영향은 무엇인지 알아봅니다.

# 이 책의 목차

## 핵심공략법  말랑말랑 신문 읽기

신문이 술술 읽혀야 상식이 쌓인다 · · · · · · · · · · · · · · · · · · · · · · · · · · · 016
쉽고, 빠르게 시사상식을 쌓는 공부법을 공개한다 · · · · · · · · · · · · · · · 019

## Chapter 1  기초과학

| | | | |
|---|---|---|---|
| 001 | 상대성이론 I | 당신의 시간과 나의 시간은 다르다 · · · · · · · · · | 026 |
| 002 | 상대성이론 II | 빛도 끌어당기는 중력의 힘 · · · · · · · · · | 030 |
| 003 | 빛의 이중성 | 그렇다, 빛은 알갱이였던 것이다 · · · · · · · · · | 034 |
| 004 | 양자역학 I | 순간이동하는 존재가 있다고? · · · · · · · · · | 038 |
| 005 | 양자역학 II | 코펜하겐 학파의 탄생 · · · · · · · · · | 042 |
| 006 | 양자역학 III | 살아 있는 동시에 죽어 있다 · · · · · · · · · | 046 |
| 007 | 전자기학 I | 정전기가 움직이자 세상이 움직였다 · · · · · · · · · | 051 |
| 008 | 전자기학 II | 전기와 자기는 하나다 · · · · · · · · · | 054 |
| 009 | 핵융합 | 이토록 무한한 에너지 · · · · · · · · · | 058 |
| 010 | 방사능 | 경제성 뒤에 숨은 양날의 검 · · · · · · · · · | 061 |
| 011 | 엔트로피 | 당신의 책상은 어떤가요? · · · · · · · · · | 064 |
| 012 | 카오스이론 | 무질서해 보이는 질서 · · · · · · · · · | 067 |
| 013 | 판 구조론 | 지구가 살아 있다는 증명 · · · · · · · · · | 069 |
| 014 | 대 기 | 지구에 내린 보이지 않는 축복 · · · · · · · · · | 073 |
| 015 | 태 풍 | 여름 · 가을 가리지 않아요 · · · · · · · · · | 076 |
| 016 | 진화론 | 기린의 목은 길어진 것일까? · · · · · · · · · | 079 |
| 017 | DNA | 생명을 짜는 실타래 · · · · · · · · · | 082 |
| 018 | 줄기세포 | 무엇이든 만들 수 있는 마법의 씨앗 · · · · · · · · · | 085 |
| 019 | 바이러스 변이 | 바이러스의 오점이자 최대 생존무기 · · · · · · · · · | 088 |
| 020 | 트랜스지방 | 적당히 먹어도 나빠요 · · · · · · · · · | 091 |
| 021 | 칼로리 | 일일이 계산하지 않아도 괜찮아요 · · · · · · · · · | 094 |

# NTENTS

**Chapter2**  IT · 기술

| | | | |
|---|---|---|---|
| 022 | 광섬유 | 빛에 정보를 실어 보낸다 | 100 |
| 023 | 자가치유 | 말랑말랑, 스스로 고쳐요! | 103 |
| 024 | RFID | 바코드를 뛰어넘는 차세대 인식기술의 등장 | 106 |
| 025 | NFT | 거품인가, 혁신인가 | 108 |
| 026 | 메타버스 | 슬기로운 가상생활 | 110 |
| 027 | 디지털 복원 | 문화재를 가상공간에서 만난다 | 113 |
| 028 | 알고리즘 | 신비하고 광활한 알고리즘의 세계 | 116 |
| 029 | 사물인터넷 | 사람이 점점 더 편해지는 세상 | 119 |
| 030 | 센 서 | 보이지 않는 기계의 눈 | 122 |
| 031 | 6G | 이제는 5G를 넘어 6G의 시대!? | 125 |
| 032 | 빅데이터 | 세상을 보는 거대한 눈 | 128 |
| 033 | 마이데이터 | 개인정보는 개인의 것! | 130 |
| 034 | 인공지능 | 인간을 뛰어넘는 기계의 두뇌 | 133 |
| 035 | 로 봇 | 두 발로 걷는 게 중요할까? | 136 |
| 036 | 클라우드 컴퓨팅 | 소프트웨어도 구독하는 시대! | 139 |
| 037 | 저궤도 위성통신 | 그냥 인공위성과는 달라! | 142 |
| 038 | 플렉서블 디스플레이 | 디스플레이는 어디까지 발전할까? | 144 |
| 039 | 해 킹 | 지적유희에서 범죄로 | 147 |
| 040 | 디지털 포렌식 | 최첨단 디지털 부검 수사 | 150 |
| 041 | 웨어러블 | 미래를 입는다 '웨어러블 컴퓨터' | 152 |
| 042 | 드 론 | 드론의 한계는 끝이 없어요! | 154 |
| 043 | 4차 산업혁명 | 융합으로 이루는 변화 | 156 |
| 044 | 희토류 | 첨단산업계의 비타민, 누가 많이 갖고 있나? | 158 |
| 045 | 그래핀 | 꿈의 신소재가 떴다! | 160 |
| 046 | 차세대배터리 | 안전과 효율, 두 마리 토끼를 잡아라! | 162 |

# 이 책의 목차

047 가상인간　　그녀의 놀랄 만한 정체! · · · · · · · · · · · · · · · · · · 165

048 클릭화학　　딸깍 딸깍, 분자의 퍼즐을 끼워 맞추다! · · · · · · · · 168

049 하이퍼루프　서울에서 부산까지 단 20분?! · · · · · · · · · · · · · 170

050 자율주행　　언제쯤 혼자서 가는 자동차를 탈 수 있을까? · · · · 173

051 바이오시밀러　효과만 확실하면 같지 않아도 돼 · · · · · · · · · · 176

052 유전자가위　DNA를 싹뚝~ · · · · · · · · · · · · · · · · · · · · · · 178

053 소형모듈원자로　에너지 위기의 대안이 될까? · · · · · · · · · · · 180

## Chapter3 환경 · 보건

054 GMO　　　　돌연변이 농산물, 재앙인가? 축복인가? · · · · · · · 186

055 대체육류　　미래 세계의 먹거리! · · · · · · · · · · · · · · · · · · 188

056 기후변화　　고작 1℃가 초래하는 엄청난 변화 · · · · · · · · · · · 190

057 기후변화협약　기후변화는 누구의 책임일까? · · · · · · · · · · · 193

058 대체에너지　언제쯤 완전히 대체할 수 있을까? · · · · · · · · · · 196

059 그린워싱　　녹색칠에 가려진 진실 · · · · · · · · · · · · · · · · · · 199

060 미세먼지　　이제는 늘 우리의 곁에 있는 소리 없는 암살자 · · · 202

061 미세플라스틱　물티슈는 종이로 만들지 않아요 · · · · · · · · · · 204

062 쓰레기대란　이제 더는 버릴 곳이 없다 · · · · · · · · · · · · · · · 207

063 스마트그리드　환경과 ICT의 만남?! · · · · · · · · · · · · · · · · 210

064 생물다양성　지구는 모두의 삶의 터전! · · · · · · · · · · · · · · · 213

065 순환경제　　절약과 재활용은 이제 기본입니다 · · · · · · · · · · 216

066 엔데믹　　　코로나19와 함께 하는 생활 · · · · · · · · · · · · · · 218

067 백 신　　　매도 먼저 맞아본 몸이 안다 · · · · · · · · · · · · · · 221

**Chapter4** 우 주

068 암흑물질 　정체불명! 우주는 과연 무엇으로 차 있을까? · · · · · · · · · 226

069 빅뱅우주론 I 　우주가 팽창하고 있다고?! · · · · · · · · · · · · · 230

070 빅뱅우주론 II 　우주를 더 빠르게 키우는 미지의 에너지 　233

071 블랙홀 　강력하고 무서운 우주의 힘 · · · · · · · · · 235

072 힉스입자 　신이 만든 미지의 세계, 우주를 탐구하다 　238

073 새턴V로켓 　인류를 달로 보낸 로켓의 혁명 　240

074 인공위성 　인류, 별을 띄우다! · · · · · · · · · · · · · · 243

075 아르테미스 계획 　달이 차오른다, 다시 가자 　246

076 누리호 　대한민국, 우주강국의 반열에 오르다 　249

077 우주쓰레기 　사람은 우주도 더럽힌다?! · · · · · · · · · 251

078 우주태양광발전 　인류가 상상해온 꿈의 발전방식 　253

079 제임스 웹 우주망원경 　인류 역사상 최강의 우주망원경 　256

080 테라포밍 　언젠가 화성에서 살 수 있을까? 　258

**Chapter5** 역사에 남은 별별 과학자

유클리드 　기하학의 창시자 · · · · · · · · · · · · · · · · · 264

자비르 이븐 하이얀 　가장 유명한 연금술사 　266

갈릴레오 갈릴레이 　그래도 지구는 돈다! · · · · · · · · · 268

제임스 와트 　증기기관과 산업혁명 　270

루이 파스퇴르 　모든 생명에는 이유가 있다 　272

레이첼 카슨 　침묵의 봄은 오는가 · · · · · · · · · · 274

줄리어스 로버트 오펜하이머 　핵폭탄의 아버지 · · · · · · · 276

신문으로 공부하는
# 말랑말랑 시사상식
## 과학·IT

etter

+++ Aktuelles +++ Informationen +++ Na

핵심공략법

말랑말랑 신문 읽기

# 신문이 술술
# 읽혀야 상식이 쌓인다

국내 대기업의 한 인사 담당자는 강연 때마다 이런 이야기를 한다고 합니다. "채용 면접관의 마음에 들고 싶다면 스펙을 쌓기보다는 종이신문을 읽으며 종합적 판단력을 키워라" 바로 신문 읽기의 중요성을 강조한 말입니다. 세계적인 투자자 워렌 버핏도 하루에 7가지 신문을 정독한다고 합니다. 그는 "나처럼 돈을 많이 벌려면 신문을 많이 읽어라"라고 조언했습니다.

신문은 36페이지에서 40페이지 정도의 지면으로 이루어져 있습니다. 이를 한 권의 책으로 옮겨본다면 몇 페이지 정도 될까요? 하루의 신문 내용을 책으로 옮겨보면 약 200페이지 정도라고 합니다. 얇고 가벼운 신문이 이렇게 방대한 양의 정보를 담고 있었다니 새삼 놀랍지 않은가요? 게다가 책과는 다르게 신문은 여러 분야의 다양한 지식을 다룹니다. 하루 치 신문은 책과 비교할 때 질적으로 전혀 뒤떨어지지 않는 다양한 내용들을 전해준다는 것을 알 수 있죠. 신문을 읽으면 전 세계 사회 현상과 흐름, 전망, 관련된 역사, 문화 등을 배울 수 있습니다. 가장 저렴하게 지식을 습득할 수 있는 방법인 셈이죠. 또 종이신문은 타이틀 크기, 지면배치 등만 봐도 해당 이슈가 어느 정도 중요한지 그 중요도까지 파악할 수 있어 신문을 읽는 것만으로도 상황 판단력과 논리력을 키우는 훈련을 할 수 있습니다.

전 분야의 지식을 모두 섭렵할 필요는 없지만 자신에게 필요한 부분을 쏙쏙 뽑아 내 것으로 만드는 데는 신문만큼 좋은 도구가 없습니다. 한 기업 사장은 바빠서 업무 중에는 짬을 낼 수 없기 때문에 새벽 출근길에 반드시 신문을 읽는다고 합니다. 그것도 두 가지 신문을 말입니다. 짧은 시간 동안 신문을 읽어야 하다 보니 나름대로 신문을 읽는 방법이 있다고 하는데요. 그는 경제, 사회, 정치면 순으로 읽고 그 다음에 문화, 스포츠면을 읽습니다. 자신에게 필요한 정보가 담겨 있는 곳을 먼저 읽는 것이죠. 자신의 필요에 따라 각 분야의 지식을 빠르게 얻을 수 있다는 점이 신문의 가장 큰 매력입니다.

**❶ 나도 기자다. 내가 기사를 쓴다면?**

자신이 독자가 아니라 기자라는 생각으로 신문을 읽어야 합니다. 전문가들은 이러한 방법이 최소의 시간을 들여 최대 효과를 내는 방법이라고 말합니다.

**❖❖ 신문읽기 3단계**

　　1단계 : 1면에서 마지막까지 쭉 훑어보면서 큰 제목과 작은 제목의 내용만
　　　　　간략하게 읽습니다. 5분에서 10분 동안 신문을 넘겨 보며 대략적인
　　　　　이슈들을 파악하는 과정입니다.

　　2단계 : 주요한 기사들을 파악하면 자신이 생각하는 중요도의 경중에 따라
　　　　　어디에 초점을 둬서 읽을 것인지 결정합니다.

　　3단계 : 정독하며 필요한 부분은 스크랩합니다. 이때 사건 속에 담긴 의미
　　　　　와 미래의 전망을 파악하며 읽으려는 노력을 기울여야 합니다.


**❷ 신문에서 이것만은 꼭 놓치지 말자.**

**❖❖ 글자만 보지 말자.**

- 신문을 읽을 때는 글자만이 아니라 사진도 글의 내용만큼이나 중요합니다.
- 꼼꼼히 글자 하나하나에 집중해서 읽기보다 속독으로 내용을 파악하는 것
  에 주력해야 합니다.
- 중요한 내용은 스크랩하며 흐름을 파악해야 합니다.

**❖❖ 연재기사, 특집기사는 꼭 읽자.**

- 기사의 기획의도를 생각해봅니다.
- 사건의 흐름을 파악하고 경험, 사고의 범위를 넓히는 데 도움이 됩니다.

## 세계 석학, 포럼 등을 다룬 기사들도 놓치지 말자.

- 신문의 가장 큰 장점은 시공간을 초월한 다양한 경험을 선물해준다는 것입니다. 세계 석학들, 전문가들은 우리가 쉽게 만나볼 수 없으며, 이들의 해박한 지식은 우리가 단시간 내에 따라잡기가 어렵습니다.
- 이들의 글을 읽는 것은 우리가 시간과 비용을 들이지 않고 고급정보를 축적할 수 있는 효율적인 방법입니다.

## 경제기사를 읽으면 성공이 보장된다.

- 처음에는 경제기사가 무슨 말인지도 모르겠고, 이해는커녕 써 있는 말만 암기하려고 해도 도통 잘 되지 않습니다. 하지만 경제기사는 처음에는 어렵지만 자주 보면 금세 친숙해집니다.
- 경제 분야의 기사를 읽을 때는 먼저 경제의 흐름을 파악하고 경기의 움직임을 읽어야 합니다. 그리고 금융시장의 동향을 살피고 난 후 적절한 재테크 계획을 세워보기도 합니다.

## 1단짜리 단신도 소홀히 보지 말자.

- 가장 가볍게 보고 넘길 수 있으면서도 중간중간 중요한 정보들이 있을 수 있기 때문에 주의를 기울여야 합니다.
- 특히 짤막한 해외 단신에 주목하고, 기업 홍보기사의 경우 모두 믿지는 않아야 합니다.

# 쉽고, 빠르게 시사상식을 쌓는 공부법을 공개한다

신문을 이해하는 기본상식과 신문의 중요성을 깨달았다면 이제는 어떻게 하면 쉽고 빠르게 시사상식을 쌓을 수 있을지 알아봐야겠죠. 우선 매일 조금씩이라도 신문을 읽고 정리하는 습관을 기르는 것이 좋습니다. 읽기만 하고 정리를 하지 않으면 지식을 쌓는 데 한계가 있을 수밖에 없기 때문입니다. 하루에 신문을 다 읽고 정리한다고 했을 때 기본적으로 두 시간, 속성으로 한다면 한 시간 정도는 시간을 들여야 합니다. 만약 그 정도의 시간도 짬을 내기 어렵다 싶은 날에는 하루 30분 정도, 중요한 기사만 읽고 지나가더라도 반드시 정리하는 시간을 가져야 합니다.

### 어떻게 공부를 해야 할지 구체적으로 알아볼까요?

❶ 읽고자 하는 신문을 자유롭게 선정합니다. 논조, 기자의 성향, 중립성 등을 고려하는 것도 중요하지만, 우선 시사상식을 쌓고 싶다면 이는 크게 중요하지 않습니다. 신문을 읽을 때는 노트와 펜도 함께 준비해야 합니다. 그래서 신문을 다 읽고 한꺼번에 정리할 것이 아니라 신문을 읽으며 메모하고 필기하는 습관을 기르는 것이 좋습니다.

❷ 먼저 신문의 1면을 읽은 후 뒷부분으로 넘겨 사설을 읽습니다. 신문의 1면은 그날의 가장 중요한 사건·사고들을 한눈에 보여주는 곳이고, 사설은 이슈가 되는 논쟁들이 무엇인지를 보여주는 곳이기 때문에 신문에서 가장 주목해야 할 부분입니다. 이렇게 신문의 1면과 사설을 읽으며 노트에 정리를 합니다.

이렇게 정리하면 됩니다. 정말로 간단하죠? 하지만 하루, 이틀, 일주일, 오랜 시간 쌓이고 나면 이때쯤에는 어떤 일이 있었는지, 사건의 흐름이 어떻게 바뀌어 왔는지를 파악할 수 있게 됩니다.

이것이 상식을 쌓는 첫걸음이며 이렇게 쌓은 상식은 논술시험, 면접시험 등 각종 입사시험에서 시사이슈, 찬반 논쟁에 대한 답변 시에도 많은 도움이 됩니다.

❸ 다음에는 기사 하나하나를 주의 깊게 읽고 정리해봐야겠죠. 기본적으로 신문을 읽고 정리하는 데 2시간 정도는 투자한다고 생각하면 됩니다. 하지만 시간이 부족하다 싶으면 1면에 나와 있는 제목과 관련된 기사들만 찾아 깊이 있게 읽는 것을 권유합니다. 하루씩 빼먹으면 이슈의 흐름이 끊긴다는 점에서도 그렇지만, 무엇보다 공부가 습관이 되지 않으면 매일매일 업데이트되는 상식을 놓칠 수 있기 때문입니다. 하루에 2시간, 바쁘면 30분이라도 반드시 신문을 읽고 정리하는 습관을 들이시길 바랍니다.

❹ 그렇다면 어떻게 정리해야 할까요?

기사 읽기 → 모르는 용어 적기 → 용어 설명 찾아서 내용 적기 → 관련되는 내용이 있다면 참고사항으로 적기 → 각 용어 정리마다 마지막에는 〈관련 기사〉 내용을 한 줄로 요약 또는 제목만이라도 적기 이렇게 정리하면 됩니다. 그렇다고 너무 욕심 부리지는 말고, 하루에 5~10개 이내의 용어를 정리하는 것이 적당합니다. 정리할 때는 기사 하나를 읽고 정리를 끝내고 다음 기사를 읽고 또 정리하고 이런 식도 좋지만, 이 방식은 쉽게 지칠 수가 있습니다. 그렇기 때문에 기사를 읽고 생소하고 중요한 용어는 노트에 관련 기사의 제목과 함께 필기해둔 후에 신문을 다 읽고 나서 적어둔 용어 설명도 찾아보고 하나하나 살을 붙여 정리해나가는 것도 좋은 방법입니다.

## 시사상식 키워드 정리

### 1. 온실효과(과학)

대기를 빠져나가야 하는, 지표에서 반사된 복사에너지가 대기를 빠져나가지 못하고 재흡수되어 행성의 기온이 상승하는 현상이다. 대기 자체가 온실의 유리와 같은 기능을 하기 때문에 '온실효과'라는 이름이 붙었다. 온실효과 자체는 원래 행성에 존재하는 것으로 복사에너지에 의한 자연발생적인 온실효과는 지구온난화의 원인이 아니지만 산업화의 진행에 따라 온실 가스의 양이 과거에 비해 늘어나 온실효과가 극대화되고 있다.

**관련기사** 온실효과 이산화탄소 1만배인데, 냉매 관리 실태 '낙제점'

이산화탄소 배출을 줄이기 위한 국가적 노력이 무색하게, 지구온난화에 영향을 주는 이산화탄소의 수백배에서 수만배에 달하는 물질들이 대기 중에 흩날려지고 있다. 느슨한 규제와 관리·감독 부재 때문이다. 환경부가 국회 환경노동위원회 전용기 더불어민주당 의원실에 제출한 자료에 따르면 지난해 냉매 제조 및 수입량은 3만 7,207톤에 달했으나, 회수량은 676톤에 불과해 회수율이 1.82%에 그쳤다. 전체 제조·수입량 중 98%가량은 회수되지 못하고 공기 중으로 배출된다는 뜻이다. 과거 오존층 파괴 주범으로 불렸던 '프레온가스'는 몬트리올 의정서를 거치며 대부분 국가에서 퇴출됐고, 그 결과 오존층도 상당히 회복됐다. 문제는 대체물질로 개발된 냉매의 경우 지구온난화 현상에 상당히 영향을 준다는 것이다. 2세대 냉매였던 수소염화불화탄소의 경우 오존층 파괴 영향에 지구온난화 영향(이산화탄소의 90~1,800배)까지 있었고, 이를 또다시 대체한 수소불화탄소는 종류에 따라 지구온난화 영향이 이산화탄소의 최소 140배에서 최대 1만 1,700배에 달한다.

**참고** 몬트리올 의정서

정식 명칭은 '오존층을 파괴시키는 물질에 대한 몬트리올 의정서'이며 1989년 1월 발효됐다. 오존층 파괴물질인 프레온가스, 할론 등의 사용을 규제해 오존층을 보호하는 것이 목적이다.

## 2. 블록체인(IT)

데이터 분산처리를 통해 거래정보를 참여자가 공유하는 기술이다. 온라인 거래 시 거래기록을 영구히 저장한, 장부를 통한 증명으로 돈이 한 번 이상 지불되는 것을 막는 기술이다. 거래가 기록되는 장부가 '블록(Block)'이 되고, 이 블록들은 시간의 흐름에 따라 연결된 '사슬(Chain)'을 이루게 된다. 이렇게 생성된 블록은 네트워크 안의 모든 참여자에게 전송되는데 모든 참여자가 이 거래를 승인해야 기존의 블록체인에 연결될 수 있다. 이러한 과정의 반복으로 형성된 구조는 거래장부의 위·변조를 불가능하게 만든다.

**관련기사** 한국서부발전, 블록체인 기술로 업무 보안·편의성 높인다

한국서부발전은 보안성과 투명성, 편의성을 갖춘 블록체인 플랫폼을 구축해 업무 전반에 활용한다고 밝혔다. 서부발전은 최근 공사·용역 계약 등의 제안서 평가에 블록체인 기반의 비대면시스템을 도입해 운영 중이다. 평가위원들이 비대면시스템에 기록한 점수는 블록체인에 영구 기록돼 위·변조가 원천 차단된다. 서부발전은 블록체인 기반의 계좌 이체거래약정서 등록시스템도 운영해 거래 협력업체가 등기우편으로 보내거나 직접 방문해 약정서를 내야 했던 불편을 없앴다. 서부발전은 실적증명서와 시험성적서, 모바일 사원증 발급 때도 적용하는 등 블록체인 플랫폼 활용을 확대해나갈 계획이다.

**참 고** 프라이빗 블록체인

미리 정해진 조직이나 개인들만 참여할 수 있는 형태로 참여자가 제한된 폐쇄형 블록체인을 뜻한다. 블록체인 소유자에게 허가를 받은 사람에 한해 읽고 쓰는 권한이 주어지며, 불특정 다수가 참여하는 퍼블릭 블록체인의 반대개념이다. 일반적으로 같은 목적 혹은 목표를 지닌 허가된 주체가 블록체인을 통해 장부를 관리하는 경우에 적합한 방식이다. 퍼블릭 블록체인에 비해 단시간에 많은 거래량을 처리할 수 있어 효율성이 높으며, 소수의 사람만 데이터 열람이 가능해 프라이버시가 보장된다. 그러나 소수에게만 권한이 부여되기 때문에 탈중앙화가 약하다는 단점이 있다.

## 3. 허준이(인물)

허준이는 한국계 미국인 수학자로 미국 프린스턴대 교수 겸 한국 고등과학원(KIAS) 수학부 석학교수다. 2022년 한국계 수학자로서는 처음으로 수학 분야의 노벨상이라는 '필즈상'을 수상해 화제가 됐다. 미국 캘리포니아에서 태어난 그는 두 살 때 가족과 함께 한국으로 돌아와 초등학교부터 대학 학부와 석사과정까지를 마쳤다. 2007년 서울대학교 수리과학부·물리천문학부를 졸업했고, 2009년 같은 학교 수리과학부 석사학위를, 2014년 미국 미시간대학교에서 박사학위를 받았다. 박사과정을 위해 미국으로 유학길을 떠난 이후에는 '리드추측'과 '로타추측' 등 오랜 수학 난제들을 하나씩 증명하면서 수학계에 명성을 떨쳤

다. 그는 뛰어난 연구업적과 왕성한 연구활동으로 사이먼스 연구자상, 삼성 호암상, 뉴호라이즌상, 블라바트닉 젊은과학자상 등을 받은 바 있다.

관련기사 정부, '제2의 허준이' 길러낼 수학자 지원 프로그램 추진
정부는 수학 분야 우수 연구자의 자유로운 연구를 장기간 지원하는 내용의 '허준이 펠로십'을 추진하기로 했다. 허준이 미국 프린스턴대 교수의 필즈상 수상 쾌거를 재현할 신진 연구자를 양성하기 위한 프로젝트로 대상자의 소속 기관도 국내로 제한하지 않기로 했다. 과학기술정보통신부는 만 39세 이하 청년 수학자를 대상으로 최장 10년 동안 매년 1억원 안팎을 지원하는 펠로십을 신설할 계획이다. 5년 차 중간평가만 한 차례 두어 자유로운 연구를 보장할 방침으로, 우선 6명을 시범지원한 뒤 확대 여부를 검토한다. 이와 함께 중고등학생과 대학생, 대학원생 20명가량을 별도 선발해 수학 분야 연구지도 등도 지원할 예정이다. 펠로십 추진은 "단기 목적으로 연구하지 않고 즐겁게 장기적인 큰 프로젝트를 할 만한 여유롭고 안정적인 환경을 마련했으면 한다"는 허 교수의 의견이 반영된 결과로 알려졌다.

참 고 **필즈상**
수학계의 노벨상으로 불리는 필즈상은 매 4년마다 시상식이 열리며, 1924년 세계수학자대회 조직위원장이었던 '존 필즈'가 국제적 수학상 제정을 제안한 것으로 시작됐다. 새로운 수학 분야 개척에 공헌한 40세 미만의 젊은 수학자에게 수여된다.

❺ 정리는 노트에 해도 좋고, 컴퓨터 문서로 해도 좋습니다. 대신 3일에 한 번, 또는 일주일에 한 번은 꼭 정리한 내용들을 학습하고, 계속 내용들을 축적해나가야 합니다. 상식용어들을 정리하다 보면 반복 등장하는 중요한 단어들이 눈에 띄고, 시대상을 대변하는 중요한 신조어들도 알게 될 것입니다. 이러한 용어들을 정리해두면 나도 모르는 사이에 상식이 쌓여 각종 시험, 수능, 논·구술, 토론대회에서 좋은 성적을 거두는 밑거름이 될 것입니다.

신문으로 공부하는
# 말랑말랑 시사상식
## 과학·IT

CHAPTER 01

# 기초과학

# 당신의 시간과 나의 시간은 다르다

과학에는 손꼽을 만큼 유명한 법칙들이 있습니다. 독일 태생의 미국 물리학자 '알베르트 아인슈타인'의 상대성이론도 그중 하나인데요. 유명하기는 하지만, 사실 전문가가 아닌 이상 완벽하게 이해하기는 어렵습니다. 상대성이론은 과학이론이지만 한편으로는 '사고체계'라고도 할 수 있습니다. 이 이론이 기존에 갖고 있던 자연에 대한 인식을 송두리째 바꾸어버렸기 때문이죠.

상대성이론이 등장하기 이전 만물의 에너지와 운동법칙을 지배하던 것은 '뉴턴역학'이었습니다. 이 뉴턴역학은 고전물리학이라고도 하는데요. 이 이론에 따르면 우리가 사는 시간과 공간은 절대적이고 독립적입니다. 변하지 않는다는 것이죠. 시간과 공간이 우리(물질)에게 영향을 끼칠 수 있지만, 우리가 시간과 공간을 변하게 할 수는 없습니다. 상식상 정말 당연한 말이 아닐 수 없는데요. 그런데 상대성이론에 의하면 상황에 따라서, 즉 물질이 얼마나 빨리 움직이고 무게가 달라지느냐에 따라서 시간과 공간도 변할 수 있습니다. 시간이 더 느려지거나, 아무것도 없는 빈 공간이 뒤틀릴 수 있는 것이죠. 마치 SF 영화의 한 장면처럼 말입니다. 이 상대성이론은 특수 상대성이론과 일반 상대성이론으로 나누어집니다. 얼핏 보면 일반 이론이 특수 이론보다 간단할 것 같은데, 사실은 일반 상대성이론이 훨씬 난해하다고 하네요. 먼저 특수 상대성이론부터 살펴볼까요?

특수 상대성이론을 떠받치는 두 가지 핵심적인 법칙이 있습니다. 첫 번째로 16~17세기에 활약한 이탈리아의 과학자 '갈릴레오 갈릴레이'가 처음으로 제시한 '상대성 원리'입니다. 상대성 원리란 서로 같은 속도로 직선운동을 하는 곳(관성좌표계)에서는 물리법칙이 동일하게 일어난다는 것입니다. 예를 들어 우리가 일정한 속도로 달리는 트럭 위에서 공을 수직으로 던져 올리면 공은 그대로 수직으로 되돌아 떨어집니다. 다만 트럭 밖에 서서 정지한 상태로 이를 바라보는 사람에게는 공이 포물

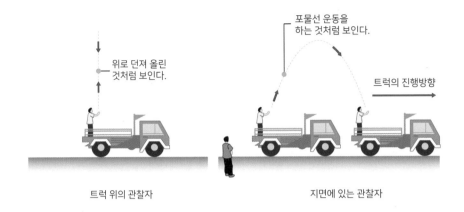

위로 던져 올린 것처럼 보인다.

포물선 운동을 하는 것처럼 보인다.

트럭의 진행방향

트럭 위의 관찰자

지면에 있는 관찰자

선을 그리는 것처럼 보이는데요. 그것은 트럭이 움직이는 속도만큼 우리와 공도 함께 움직이고 있기 때문이죠. 서로 관찰되는 모양은 다르지만 움직이든 정지해 있든 올라간 공은 다시 그대로 손에 떨어집니다. 물리법칙은 변하지 않는 것입니다. 이러한 상대성 원리는 '왜 우리는 엄청난 속도로 자전·공전하는 지구의 움직임을 느낄 수 없는가'에 대한 답이 되기도 합니다.

아울러 특수 상대성이론의 탄생에 '빛의 속도'를 빼고 넘어갈 수는 없습니다. 빛은 작은 알갱이(입자)로 이루어져 있고, 또 '파동'의 성질을 갖고 있습니다. 빛이 알갱이고 파동이라니 이게 무슨 소린가 싶지만, 이 이야긴 뒤에서 살펴보겠습니다. 그런데 이 파동이 전달되기 위해서는 공기나 물 같은 '매질'이 필요합니다. 소리나 빛이 구불구불한 파동형태로 움직이는 것은 이 매질 때문이죠. 빛은 우주에서부터도 전해지는데, 그렇다면 빛은 어떤 매질을 타고 오는 것일까요? 진공상태인 우주에서는 소리도 전달되지 않는데 말이죠. 과학자들은 빛을 전달하는 매질이 우주공간에도 있을 것이라 추측하고 이를 '에테르'라고 이름 붙였습니다. 그리고 이 에테르를 실험을 통해 규명하려고 했죠. 과학자들은 거울을 이용해 빛이 도달하는 시간을 측정하여 빛이 에테르의 방해를 받아 시간이 지연되는 현상을 확인하려 했습니다. 그런데 당황스럽게도 빛이 도달하는 시간은 일정하게 측정이 됐습니다. 즉, 파동이긴 했지만 속도의 변화는 없었던 것이죠. 그렇게 빛은 매질 없이도 전달되며, 또 빛의 속도는 항상 일정하다는 결론에 도달했습니다.

빛의 속도가 일정하다는 것, 즉 '광속불변의 원칙'은 특수 상대성이론의 또 다른 기초가 됩니다. 이번에는 머릿속에 우주선을 그려보고 빛의 속도와 가까운 빠른 속도로 날고 있다고 생각해봅시다. 우주선의 양쪽에는 빛을 감지하는 장치와 이와 연결된 손전등을 설치하고, 그 가운데에 빛을 뿜는 장치(광원)를 세웁니다. 감지장치에 빛이 닿으면 손전등이 켜집니다. 여기서 우주선의 진행방향에 설치한 손전등을 A, 반대편에 설치된 것을 B라고 하겠습니다. 우주선 안과 밖에는 관찰자가 각각 서 있고요. 중앙의 장치에서 빛이 터지면 우주선 안의 관찰자는 양쪽의 손전등에서 빛이 '동시'에 들어오는 것으로 보입니다. 장치와 양쪽의 손전등의 거리가 각각 같으니 당연한 결과겠지요.

그런데 밖에 서 있는 관찰자에게는 손전등B가 먼저 켜지는 것으로 보입니다. 우주선이 빛과 가까운 속도로 날면서 광원에서 나온 빛은 감지장치A와 우주선의 속도만큼 멀어지게 됩니다. 빛의 속도는 일정하기 때문에 거리가 먼 만큼 더 늦게 닿게 되지요. 우주선 안의 관찰자가 목격한 '동시'가 밖의 관찰자에게는 '동시'가 아닌 셈입니다. 두 관찰자의 시간이 서로 다르게 흘러간다고도 할 수 있죠. 우주선 안의 관찰자의 시간이 더 느리게 흐르게 됩니다. 물론 상식적으로 납득이 가는 이야긴 아닙니다. 그러나 물리법칙이 동일하게 일어난다는 상대성 원리와 광속불변의 원칙에 따른다면 자연히 성립하는 현상이죠. 그래서 특수 상대성이론에서는 움직이는

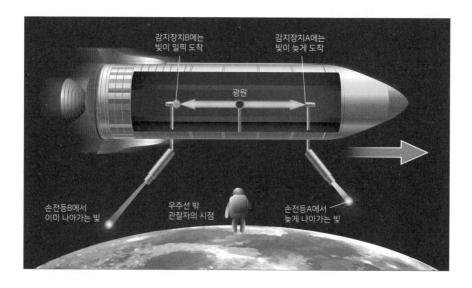

감지장치B에는
빛이 일찍 도착

감지장치A에는
빛이 늦게 도착

광원

손전등B에서
이미 나아가는 빛

우주선 밖
관찰자의 시점

손전등A에서
늦게 나아가는 빛

어떤 물질의 시간은 느리게 간다고 합니다. 다시 말해 물질의 속성(속도)이 시간에 영향을 끼칠 수 있다는 것입니다. 물론 우리가 이러한 현상을 뚜렷이 체감하려면 단순히 빠른 속도가 아닌 빛처럼 엄청난 고속으로 움직여야 합니다. 현재로선 불가능한 이야기지만 이론적으로는 실현 가능하죠. 빛의 속도와 가깝게 움직여 시간을 느리게 만들고, 미래로 앞질러 가는 타임머신을 만들 수도 있습니다. 물론 과거로는 갈 수 없죠. 특수 상대성이론에 의하면 이러한 시간 지연뿐 아니라 물체의 길이를 줄어들게 하기도 하고, 물체의 질량을 에너지로 바꿀 수($E=mc^2$, 질량-에너지 등가원리)도 있습니다.

## 리만의 기하학 60년 후 … 아인슈타인 상대성이론 탄생

실제 과거에 있었던 위대한 수학적 업적은 현대에 와서 상상하지 못한 방향으로 과학기술 발전을 이끌었다. 19세기 수학자 '베른하르트 리만'이 개척한 '리만기하학'이 대표적이다. 리만기하학은 등장으로부터 약 60년이 흐른 뒤 독일 태생 미국 물리학자 알베르트 아인슈타인이 일반 상대성이론을 발표하는 데 큰 영향을 미쳤다. 중력이 시공간을 휘게 한다는 것을 표현하기 위해서는 평면을 가정하는 기존 기하학으로는 역부족이었기 때문이다. 아인슈타인은 결국 리만기하학을 이용해 일반 상대성이론을 완성하는 과정에서 수학자 마르셀 그로스만의 도움을 받은 것으로 알려져 있다. 새로운 수학적 개념이 위대한 물리학의 발견으로 이어진 셈이다. 위성항법시스템(GPS)이 탄생하며 리만기하학은 기어코 실생활과 밀접한 수준까지 들어왔다. GPS는 위성으로부터 신호를 받아 정확한 위치정보를 얻는 시스템으로 내비게이션 등에 사용된다. 그러나 위성이 떠 있는 곳은 지구에 비해 중력이 약하게 작용해 오차를 보정하는 시스템이 필요하다. 이 오차를 바로잡는 데 일반 상대성이론과 특수 상대성이론이 사용된다.

출처 : 매일경제/일부인용

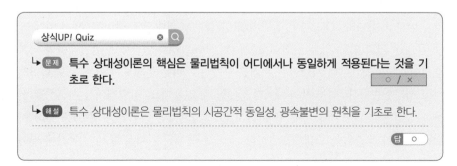

상식UP! Quiz

↳ 문제 특수 상대성이론의 핵심은 물리법칙이 어디에서나 동일하게 적용된다는 것을 기초로 한다.

o / x

↳ 해설 특수 상대성이론은 물리법칙의 시공간적 동일성. 광속불변의 원칙을 기초로 한다.

답 o

# 빛도 끌어당기는 중력의 힘

이번에는 일반 상대성이론에 대해 알아보겠습니다. 특수 상대성이론이 '일정한 속도'로 운동하는 물체를 상정했다면 일반 상대성이론은 '가속'하는 물체로 대상을 확장합니다. 물체가 가속하며 이동하는 상황에서도 동일한 물리법칙이 성립한다는 것이죠. 이와 함께 중력을 다루고 있는데요. 중력과 가속도가 일반 상대성이론의 핵심 키워드라 할 수 있습니다.

먼저 중력이란 무엇일까요? 단순히 잡아당기는 힘일까요? 만유인력이라고도 하는 중력은 우주의 시작부터 존재한 네 가지 근본적인 힘(기본 상호작용) 중 하나입니다. 우리는 지구의 중력 덕분에 우주공간으로 날아가지 않을 수 있고, 지구는 태양의 중력 때문에 태양계를 벗어나지 않고 공전합니다. 중력은 물체의 순수한 무게, 즉 '질량'을 가진 물체 사이에서 작용하는 인력(끌어당기는 힘)입니다. 지구가 우리를 당기고 있듯, 우리도 지구를 당기고 있습니다. 다만 지구의 힘이 훨씬 세기 때문에 우리가 두 발을 딛고 설 수 있는 것이죠. 물체의 질량이 클수록 중력도 커집니다. 태양이 지구나 화성부터 토성·목성 같은 거대한 행성들을 거느릴 수 있는 이유는 질량이 훨씬 크기 때문이겠죠. 이렇듯 중력을 결정하는 질량을 '중력질량'이라고 합니다.

한편 물체에 힘을 가하게 되면 가속도가 붙게 됩니다. 또 물체가 가속도를 낼 때에는 '관성의 법칙'이 적용하게 되죠. 그래서 물체의 가속도를 결정짓는 질량을 '관성질량'이라고 합니다. 그렇다면 질량이 크면 클수록 가속도도 빨라질까요? 이에 대해 우리는 익히 알고 있는 실험이 있습니다. 바로 앞서 언급했던 갈릴레이의 낙하실험이죠. 먼 옛날부터 사람들은 무거운 물체가 가벼운 물체보다 더 빠르게 떨어진다고 생각했습니다. 언뜻 생각해보면 당연한 것 같은데요. 갈릴레이는 사고실험(실행 가능성이나 입증 가능성에 구애 받지 않고 사고로만 성립되는 실험)을 통해 이같은 통념이 모순임을 증명해냈습니다. 무거운 물체든 가벼운 물체든 동시에 떨어진다는 것이죠. 이러한 갈릴레이의 발견은 과학의 발전에 큰 영향을 끼쳤습니다. 물체의 무게와 상관없이 중력 가속도가 동일하게 적용된다는 것입니다. 그리고 중력질량과 관성질량이 같다는 결론이 나오게 된 것이죠. 그리고 아인슈타인은 이를 '등가원리'라고 정리했습니다.

우주에서 등가속하여 날아가는 로켓 안에 있는 A와 B는 물체가 중력에 의해 떨어지는지, 로켓의 가속에 의한 관성 때문인지 알 수 없다.

아인슈타인은 이 등가원리를 통해 우주의 본질을 규명하려 했습니다. 관성력과 중력의 본질이 같다면 관성력이 적용되는 공간을 중력이 적용되는 공간으로 바꿔 생각할 수도 있습니다. 예를 들어 지구에서 발사 대기 중인 로켓을 떠올려보죠. 이때 로켓 안의 상단부에서 아래로 물건을 떨어뜨리면 지구의 중력 때문에 당연히 일정한 가속도로 떨어집니다. 그렇다면 지구의 중력에서 벗어난 우주를 일정한 가속도로 솟아 날아가는 로켓 안에서는 어떨까요? 역시 지상에서의 똑같은 가속도로 아래로 떨어지게 됩니다. 만약 로켓에서 외부를 볼 수 없다면 이 현상이 중력 때문인지 로켓의 가속에 의한 관성력 때문인지 구별할 수 없겠죠. 이러한 방식으로 가속계를 중력계로 치환할 수 있습니다.

그렇다면 우주에서 중력은 대체 어떻게 작용하는 것일까요? 아인슈타인은 등가원리를 기반으로 기하학을 이용해 중력을 휘어진 공간으로 표현해냈습니다. 이를 '중력장'이라고 부르는데요. 마치 사각을 팽팽히 당긴 손수건에 쇠공을 떨어뜨리면 웅덩이처럼 처지며 공간을 휘는 것처럼 우주공간에서도 질량을 가진 물질이 공간을 휘게 할 수 있다는 것이었죠. 이것이 중력으로 작용하게 되고요. 공간이 움푹 휘었으니 그 주변에 더 작은 질량을 가진 물질들은 이에 끌려가든지, 주위를 공전하든지 영향을 받게 될 것입니다. 태양이 지구를 잡고 지구가 달을 잡고 있는 것처럼 말

**지구와 달의 중력장**

이죠. 이러한 중력장은 놀랍게도 빛마저 휘게 만듭니다. 빛은 일정한 속도로 직진하지만 구부러진 철로에서 기차가 방향을 틀며 달리듯이 중력장을 만나게 되면 휘어져 나아갑니다. 앞서 특수 상대성이론에서도 보았듯 빛은 우리의 시간도 상대적으로 변화하게 만듭니다. 다시 말해 중력이 우리의 시간에도 영향을 줄 수 있는 것이죠. 그러므로 중력이 휘는 것은 단순히 공간이 아닌 시공간입니다. 그리고 이러한 현상이 극단적으로 일어나는 천체가 바로 뒤에서 살펴볼 '블랙홀'이라 할 수 있죠.

이렇게 특수 · 일반 상대성이론에 대해 알아보았습니다. 사실 상대성이론은 이렇듯 책 몇 페이지에 정리될 수 있는 간단한 이론이 아닙니다. 아주 개략적인 내용만 소개한 것인데요. 상대성이론은 현대물리학의 출발점을 찍었다 해도 과언은 아닙니다. 또 상대성이론은 우주를 이해하는 새로운 시각을 열었다고 할 수 있는데요. 그간은 생각할 수 없었던 우주의 작동원리에 대한 발상의 전환을 이끌어냈습니다. 아울러 우주라는 미지의 공간에 대한 경외감을 키우는 데도 큰 역할을 했습니다.

## 밤하늘에 가장 밝은 흥미진진한 별 '시리우스' 이야기

아인슈타인의 일반 상대성이론에 의하면 강한 중력장에서 나오는 발광체의 빛의 파장은 긴 쪽으로 이른바 적색이동을 한다. 1924년 영국 천문학자 에딩턴은 시리우스의 동반성에 대해 이러한 적색이동이 검증될 수 있음을 애덤스에게 알리고, 애덤스가 이듬해에 스펙트럼선을 면밀히 관측하여 이것을 실제로 확인함으로써 시리우스의 동반성은 일반 상대성이론이 옳다는 것을 증명하게 됐다. 오리온의 강아지별이라는 시리우스의 발견부터 거성으로 커졌던 별의 핵이 지구 크기로 압축된다는 것을 설명할 백색왜성 이론의 탄생까지 시리우스는 오랜 시간 동안 천문학자들의 이목을 사로잡았다. 그리고 그 과정에서 천문학은 분광학, 천체물리학, 별의 진화 등의 분야에서 큰 발전을 이룰 수 있었다. 이 고마운 별은 지금도 우리에게 계속해서 가까워지고 있다. 천문학에 있어 위대한 발견과 커다란 진보를 가져다준 시리우스는 프로키온, 베텔게우스와 함께 함께 겨울의 대삼각형을 이루는 꼭짓점 중 하나로 겨울 밤하늘에서 찬연히 빛날 것이다.

출처 : 서울신문/일부인용

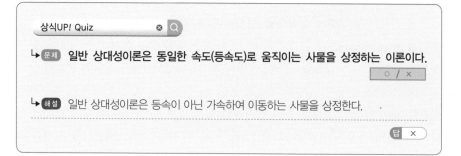

상식UP! Quiz

↳ 문제 일반 상대성이론은 동일한 속도(등속도)로 움직이는 사물을 상정하는 이론이다.

○ / ×

↳ 해설 일반 상대성이론은 등속이 아닌 가속하여 이동하는 사물을 상정한다.

답 ×

# 그렇다, 빛은 알갱이였던 것이다

앞서 본 상대성이론에서 빛은 입자이자 파동이라고 이야기했습니다. 그런데 생각해보면 그냥 사방팔방으로 직진하는 것 같은 빛이 알갱이로 이루어져 있고, 또 물결처럼 구불구불하게 움직인다는 것이 선뜻 납득이 가진 않습니다. 빛의 정체는 도대체 무엇일까요?

오래전부터 과학자들은 이 신비로운 빛에 관해 다양한 탐구를 해왔습니다. 그리고 빛이 '입자냐 파동이냐' 하는 주제로 끊임없이 아웅다웅해왔는데요. 놀랍게도 이런 생각은 고대 그리스의 철학자들로부터 시작돼 내려왔습니다. '데모크리토스'는 빛이 알갱이들이 뭉친 것이라고 주장했고, '아리스토텔레스'는 불의 진동으로 인한 흐름(파동)이라고 여겼습니다. 당시에는 인간이 인공적으로 빛을 내기 위해 불을 피우는 수밖에 없었으니 그렇게 생각했을 법합니다. 시간이 흘러 18세기 영국의 '아이작 뉴턴'은 빛을 프리즘으로 쪼개기도 하고, 다양한 색의 빛을 합쳐 하얀 빛을 만드는 실험을 하면서 빛은 입자로 이루어져 있다고 주장합니다. 당시 절대적 명성을 누리고 있던 뉴턴의 주장은 금세 학계의 주류가 되는데요. 이에 맞서 '로버트 훅'이라는 물리학자는 "뉴턴의 말대로 빛이 입자라면 빛을 마주 대고 쏘았을 때 충돌해야 한다"며 뉴턴의 주장을 반박했습니다. 그러나 이 주장이 뉴턴의 이름값을 뒤집을 순 없었죠.

그런데 후대에 '토마스 영'이라는 학자가 한 가지 실험을 하면서 상황은 반전됩니다. 바로 1801년 '이중 슬릿 실험'인데요. 그는 판자에 세로로 길쭉한 구멍(슬릿)을 두 개 뚫어놓고 벽 앞에 세워 여기에 빛을 쏩니다. 만약에 빛이 입자라면 벽에는 판자에 뚫린 모양 그대로 길쭉한 빛 두 개가 나타나야 합니다. 기관총을 구멍에 대고 연사하면 구멍 모양 그대로 총알자국이 남는 것처럼 말이죠. 그런데 놀랍게도 벽면에는 세로로 길쭉한 빛이 가운데에 가장 선명히 비춰지고, 양쪽 끝으로 여러 줄이 퍼지면서 점차 흐려지는 모양이 나타났습니다. 마치 물결 모양처럼 말입니다. 파동

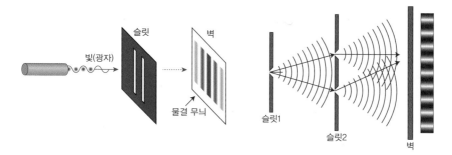

의 간섭무늬가 나타난 거죠. 빛이 파동으로 움직이면서 두 개의 구멍을 동시에 지나가게 되고, 구멍에서 나온 두 개의 파동이 서로를 간섭하면서 벽면에 물결 모양을 만드는 것입니다. 이 실험으로 다시 빛의 파동설이 고개를 들게 되죠. 거기다 '제임스 맥스웰'이라는 물리학자가 전자기파와 빛의 속도가 같다는 것을 알아내는데요. 이로써 빛이 파동인 전자기파의 일종임이 드러나고, 빛이 파동이라는 것은 거의 정설이 됩니다.

그러나 빛의 입자설도 1887년 독일의 '하인리히 헤르츠'라는 학자를 시작으로 다시 힘을 받기 시작하는데요. 그는 금속판에 빛을 비추었을 때 어떤 물질이 방출된다는 사실을 관찰합니다. 그리고 1899년 영국의 물리학자 '조지프 톰슨'은 이 물질이 금속이 가진 전자라는 사실을 알아내죠. 전자는 양성자·중성자를 둘러싸며 물질의 원자를 구성하는 작은 입자인데요. 빛이 금속판에 부딪히면서 묻혀 있는 금속 원자의 전자를 튀어나오게 한다는 것입니다. 이것이 어떻게 가능할까요? 더욱 희한한 것은 전자가 튀어나오는 정도는 빛의 세기보다 파장에 따라 달라졌습니다. 그러니까 아무리 강한 빛을 쪼인다 해도 파장이 길면 전자가 튀어나오지 않았죠. 이는 예를 들어 모래판을 느린 간격으로 손으로 강하게 내려치는 것보다 빠른 간격으로 살살 내려칠 때 모래알이 더 많이 튀어 오르는 것과 같습니다. 이는 기존의 고전물리학과는 어긋나는 결과인데요. 고전물리학에 따르면 빛의 에너지는 진동수나 파장과는 관련이 없었기 때문입니다.

이로써 빛이 알갱으로 이루어져 있다는 '빛의 광양자설'이 제기되는데, 이를 통해 빛의 입자설을 입증한 사람이 아인슈타인입니다. 그는 독일의 물리학자 '막스 플랑크'의 이론을 기반으로 금속판이 빛을 받아 전자를 내놓는다는 '광전효과'를 설명해

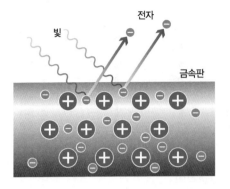

냅니다. 위에서 언급한 대로 빛은 진동수가 클수록 에너지도 커집니다. 모래판을 더 빠르게 칠 때 모래알이 많이 튀어오르듯 파장이 긴 붉은 빛을 비출 때보다 파장이 짧은 파란빛을 쪼일 때 더 많은 전자가 튀어나왔습니다. 고유한 진동수를 가진 빛의 입자(광자 · 광양자)는 금속판과 부딪히면서 금속판에 있는 전자를 떼어냅니다. 광자는 전자를 만나 금속판에서 탈출할 에너지를 진동수만큼 전달해주는 것입니다. 다만 빛의 진동수가 충분히 커야 하죠. 빛의 세기가 약하더라도 진동수가 크다면 광자의 에너지는 능히 전자를 캐낼 수 있습니다. 물질의 원자가 전자를 붙잡고 있는 힘을 일함수(work function)라고 하는데요. 이 일함수보다 광자의 힘이 더 세다면 전자를 튀어나오게 할 수 있습니다. 금속이 빛을 받으면 반짝이는 것도 광전효과의 일면이라 볼 수 있죠. 아인슈타인은 이 광전효과를 설명한 공로로 1921년 노벨물리학상을 수상했습니다.

그래서 도대체 빛은 입자인 걸까요, 파동인 걸까요? 정답은 둘 다입니다. 이것이 바로 '빛의 이중성'이죠. 이 빛의 이중성 때문에 곧 과학계에서는 어마어마한 난제가 등장합니다. 다음 장부터 살펴볼 '양자역학'이 바로 그것이죠.

# 세계 최초의 태양전지는?

아인슈타인이 1905년에 '광전효과', '브라운 운동' 및 '상대성이론'에 대한 논문을 발표하고 1921년 '광전효과'를 설명했다. 태양광을 활용해 전기를 만드는 방법은 1839년 프랑스 물리학자 에드먼드 베크렐이 발견했다. 당시 19세였던 그는 아버지 연구실에서 광기전력 효과를 처음으로 관찰하고 이를 응용한 세계 최초의 태양전지를 만들었다. 이후 1873년 영국 공학자 윌로비 스미스가, 그리고 1883년에는 미국의 발명가 찰스 프리츠가 태양전지를 만들었다. 1918년에는 폴란드 과학자 얀 코흐랄스키가 단결정 실리콘을 만드는 법을 개발했다. 이를 토대로 1953년 미국 벨연구소에서 실리콘을 소재로 한 태양전지를 만들었다. 실리콘 소재 태양전지를 만들면서부터 발전효율을 높이기 위한 노력이 계속됐다. 미국 벨연구소에서 에너지 효율 4%를 11%까지 끌어올리면서 태양전지 상용화가 가속화됐다. 현재는 약 27% 수준까지 효율이 높아진 상태다.

출처 : 전자신문/일부인용

---

상식UP! Quiz   ⊗ Q

↳ 문제 빛이 금속판과 충돌해 금속판의 전자를 더 많이 튀어나오게 하려면 빛의 진동수가 커야 한다.

○ / ×

↳ 해설 빛의 진동수가 크면 클수록 금속판의 전자를 더 많이 튀어나오게 한다.

답 ○

# 순간이동하는 존재가 있다고?

앞서 본 빛의 이중성에서 '광양자'라는 단어가 등장했는데요. 광양자는 빛을 쪼개고 쪼갠 최소의 입자라고 보면 됩니다. 그렇다면 양자는 무엇일까요? 사실 양자는 무게 · 길이 · 농도 · 온도 같은 물리량, 즉 물질의 상태를 나타내는 최소 단위라고 할 수 있습니다. 기본적인 물리량을 측정하는 단위인 만큼 양자역학은 아주 작아 관찰조차 할 수 없는 미시세계를 다루고 있죠. 아주 작은 물질들의 세계와 운동을 다루는 것, 그것이 바로 양자역학입니다. 양자역학의 주요한 특징 중 하나는 이 미시세계에서 통용되는 물리량이 '불연속성'을 띤다는 것입니다. 무슨 말인지 아직 감이 안 잡히는데요. 일단 이 양자역학과 불연속성을 탐구하기 위해서는 원자에 대해 먼저 살펴봐야 합니다. 앞에서 봤듯 원자를 이루는 것은 양성자 · 중성자로 구성된 원자핵과 그 주위를 도는 전자입니다. 전자는 원자핵 주위를 마치 지구와 달처럼 궤도를 그리며 돌고 있죠. 과학자들은 오래전부터 이 원자가 대체 어떻게 생겼을까 궁금해 했는데요. 그래서 저마다 원자모델을 내놓기 시작합니다.

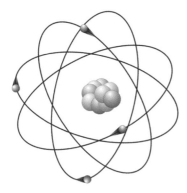

러더퍼드 원자모델

마치 태양계를 닮은 이러한 원자모델을 고안한 사람은 뉴질랜드 출신의 물리학자 '어니스트 러더퍼드'입니다. 그런데 이 모델에는 몇 가지 허점이 있었습니다. 이 원자핵과 전자는 각각 전하를 가지고 있는데요. 전하는 자석의 양 끝에 있는 양(+)극과 음(-)극이라고 생각하면 됩니다. 그런데 자석의 S극과 N극을 가까이 두면 붙어버리듯이 양전하(+)를 가진 원자핵과 음전하(-)를 띤 전자도 서로 가까이에 있다면 인력 때문에 붙어버려야 합니다. 게다가 전자는 원자핵을 공전하며 빛(전자기파) 곧, 에너지를 방출하게 되는데, 그러다 보면 힘이 점점 약해져 결국 원자핵으로 빙빙 끌려 들어가야 합니다. 그러면 원자가 찌그러지게 될 것이고,

원자가 모여 구성된 물질도 찌그러지거나 붕괴돼야 하죠. 하지만 현실에서 그런 일은 일어나지 않습니다. 원자핵과 전자 사이에는 대체 무슨 일이 벌어지고 있는 것일까요?

러더퍼드에 이어 새로운 원자모델을 구현한 사람은 덴마크의 물리학자 '닐스 보어'입니다. 그는 러더퍼드의 모델이 일리가 있다고 생각했는데요. 다만 전자가 원자핵에 끌려들

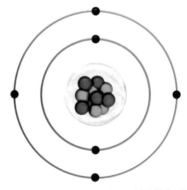

보어 원자모델

어가지 않고 공전할 수 있는 비결에 대해 깊이 고민했고, 일단 두 가지 가정부터 해 보기로 합니다. 첫째, '전자는 정해진 궤도로만 공전한다.' 다시 말해 지구가 지구 고유의 궤도, 화성이 화성 고유의 궤도를 따라 태양을 돌듯이 전자도 특정한 궤도로만 원자핵 주위를 돈다는 것이죠. 전자의 공전궤도가 이미 '정해져 있다'는 것입니다. 참고로 이를 '정상상태'라고 부르는데요. 이 정상상태 덕분에 원자는 여러 개의 전자궤도를 가질 수 있습니다. 그리고 궤도와 궤도 사이에 전자가 위치하는 것은 불가능하고 오로지 전자는 정해진 궤도상에서만 공전할 수 있죠.

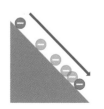

둘째, '전자는 궤도와 궤도를 이동하는데 이때 빛(에너지)을 흡수하거나 방출한다.' 위에서 전자가 공전할 때 빛을 방출한다고 했었죠? 그런데 보어는 전자가 원자핵에서 더 먼 궤도로 이동할 때는 빛을 흡수하고, 가까운 궤도로 갈 때는 방출한다고 가정했습니다. 그리고 이러한 전자의 움직임이 불연속적이라고 했는데요. 불연속적이라는 것은 다시 말해 띄엄띄엄 움직인다는 것입니다. 위 그림과 같이 언덕을 굴러 내려가듯 전자가 이동하며 어느 위치에나 존재하는 것은 '연속적'이고요. 계단처럼 한 칸 한 칸 간격을 두고 존재하는 것이 '불연속적'입니다. 한마디로 전자가 순간이동을 하며 움직인다는 것입니다. 전자가 빛을 흡수하며 '뽕!' 하고 바깥 궤도로 움직이고 다시 빛을 내며 '뽕!' 하고 안쪽 궤도로 이동한다는 뜻이죠. 이를 '양자도약'이라고 부릅니다. 보어의 이 원자모델은 러더퍼드 모델이 가진 허점을 보완하기는 했습니다. 두 가지

획기적인 가정으로 러더퍼드 모델을 설명해냈으니까요. 하지만 아직 뭔가 부족했습니다. 정상상태는 둘째치고, 무엇보다 전자가 순간이동을 한다는 것이 상식적으로 이해하기 힘들었죠.

이때 보어보다 더 발칙한 생각을 해낸 사람이 등장하는데요. 프랑스의 물리학도였던 '루이 드 브로이'입니다. 이 사람도 보어의 원자모델을 보고서 '대체 원자의 정상상태와 양자도약은 어떻게 가능한 것일까' 궁금해 합니다. 그런 그에게 아인슈타인의 광양자설이 눈에 들어오는데요. 곧 그는 '아인슈타인 말대로 빛이 입자이자 파동이라면 전자도 입자이자 파동일 수 있는 거 아닌가'라는 엉뚱한 생각을 하게 되죠. 그러니까 그의 생각에 의하면 빛뿐만 아니라 우리 사람을 포함한 모든 물질이 입자이자 파동이 되는 것입니다. 우리 몸이 파동이라니. 생각할수록 괴이쩍지만 드 브로이는 이 아이디어를 '물질파 이론'이라는 가설로까지 발전시킵니다. 물질은 자신의 운동량에 반비례하는 파장을 가진 파동이라는 것이죠.

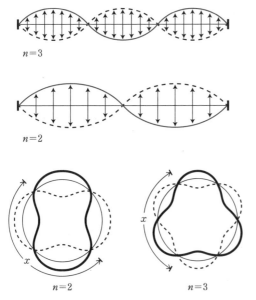

드 브로이의 물질파 이론을 대입하면 보어의 원자모델도 설명이 가능해집니다. 드 브로이는 전자가 파동의 일종인 '정상파'를 띤 궤도를 만들어낸다고 했는데요. 여기서 정상파란 왼쪽 첫 번째와 두 번째 그림처럼 기타 줄을 튕길 때와 같이 양끝이 고정되어 있는 선 안에서만 파동이 일어나는 것입니다. 이 기타 줄을 궤도와 같이 동그랗게 말아 튕기면 어떻게 될까요? 아래 세 번째 그림대로 파동을 일으키게 되죠. 전자는 이렇게 원 모양으로 정상파를 그리면서 원자핵 주위를 일정하게 도는 것입니다. 구불구불 파동으로 움직이다 보니 원자핵의 인력에 버텨낼 에너지를 얻을 수 있는 것이죠. 또한 전자는 띄엄띄엄 정수배($\times 1$, $\times 2 \cdots$)에 해당하는 궤도를 여러 개 갖게 되는데, 그렇지 않으면 같은 궤도의 파동끼리 간섭을 일으켜 끝내 상쇄되고 맙니다. 파동이 상쇄돼 사라지면 전자는 원자핵으로 끌려들어 가겠죠. 또한 파동은 특정한 진동수를 가지고 있으므로, 전자도 특정 진동수를 가진 다른 궤도로 순간이동합니다. 전자가 단순한 입자라면 파장과는 상관없이 궤도 사이를 지나 이동할 수밖에 없겠죠. 드 브로이는 이 물질파 이론에 관한 박사 논문으로 1929년 노벨물리학상을 수상합니다.

## UNIST, 나노세계의 비밀 밝힐 '물질파 반사 메커니즘' 발견

UNIST(총장 정무영)는 자연과학부 화학과의 조범석 교수팀이 '물질파(matter—wave)'의 새로운 반사(회절) 메커니즘을 검증함으로써 나노세계에서 두드러지는 '분산 상호작용'을 연구할 토대를 마련했다고 밝혔다. 분산 상호작용은 물질 속 전자들의 영향으로 나타나는 아주 미미한 힘으로 나노미터 크기의 물질에서 큰 영향을 줄 수 있다. 워낙 미세한 힘이라 측정이 매우 힘든데, 이번 연구로 물질파를 이용해 측정할 가능성이 열렸다. 물질파는 물질이 입자가 아닌 파동의 성질을 보이는 경우를 말하는데, 물질의 질량이나 속도가 작을 때 두드러지게 나타난다. 주로 물질을 이루는 원자나 전자에서 볼 수 있으며, 물질파를 이용하면 나노세계의 새로운 물리현상을 밝혀낼 수 있다. 조범석 교수팀은 선폭이 아주 좁은 '사각파형 회절판'에서 일어나는 물질파의 새로운 회절현상을 검증해 분산 상호작용을 측정하는 방법 개발에 한 걸음 더 다가갔다.

출처 : 베리타스알파/일부인용

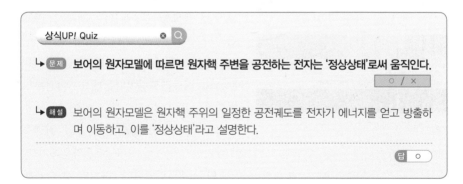

상식UP! Quiz

↳ 문제 보어의 원자모델에 따르면 원자핵 주변을 공전하는 전자는 '정상상태'로써 움직인다.

O / X

↳ 해설 보어의 원자모델은 원자핵 주위의 일정한 공전궤도를 전자가 에너지를 얻고 방출하며 이동하고, 이를 '정상상태'라고 설명한다.

답 O

# 코펜하겐 학파의 탄생

보어의 원자모델에 의문점을 가졌던 사람들은 한둘이 아니었습니다. 결과적으로 보면 보어 자신도 정상상태나 양자도약을 논리적으로 설명해내지 못했죠. 드 브로 이가 물질파 이론을 주장하기도 했지만, 고작 학부생이었던 그의 가설은 처음엔 황당무계한 소리로 취급될 뿐이었습니다. 이때 보어의 원자모델을 새롭게 분석한 희대의 천재가 등장하는데요. 바로 보어의 제자였던 '베르너 하이젠베르크'입니다.

우리가 앞 장에서 봤던 원자모델들은 모두 원자의 형태를 쉽게 알 수 있도록 상상력을 바탕으로 시각화한 것입니다. 당시 독일 괴팅겐 대학의 조교수였던 하이젠베르크는 전자가 움직이는 걸 직접 본 적이 없는데 이를 그림으로 나타내는 것은 과학적이지 않다고 생각했습니다. 그래서 그는 직접 측정 가능한 것을 바탕으로 원자를 수학으로써 표현했습니다. 보어의 원자모델에서 궤도를 지워버리고 그 자리에 전자가 방출하는 에너지(빛의 세기와 진동수)의 양을 채워 넣었죠. 그런데 여기서 전자의 에너지는 어떻게 측정한 것일까요?

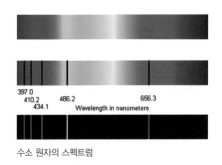

수소 원자의 스펙트럼

앞에서 봤듯이 보어의 원자모델에 따르면 전자는 궤도를 이동하면서 에너지(빛)를 흡수하거나 방출합니다. 보어가 원자모델을 고안할 때 길잡이가 되었던 한 가지는 수소의 빛스펙트럼이었는데요. 이전부터 과학자들은 수소나 다른 원자에 빛을 투과해서 본 스펙트럼으로 원자의 비밀을 파헤치려 했습니다. 그중 수소의 스펙트럼은 왼쪽 그림처럼 나타났죠. 가운데가 전자가 에너지를 흡수할 때, 아래가 방출할 때의 스펙트럼입니다. 하지만 당시 과학자들은 왜 수소가 내뿜는 빛이 이렇게 띄엄띄엄 나타나는지 알지 못했습니다. 반면 보어의 원자모델은 이를 보기 좋게 설명했죠. 전자가 어느 궤도에 위치하느냐에 따라 에너지를 다르게 방출한다는 것입니다. 다만 보아도 수소 외의 다른 원자들의 스펙트럼에 대해서는 설명하지 못했는데요.

어쨌든 하이젠베르크는 이렇게 측정된 에너지를 숫자로 기록하다가 일정한 규칙을 발견합니다. 그는 이 규칙에 따라 전자의 에너지를

$$q = \begin{pmatrix} q_{11} & q_{12} & q_{13} & \cdots \\ q_{21} & q_{22} & q_{23} & \cdots \\ q_{31} & q_{32} & q_{33} & \cdots \\ \cdots & \cdots & \cdots & \cdots \end{pmatrix} ; \quad p = \begin{pmatrix} p_{11} & p_{12} & p_{13} & \cdots \\ p_{21} & p_{22} & p_{23} & \cdots \\ p_{31} & p_{32} & p_{33} & \cdots \\ \cdots & \cdots & \cdots & \cdots \end{pmatrix}$$

행렬역학

계산해내는 방정식을 도출하게 되죠. 하지만 이 방정식의 메커니즘이 무엇이고, 또 의미하는 바도 잘 알 수 없었는데요. 그는 곧장 자기가 모시던 '막스 보른' 교수에게 자문을 구합니다. 보른은 곧 하이젠베르크의 방정식이 '행렬'의 곱셈법칙을 따른다는 것을 알아차립니다. 행렬의 특이한 점은 바로 숫자를 곱하는 순서에 따라 결과가 달라진다는 것인데요. 하이젠베르크와 보른은 이를 정리해 '행렬역학'에 대한 논문을 발표합니다. 이 행렬역학으로 원자의 스펙트럼에 나타난 결과를 계산할 수 있었죠.

$$-\frac{\hbar^2}{2m}\frac{d^2\psi}{dx^2} + U\psi = E\psi$$

슈뢰딩거 방정식

한편 행렬역학에 반기를 든 사람도 나타났습니다. 오스트리아의 물리학자 '에르빈 슈뢰딩거'는 숫자만 네모나게 늘어놓은 행렬역학이 아름답지도 않고, 계산하기도 난해하다고 생각했습니다. 사실 행렬역학의 계산법은 당대 학자들 사이에 통용되던 방법이 아니었기 때문에 이를 외면하는 사람도 있었는데요. 슈뢰딩거는 드 브로이의 물질파 이론에서 영감을 얻어 전자를 입자가 아닌 파동으로 간주한 방정식을 내놓습니다. 그래서 이를 '슈뢰딩거의 파동방정식'이라고 부릅니다. 슈뢰딩거 방정식은 전자가 파동으로 움직이는 모습을 수학으로 표현한 것인데요. 이해하기도 쉽고 풀기도 쉬워 많은 학자들의 지지를 받았습니다. 물리학계 거성이었던 아인슈타인도 행렬역학보다는 슈뢰딩거의 손을 들어주었죠. 그런데 재미난 것은 전자가 파동으로 움직이는 것을 표현하기는 했는데, 슈뢰딩거도 자기 방정식이 정확히 무엇을 의미하는지는 잘 몰랐다는 겁니다.

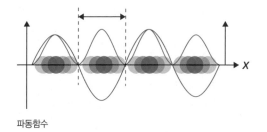

파동함수

이때 보른이 다시 나서서 슈뢰딩거 방정식을 이리저리 살펴봅니다. 방정식은 계산해서 함수로 나타낼 수 있죠. 보른은 방정식으로 그린 함수그래프를 분석하면서 새로운 해석을 내놓았습니다. 바로 위 그래프처럼 진폭을 보고 전자의 위치를 추측할 수 있다는 겁니다. 그래프의 진폭이 크게 나타나는 위치일수록 전자를 발견할 가능성도 높다는 말이죠. 보른은 이를 '확률파동'이라고 불렀는데요. 결국 슈뢰딩거의 방정식은 전자가 구불구불 움직이는 모양뿐 아니라 전자의 위치를 가늠하는 지도였던 것입니다.

그러나 정작 슈뢰딩거는 이런 보른의 해석을 매우 싫어했습니다. 항상 뚜렷한 정답을 제시해야 할 과학에 확률이라는 애매모호한 개념을 끌어온 것이 일단 맘에 들지 않았고요. 보른의 해석에 의하면 결국 전자는 '입자'로서 어느 한 지점에 위치할 수밖에 없다는 건데, 전자가 파동이라고 여겼던 슈뢰딩거는 이를 인정할 수 없었습니다. 아인슈타인도 보른에게 편지를 보내 "신은 주사위 놀이를 하지 않는다네"라고 비판했죠. 이 말은 무릇 과학이란 '어디 즈음에 존재할 것이다'라는 확률 따위에 기대서는 안 된다는 뜻이었습니다. 반면 하이젠베르크와 보어는 이런 보른의 해석에 동의했는데요. 그들은 보른의 해석을 바탕으로 덴마크의 코펜하겐에 모여 양자역학을 치밀하게 연구하기 시작합니다. 바로 '코펜하겐 학파'의 시작이었죠. 그리고 이를 기점으로 양자의 세계를 둘러싼 코펜하겐 학파와 아인슈타인 사이의 끝없는 전쟁이 일어납니다.

## 미술에 적용된 양자물리학 이론 '불확정성의 원리'

국립현대미술관은 〈불확정성의 원리〉전을 서울관에서 개막했다. 〈불확정성의 원리〉전은 하이젠베르크의 양자물리학 이론인 '불확정성 원리'에 착안하여 '하나를 측정하는 동안 다른 하나가 변화하기 때문에 무엇인가를 정확하게 측정하는 것이 불가능하다'는 것을 전제로 한다. 참여 작가들은 역사적 사실과 자신의 기억, 그리고 작품을 만드는 행위에 대해 본질적 의문을 던지고, 이를 끊임없이 고민하고 분석해가는 과정을 전시에서 보여 준다. 이번 전시에 참여한 4인의 작가, 왈리드 라드, 호 추 니엔, 권하윤, 재커리 폼왈트 는 현재 세계적으로 가장 급부상하고 있는 현대미술 작가들이다. 이들은 각자의 기억과 재료들을 재가공하면서 작업의 과정에서 거쳐 가는 불확실한 세계의 이면을 드러낸다.

출처 : 뉴시스/일부인용

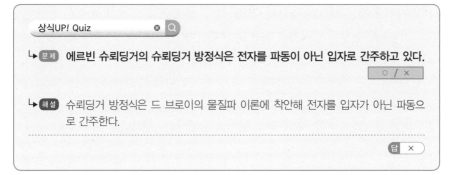

상식UP! Quiz

↳ 문제  에르빈 슈뢰딩거의 슈뢰딩거 방정식은 전자를 파동이 아닌 입자로 간주하고 있다.

○ / ×

↳ 해설  슈뢰딩거 방정식은 드 브로이의 물질파 이론에 착안해 전자를 입자가 아닌 파동으로 간주한다.

답 ×

# 살아 있는 동시에 죽어 있다

미국의 물리학자 '리처드 파인만'은 "양자역학을 완벽히 이해한 사람은 아무도 없다"는 말을 남겼습니다. 그만큼 이 양자역학을 설명하기 위해 수많은 과학자들이 매달렸고 피터지게 싸우기도 했죠. 그리고 여전히 논쟁할 것들이 많이 남아 있습니다. 그것은 양자역학이 말하는 미시세계가 우리의 상식과는 어긋나는 현상들을 보여주기 때문입니다. 바로 이번 장에서 소개할 양자의 '중첩'현상처럼 말이죠.

코펜하겐 학파의 하이젠베르크는 전자의 관측 가능성에 대해 무던히 고민했습니다. 전자의 존재는 1897년 영국의 물리학자 '조지프 존 톰슨'에 의해 이미 증명됐지만, 누구도 이 전자를 뚜렷하게 눈으로 보지 못했죠. 그저 너무 작기 때문일까요? 그것도 틀린 말은 아니지만 더 중요한 사실이 있습니다. 우리가 어떤 물체를 눈으로 '본다'는 것은 물체에 부딪힌 빛이 다시 튕겨져 나와 우리의 눈에 들어오고, 시신경이 이를 인식해 상(像)을 만드는 것입니다. 그러니까 뭔가를 관측하기 위해선 일단 빛이 필요하죠. 이는 전자 따위의 입자들도 마찬가집니다.

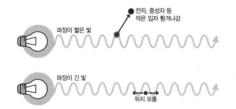

이에 하이젠베르크는 사고실험을 하나 고안합니다. 전자의 위치와 운동량(속도)을 알기 위해 전자에 빛을 쏘는 겁니다. 물론 단순한 빛이 아닌 감마선이나 엑스선 같은 파장이 짧고 에너지가 강한 빛입니다. 그런데 빛이 충돌한 순간 전자는 당구공처럼 튕겨져 나갑니다. 빛의 광자가 전자보다 더 크고 강하기 때문에 그 에너지를 감당 못 하고 움직이는 겁니다. 이때 전자가 튕겨져 나간 그 순간의 위치는 알 수 있지만, 전자의 원래 운동량은 알 수 없습니다. 이번엔 상대적으로 파장이 긴 빛을 쏘아봅니다. 그런데 빛의 에너지가 작은 만큼 전자의 운동량에 큰 영향을 주지 않지만, 이번엔 위치를 알 수 없게 됩니다. 그러니 '관측이라는 행위 자체'가 전자에 큰 영향을 끼치는 것이죠.

대체 어떻게 해야 위치와 운동량을 동시에 측정할 수 있을까, 고민하던 하이젠베르크는 위치와 운동량을 동시에 관측할 수 없는 것은 결국 전자(입자)의 본질이라고 생각합니다. 나아가 전자의 위치와 운동량이 우리가 관측하기 전까지는 '불확정적'이라는 결론에 다다르죠. 우리가 전자를 관측하는 순간, 위치와 운동량이 달라지는 결과가 나오니까요. 이것이 바로 하이젠베르크의 '불확정성의 원리'입니다.

스승인 보어는 불확정성의 원리를 보고서 '위치와 운동량을 동시에 측정할 수 없는 것이 왜 전자의 본질인가'를 해결하는 게 우선과제라고 봤습니다. 그러다 행렬역학과 한판 붙었던 슈뢰딩거의 방정식을 떠올리게 되죠. 전자가 입자라고 본 행렬역학과 파동으로 생각한 슈뢰딩거 방정식. 그런데 희한한 것이 두 식으로 풀어본 계산결과는 똑같았습니다. 전제도, 식의 모양도 달랐지만 결국 양자역학을 똑같이 해석하고 있었던 것이죠. 곧 보어는 전자를 설명하기 위해 입자성과 파동성을 모두 도입해야 한다고 생각합니다. 그리고 대립적인 두 성질이 서로를 보완한다는 '상보성의 원리'를 주장합니다. 빛처럼 때로는 입자로, 때로는 파동으로 움직이면서 미시세계를 유지한다는 겁니다. 이 상보성의 원리와 불확정성의 원리를 결합하여 우리는 '코펜하겐 해석'이라고 부르죠. 현재까지 미시세계를 설명하는 가장 유명한 이론입니다.

이 코펜하겐 해석을 간단히 설명하면 이렇습니다. 상자 안에 동전을 하나 넣습니다. 우리는 이 동전이 앞면인지 뒷면인지 알 수 없죠. 상식대로라면 상자 안의 동전은 앞면이든 뒷면이든 어느 한 상태로만 존재할 것입니다. 상자를 열어봐야 확인할 수 있겠죠? 그런데 코펜하겐 해석에 의하면 상자 안의 동전은 '앞면이자 뒷면'인 상태로 존재합니다. 두 가지 상태로 동시에 존재하고 있다는 겁니다. 이를 '양자적 중첩'이라 하는데요. 상자를 여는 순간 중첩은 깨져버리고 어느 한쪽 면으로 결정됩니다. 전자도 마찬가지죠. 동전의 양면처럼 전자도 파동성과 입자성을 동시에 갖습니다. 관측하기 전에는 파동으로 움직이며 진폭에 해당하는 범위 안에서 어디든 위치할 확률을 갖게 됩니다. 그러나 관측하는 순간 파동과 확률은 무너지고, 어느 한 지점에 놓이는 입자가 되는 것입니다. 비로소 위치가 정해지는 것이죠. 이렇듯 아주 작디작은 미시세계에는 우리의 현실세계와는 다른 물리법칙을 적용해야 한다는 것이 코펜하겐 해석의 요지입니다. 코펜하겐 해석은 실제로 전자의 파동·입자성이 관찰된 1927년 '전자의 이중슬릿 실험'을 뒷받침하기도 했습니다.

물론 이 해석에 반발하는 목소리도 만만치 않았습니다. 특히 양자역학을 끔찍이도 싫어했던 아인슈타인은 달을 가리키며 이렇게 말했죠. "내가 달을 보지 않는다고 해서 달이 존재하지 않는 것이 아니다!" 질세라 슈뢰딩거도 그

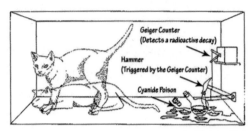

슈뢰딩거의 고양이

유명한 사고실험인 '슈뢰딩거의 고양이'를 통해 코펜하겐 해석을 정면으로 반박합니다. 어떤 실험인지 한번 간단히 살펴볼까요? 완전히 밀폐되고 내부를 전혀 확인할 수 없는 상자에 고양이를 넣습니다. 이 상자 안에는 고양이를 죽일 수 있는 장치가 설치됩니다. 1시간 내로 장치가 작동할 확률은 정확히 50%입니다. 1시간 후에 상자를 열면 고양이는 살아 있을까요, 죽어 있을까요? 당연히 상자를 열어봐야 확인될 것이고 그 확률은 정확히 반반일 겁니다. 상자를 열기 전 생사 여부도 마찬가지겠죠. 그런데 코펜하겐 해석에 따르자면 상자를 열기 전 고양이는 '살아 있는 동시에 죽어 있다'고 봅니다. 삶과 죽음이 말 그대로 겹쳐져 있는 것이죠. 슈뢰딩거는 이 말도 안 되는 실험결과를 통해 코펜하겐 해석을 비판하고자 했습니다. 그런데 아이러니하게도 이 실험은 양자역학의 본질을 가장 잘 설명하는 비유가 돼 버렸습니다.

현대의 원자모델

그러나 굴하지 않은 아인슈타인은 코펜하겐 학파와 여러 차례 논쟁하며 이들의 해석을 인정하지 않았습니다. 전자의 위치와 움직임을 동시에 알지 못하는 것도 관측 장비만 발전한다면 가능하다고 주장했습니다. 고전역학의 영수였던 그는 세상 만물 중 수학적으로 계산하고 예측하지 못할 것은 없다고 생각했죠. 태양계의 움직임부터 혜성의 근접 시기,

블랙홀의 존재까지 말입니다. 그러나 코펜하겐 해석이 꺼내든 확률이라는 카드가 찬물을 끼얹었습니다. 적어도 양자의 세계에서는 우리가 정확히 예측할 수 없는 것이 존재한다는 겁니다. 현재까지 코펜하겐 해석은 양자역학을 설명하는 주류 이론이라 할 수 있지만, 여전히 의문점도 많은데요. 그래도 이 해석 덕분에 현대의 원자 모델도 새로운 모양을 띠게 되었습니다. 원자핵을 전자구름이 둘러싼 모양인데요. 이 전자구름은 전자가 위치할 수 있는 부분, 즉 전자가 위치할 확률을 점을 찍어 빼곡하게 표현한 것입니다.

**전자의 이중슬릿 실험**

| 실 험 | 내용 및 결론 |
|---|---|
| | 한 번에 대량의 전자를 발사하면 벽면에 간섭무늬가 나타난다(전자는 파동이다). |
| | 한 번에 한 개의 전자를 발사하면 벽면에 하나의 점만 나타난다(전자는 입자다). |
| | 한 개의 전자를 연속하여 발사하면 벽면에 간섭무늬가 나타난다(전자는 파동이다). |
| | 전자가 두 개의 슬릿 중 어느 쪽을 통과하는지 알아보기 위해 전자 검출기를 설치한 후 하나씩 연속하여 발사한다. 벽면에 두 줄의 무늬가 나타난다(관측이 진행되자 전자는 입자로 움직인다). |

# 불가능이 없는 상상력의 세상, 양자역학 개념이 눈에 보인다

영화 〈앤트맨과 와스프 : 퀀텀매니아〉에서는 확률이 0이 아니라면 모든 게 가능한, 원자나 분자 같은 눈에 보이지 않는 물질세계를 다루는 양자역학을 담는다. 양자세계에서는 현실세계의 물리학 개념이 먹히지 않는다. 현실의 물리학도 잘 모르는 마당에 양자역학 개념까지 알아야 한다고? 일부 관람객은 이를 영화의 단점으로 꼽는다. 영화에는 '확률장', '슈뢰딩거의 고양이' 같은 용어가 등장한다. 슈뢰딩거의 고양이는 양자역학의 불완전성을 비판하기 위해 1935년 에르빈 슈뢰딩거가 고안한 사고실험이다. 이 개념을 섣불리 이해하려다 파동함수와 보른규칙 같은 단어가 쏟아져 포기했다. 대신 영화는 상상력을 극대화해 어려운 양자역학을 직관적으로 이해하도록 도왔다. 스크린을 가득 채운 수십억명의 앤트맨으로.

출처 : 국제신문/일부인용

---

상식UP! Quiz

↳ 문제 현재 통용되는 원자모델은 원자핵 주위를 전자구름이 둘러싼 형태로 표현된다.

○ / ×

↳ 해설 현대의 원자모델은 원자핵 주위에 전자가 위치할 확률을 점을 찍어 빼곡하게 표현한 전자구름으로 묘사된다.

답 ○

# 정전기가 움직이자 세상이 움직였다

앞서 전자에 대해 계속 이야기했는데요. 전자라는 단어를 계속 곱씹다 보니 ○○전자, 전자제품 같은 말들이 쉽게 떠오르게 됩니다. 물론 우리가 살펴본 전자(電子)와 전자제품의 전자(電磁)는 다른 뜻이기는 하지만 아주 밀접합니다. 바로 우리 생활 전체를 움직이는 에너지인 전기와 관련이 있기 때문이죠. 우리는 어떻게 전기를 만들어 사용할 수 있을까요? 아니, 그 전에 전기란 대체 무엇일까요?

앞서 원자를 구성하는 핵과 전자는 각각 전하를 갖고 있다고 했습니다. 양성자와 중성자로 구성된 핵은 양(+)전하, 전자는 음(−)전하를 갖고 있죠. 보통 원자는 양전하와 음전하의 숫자가 같아서 중성을 유지하고 있습니다. 그런데 앞에서 본 '광전효과'에서 빛을 금속판에 쐈을 때 전자가 튀어나온다고 했잖아요? 이렇게 빛이나 열 같은 에너지를 받아 전자가 원자에서 분리되어 자기 혼자 돌아다니는 것을 '자유전자'라고 합니다. 그리고 전기는 이 음전하를 가진 자유전자들이 이동하면서 통합니다. 우리는 자유전자의 이동을 활용해 전기를 만들어 쓰죠. 이게 어떻게 가능했을까요?

인류가 최초로 전기의 존재를 알게 된 것은 정전기를 통해서입니다. 정전기는 '정지해 있는 전기'라는 의미죠. 정전기는 두 물체의 원자가 접촉하고 떨어지면서 전하를 주고받는 가운데 본래 중성인 원자가 전하를 더 많이 갖게 될 경우, 즉 과잉전하가 될 때 발생합니다. 과거에도 물론 존재했던 정전기는 전기학의 커다란 기초가 되는데요. 고대 그리스 철학자 '탈레스'는 털가죽에 호박(물론 먹는 호박이 아닙니다)을 문질렀을 때 호박이 깃털처럼 가벼운 물질들을 끌어당기는 것을 관찰합니다. 이때 호박을 뜻하는 그리스어에서 'Electricity'라는 전기의 명칭이 유래하게 됐죠. 하지만 당시에는 이 신비한 힘이 정확히 어떤 성질인지는 알지 못했는데요. 이후에도 전기가 달라붙는 성질을 띨 뿐 그 정체를 밝히는 데에는 이렇다 할 진전이 없었습니다.

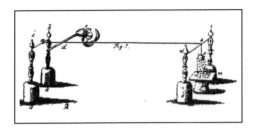
스티븐 그레이의 정전기 실험

시간이 흘러 16세기 영국의 '스티븐 그레이'라는 사람은 정전기를 연구하다가 뜻밖의 사실을 알아내는데요. 그는 한쪽 끝을 코르크로 막은 유리관을 천으로 문질러 정전기를 만들었습니다. 그런데 희한하게도 유리관뿐 아니라 코르크에도 깃털이 달라붙었죠. 그는 신기한 현상에 고무돼서 한쪽에 긴 나무막대를 매달고 그 끝에 쇠공을 연결시켜 같은 실험을 진행했습니다. 그러자 역시나 쇠공에도 깃털이 달라붙었습니다. 그 전까지는 가만히 멈춰있는 줄로만 알았던 전기가 물질을 타고 이동한 것입니다. 이 실험으로 그레이는 전기는 이동할 수 있으며 이 전기의 흐름을 돕는 물질과 그렇지 않은 물질이 있음을 알아냅니다. 전도체와 부도체의 발견이었죠. 이렇게 정전기의 이동과 전기가 잘 통하는 물질을 알아내게 되면서 사람들은 전기를 조금씩 다룰 수 있게 됐습니다.

한편 프랑스의 '샤를 뒤페'라는 사람은 여러 가지 물질을 문질러 전기를 만들어보다가 전기에는 두 가지 종류가 있다는 것을 알게 됩니다. 유리와 같은 물질을 문질러 만든 유리 전기, 호박과 같은 계열의 물질로 만든 수지 전기입니다. 그리고 유리 전기와 수지 전기는 서로를 끌어당기지만, 같은 전기끼리는 밀어낸다는 사실까지 밝혀내죠. 아울러 미국의 정치인이자 과학자였던 '벤자민 프랭클린'은 유리 전기를 양(+)극, 수지 전기를 음(-)극이라 이름 붙이고, 모든 물질에는 전기가 존재하며 물질이 양극을 잃으면 음극, 음극을 잃으면 양극이 된다는 주장을 합니다. 전기의 실체에 성큼 다가가는 순간이었죠.

자철석

그러나 당시엔 몰랐지만 아직 커다란 산이 하나 남아 있었는데요. 양극과 음극이 서로 달라붙는다는 전기의 성질을 생각해보면 자연스레 자석이 떠오릅니다. 자석은 이미 오래전부터 천연 자석인 자철석이 발견되면서 신비한 물건으로 여겨졌습니다. 자석의 성질을 이용해 나침반을 만들어

항해에 이용하기도 했죠. 자석과 전기는 과연 어떤 관련이 있을까요? 본래 전기를 연구하는 학문과 자기를 연구하는 학문은 분리돼 있었습니다. 그런데 1800년 이탈리아에서 세계 최초의 전지가 발명되면서 전기와 자기는 하나가 됩니다. 그리고 인류의 세상을 더 빠르게 움직일 전기의 이용도 본격적으로 시작되죠. 이 이야기는 다음 편에서 계속 알아보도록 하겠습니다.

## 황사도 잡힐까? 드론으로 미세먼지 잡는 시대

국내에서 미세먼지를 막기 위한 연구들이 활발하다. 한편에서는 먼지필터 없는 신개념의 기술적 진보도 이뤄지고 있다. 정전기와 물만을 활용해 공기를 정화하는 한국기계연구원 환경기계시스템연구실의 습식 공기정화기술이 그것이다. 5~10μm 정도의 극미세 탄소섬유를 통해 정전기를 만들어내고 이 정전기가 미세먼지를 끌어당긴다. 이 미세먼지 입자는 물이 흘러내리도록 설계된 수막형 집진장치에 의해 수막과 함께 아래쪽에 위치한 수조로 내려가 제거된다. 연구팀은 정전방식의 무필터 집진기술에다 습식 촉매를 이용한 질소산화물(NOx) · 황산화물(SOx) 동시 저감기술을 결합시켜 질소산화물 · 황산화물은 물론 초미세먼지까지 제거할 수 있도록 했다. 1년 동안 실증한 결과 기존 장비보다 화력발전소에서 나오는 대기오염물질을 70% 줄일 수 있는 것으로 나타났다.

출처 : 주간조선/일부인용

---

상식UP! Quiz    ⊗ 🔍

↳ 문제 　전기는 원자와 결합되어 있던 전자가 자유로이 이동하면서 발생하고 흐르게 된다.

〇 / ✕

↳ 해설 　빛과 열 등의 에너지를 받아 전자가 원자에서 분리되어 자기 혼자 돌아다니는 것을 '자유전자'라고 하는데, 전기는 이 음전하를 가진 자유전자들이 이동하면서 통한다.

답 〇

# 전기와 자기는 하나다

세계 최초의 화학전지를 발명한 사람은 이탈리아의 과학자 '알레산드로 볼타'입니다. 그의 '볼타전지'는 친구였던 의학자 '루이지 갈바니'와의 논쟁에서 영감을 받아 만들어졌는데요. 갈바니는 개구리를 해부하다가 금속 핀셋으로 뒷다리 근육을 건드는 순간 움찔거리며 움직이는 것을 관찰합니다. 그는 '개구리 뒷다리에서 전기가 나오는구나!'라고 생각하죠. 갈바니는 볼타와 저녁식사를 하다가 이 이야기를 꺼내 놓는데, 볼타는 '뒷다리에서 전기가 나오는 것이 아니라 금속 핀셋과 개구리가 누운 금속 실험대 사이에 전기가 통한 것이다'라고 반박합니다. 두 사람의 논쟁은 무려 20년(!) 동안이나 이어졌는데요. 볼타는 두 금속 사이에 전기가 통하는 물질을 배치하면 전기가 발생할 것이라 생각하고 장치를 하나 고안합니다. 은과 아연을 납작하게 가공해 그 사이에 소금물로 적신 종이를 넣어 샌드위치처럼 포갰죠. 이 샌드위치를 차곡차곡 쌓아 위아래의 양극에 전선을 연결했더니 그의 예상대로 전기가 발생했습니다. 이 '전기 더미'는 배터리처럼 전기를 만들어 보관할 수 있었죠. 이전까지는 정전기를 모아 '라이덴 병'이라고 하는 장치에 보관했는데 금방 소모되고 말아서 실험에 지장이 많았습니다. 볼타는 전기 더미에서 한걸음 더 나아가 구리판과 아연판을 전선으로 연결하고 황산용액에 담가 전기를 발생시키는 전지를 개발합니다. 이 개발로 전기를 이용한 실험을 더 안정적으로 진행할 수 있었죠.

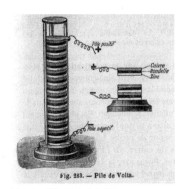

Fig. 283. — Pile de Volta.

볼타가 고안한 전기 더미 장치

그리고 이 볼타전지 덕분에 또 하나의 위대한 발견이 이뤄지는데요. 1820년 덴마크의 과학자 '한스 외르스테드'는 볼타전지로 강의를 하다가 전기가 발생하는 순간 전지 옆에 놓인 나침판이 움직이는 것을 발견하게 됩니다. 그리고 전지에 연결된 철사의 방향에 따라 나침반의 방향도 따라서 바뀌는 것을 관찰하죠. 그는 이때 전기와 자기가 밀접한 관련이 있다는 것을 깨닫습니다. 전기가 자석이 가진 자력, 즉 자기를 만들어낼 수 있다는 것이었죠. 전

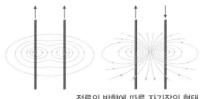

전류의 방향에 따른 자기장의 형태

기가 자기를 만든다는 것은 자력이 미치는 범위인 자기장을 만들어낸다는 말과 같았습니다. 그것은 전기가 도선(전선)과 같은 전도체 위에서만 흐르는 것이 아닌 그 바깥으로도 힘이 미친다는 뜻이었습니다. 이 발견이 위대한 이유는 결국 전기와 자기가 독립적인 성질이 아닌 근본적으로 다르지 않다는 것을 증명해냈기 때문입니다. 바로 전자기학의 탄생이었죠.

전기와 자기가 하나라는 사실은 많은 것을 의미하는데요. 그중 하나는 전기가 자기장을 만들어낸다면 거꾸로 자기장으로 전기를 만들어낼 수도 있다는 겁니다. 이를 증명해낸 과학자가 영국의 '마이클 패러데이'입니다. 패러데이는 하층민 집안에서 태어나 정식교육을 거의 받지 못했지만, 끈기와 피나는 노력, 천재적인 실험감각으로 전자기학에 지대한 공을 세운 학자입니다. 패러데이는 실험을 위해 도선을 둥글게 감아 코일을 만든 다음에 전류(전기, 즉 전하를 가진 전자의 흐름)를 측정하는 장치를 연결했는데요. 여기에 자석을 가져다대고 전기가 흐르는지 알아봤습니다. 놀랍게도 자석의 자기장만으로도 코일에 전류가 흐르기 시작했습니다. 정확히는 자석의 움직임에 따라서 전류의 세기와 방향이 달라졌죠. 자석의 어떤 극을 멀리 두느냐 가까이 두느냐, 또 자석의 회전방향이 어떻게 되느냐에 따라 전류는 바뀌었습니다. 이게 대체 어떻게 된 일일까요?

자석의 움직임에 따라 코일의 전류가 바뀌는 것은 관성 때문입니다. 앞의 '상대성 원리'에서도 봤지만 관성이란 물체가 자신의 상태를 그대로 유지하려는 성질을 말하죠. 자석이 코일 가까이에서 움직이면 자석의 자기장이 코일의 영역을 침범하게 됩니다. 그리고 코일은 이를 방어하기 위해 스스로 전류를 흐르게 해 자기도 자기장을 만듭니다. 그런데 자석을 움직이면 그에 따라 코일에 닿는 자석의 자기장 부분도 달라지는데요. 그러면 코일이 만든 자기장도 이에 맞게 바뀌어야 하니 전류의

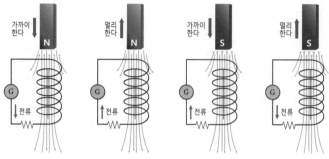

자석의 움직임에 따라 코일의 자기장과 전류의 흐름도 달라진다.

세기나 방향을 바꾸게 되겠죠. 재미난 것은 자석이 가까이에 있어도 움직임이 없다면 전류가 흐르지 않았다는 겁니다. 자기장의 변화가 있어야만 전기가 만들어졌죠. 패러데이는 이러한 실험결과를 바탕으로 '전자기 유도 법칙'을 도출해냅니다.

전자기 유도 법칙의 유의미한 성과 중 하나는 움직임, 즉 운동에너지로 전기에너지를 만들 수 있다는 것이었죠. 이는 전기를 생산해내는 발전기의 기초원리가 됩니다. 보통의 발전기는 물을 끓여 얻은 증기의 힘으로 터빈을 돌리고, 이 움직이는 터빈에 자석과 코일을 연결시켜 지속적으로 전기를 발생시킵니다. 그리고 코일에 도선을 연결해서 전류를 다른 곳으로 흐르게 하는 것이죠. 패러데이는 자신의 성과를 바탕으로 이러한 메커니즘을 가진 발전기를 발명합니다. 발전기는 인류의 산업기술 발달에 엄청난 영향을 끼치게 됐죠. 결국 전기와 자기의 결합이 문명의 비약적 발전에 씨앗이 되었다는 것을 부정하긴 어렵겠습니다.

# 불 없이도 따뜻한 음식을 … 전기 · 전자레인지의 원리는?

전기가 보편화된 이후 다양한 음식 가열 방식이 주방으로 들어왔다. 그중 인덕션은 '전자기 유도' 현상을 이용한다. 열선 가열 방식은 열선에서 전기에너지가 열에너지로 변환된다. 인덕션의 경우에는 인덕션 코일에서 전용용기로 전기 에너지가 옮겨간 후 전용용기에서 전기 에너지가 열로 바뀐다. 전자기 유도는 전류가 흐르면 주변에 자기장이 유도되고, 주변의 자기장이 변화하면 금속에 전류가 흐르는 현상이다. 인덕션 코일에 전류가 흐르면 자기장이 형성된다. 그리고 이 자기장이 전용용기 바닥의 금속에 영향을 끼쳐 전류가 흐른다. 전용용기 바닥에 흐르는 전류는 금속의 저항을 만나 열로 바뀌고, 용기를 따뜻하게 만든다.

출처 : 뉴스1/일부인용

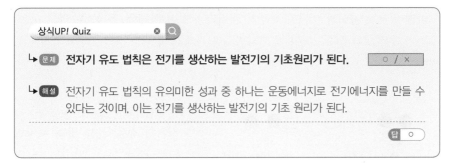

상식UP! Quiz

↳ 문제 **전자기 유도 법칙은 전기를 생산하는 발전기의 기초원리가 된다.** ○ / ✕

↳ 해설 전자기 유도 법칙의 유의미한 성과 중 하나는 운동에너지로 전기에너지를 만들 수 있다는 것이며, 이는 전기를 생산하는 발전기의 기초 원리가 된다.

답 ○

# 이토록 무한한 에너지

태양은 수십억년 동안 타올랐고, 앞으로도 수십억년 동안 타오를 것입니다. 타오른다는 것은 결국 에너지를 낸다는 것입니다. 에너지를 내려면 연료가 필요한데, 태양 안에서는 어떤 일이 벌어지기에 이토록 오랜 시간 동안 타오를 수 있는 것일까요? 태양을 비롯한 항성들은 거의 대부분 수소와 헬륨으로 이루어져 있습니다. 특히 수소는 항성의 중요한 에너지원인데요. 앞서 봤듯이 수소의 원자는 원자핵과 전자로 이루어져 있죠. 또 원자핵은 양전하를 띤 양성자이고요. 그런데 원자가 외부에서 에너지를 받으면 원자핵을 둘러싸고 있던 전자가 점차 떨어져 나가게 됩니다. 그러면 결국 원자핵과 전자가 완전히 분리되는데 이 상태를 '플라스마'라고 하죠. 보통 물질을 냉각하면 고체가 되고 가열하면 기체가 되는데, 플라스마는 기체를 초월한 엄청나게 뜨거운 상태입니다.

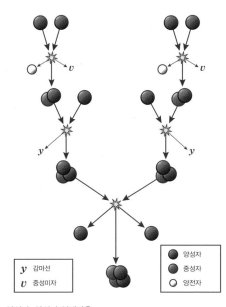

| | |
|---|---|
| $y$ | 감마선 |
| $v$ | 중성미자 |

| | |
|---|---|
| ● | 양성자 |
| ● | 중성자 |
| ○ | 양전자 |

양성자-양성자 연쇄반응

같은 양전하를 가진 수소 양성자들은 자석의 같은 극을 맞댈 때처럼 기본적으로는 서로 밀어냅니다(전자기력). 그러나 막대한 에너지(압력·가열)를 받은 플라스마 상태의 양성자들은 전자기력을 이겨내고 강한 핵력(양성자나 중성자가 결합해 원자핵을 이루는 힘)에 이끌려 결합하게 됩니다. 그렇게 왼쪽의 그림처럼 양성자 하나하나가 결합하게 되면 신기한 일이 벌어지는데요. 각각 한 개의 양성자가 부딪치면 두 개가 될 것 같지만, 양성자 한쪽은 중성미자와 양전자를 방출하면서 전하를 잃고 중성자가 됩니다. 이렇게 수소 양성자와 수소 중성자가 결합한 것을 중수소라고 하는데요. 이 중수소는 매우 불안정한 형태이기 때문에 다른 양성자와 또다시 결합합니다. 그리고 방사선인 감마선을 내뿜으면서 삼중수소로 변신하죠. 끝으로 이 삼중수소끼리 합쳐지면서 비로소 헬륨이 됩니다. 이 과정을 '양성자-양성자 연쇄반응'이라고 부르는데, 고로 이 핵융합은 달궈진 수소가 자기들끼리 뭉쳐서 헬륨이 되는 과정이죠. 우리 태양이 오랜 세월 타오를 수 있는 주된 비결입니다.

그러면 이 연쇄반응에서 에너지는 어떻게 생성되는 걸까요? 그것은 수소와 헬륨의 질량차 때문입니다. 첫 장에서 본 특수 상대성이론에서 물체의 질량을 에너지로 바꿀 수 있다는 말 기억하고 있나요? 이를 '질량-에너지 등가원리'라고 하는데, 특수 상대성이론의 유명한 공식 $E=mc^2$으로 설명되는 현상이지요(E : 에너지, m : 질량, c : 빛의 속도). 질량을 비교해보면 수소 원자핵 네 개의 원자량은 4.032, 헬륨 원자핵 한 개의 원자량은 4.002입니다. 합쳐지면서 0.030만큼의 질량이 줄어든 것이죠. 이를 '질량결손'이라고 하는데요. 질량결손이 일어나는 이유는 핵력에 의해 양성자·중성자가 결합하면서 소모하는 에너지만큼 질량을 잃기 때문입니다.

결국 결합을 거듭하면서 질량은 더 떨어져나가게 되고, 줄어든 질량에 상응하는 에너지가 발산됩니다. 이 조그만 수소 원자들이 만드는 에너지가 얼마나 강할까 싶지만, 태양에 존재할 수소 원자의 양을 생각해보면 이는 정말 가공할 위력입니다. 태양은 무려 초당 6억톤의 수소를 헬륨으로 바꾸고 있고, 에너지로 전환되는 질량차는 매초 400만톤에 달합니다. 핵융합 에너지가 이토록 엄청나기 때문에 인류도 인공적으로 핵융합을 일으켜 미래 에너지원으로 삼으려는 노력을 꾸준히 하고 있습니다. '인공태양' 발전기술이 바로 그것입니다.

## '인공태양' 프로젝트 본격화,
## 핵융합 발전 500MW급 실증로 만든다

정부가 인공태양 프로젝트인 핵융합 발전기 건설을 본격적으로 추진한다. 2035년 500MW급 핵융합 발전 실증로 건설 착수를 목표로 필요한 주요 기술 확보와 설계에 들어간다. 국제 핵융합 실험로(ITER)에 참여하는 주요국들은 ITER에서 핵융합 발전 가능성을 확인하기 전 자국내 핵융합에너지 실현 가속화에 주력하고 있는 상황이다. 이종호 과학기술정보통신부 장관은 '제18차 국가핵융합위원회'에서 '핵융합 실현을 위한 전력 생산 실증로 기본개념' 등의 안건을 심의ㆍ의결했다. 이날 발표된 기본개념에는 '제4차 핵융합에너지 개발 진흥 기본계획'을 달성하기 위한 후속조치가 담겨 있다. 이 장관은 "초전도핵융합연구장치(KSTAR)의 1억℃ 초고온 플라즈마 30초 연속운전 달성 등 국내의 우수한 기술력을 바탕으로 ITER 이후의 실증단계에서도 핵융합에너지 개발을 주도할 수 있도록 사전에 체계적인 준비를 해나가겠다"고 말했다.

출처 : 파이낸셜뉴스/일부인용

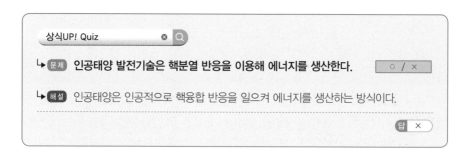

상식UP! Quiz

↳ 문제  **인공태양 발전기술은 핵분열 반응을 이용해 에너지를 생산한다.**   ○ / ×

↳ 해설  인공태양은 인공적으로 핵융합 반응을 일으켜 에너지를 생산하는 방식이다.

답 ×

# 경제성 뒤에 숨은 양날의 검

우리의 인식 속에 방사능은 매우 위험한 존재입니다. 1986년 체르노빌이나 2011년 후쿠시마 원전사고로 방사능이 불러온 참상을 목격했기 때문이죠. 더욱이 후쿠시마 원전에서 흘러나온 오염수를 방류하겠다고 일본 정부가 발표하자 전 세계가 들끓기도 했습니다. 이 때문에 우리나라에서도 원전에 반대하는 목소리가 높아졌죠. 그렇다면 방사능은 도대체 어떤 것이기에 이토록 사람들에게 공포감을 안겨주는 것일까요?

사실 방사능은 특정한 성질을 의미하는 것이고, 정말 인체에 위험한 것은 방사능 현상이 일어나며 방출되는 '방사선'입니다. 방사능은 물질의 원자핵이 불안정한 상태에서 안정한 상태로 바뀌게 될 때 일어납니다. 이를 '방사성 붕괴'라고 하는데, 이러한 성질을 가진 물질을 '방사성 물질(방사성 동위원소)'이라고 하죠. 원자력 발전이나 핵무기에 주로 이용되는 우라늄, 플루토늄, 세슘 등이 대표적인 방사성 물질입니다. 원자력 발전의 원리는 이 방사성 물질이 붕괴(핵분열)할 때 발생하는 열로 물을 끓이고, 이때 발산되는 증기의 힘으로 터빈을 돌려 전력을 생산하는 것입니다.

다시 방사능 이야기로 돌아가서 원자핵이 불안정하다는 것은 양성자보다 중성자의 개수가 더 많다는 것을 의미합니다. 양자역학에서 원자의 '정상상태'를 이야기했었는데요. 정상상태는 양성자의 개수가 중성자보다 더 많거나 혹은 동일한 상태를 말하죠. 이와 달리 중성자의 수가 더 많으면 '들뜬상태'라고 합니다. 원자핵은 이 들뜬 상태에서 정상상태로 안정화하려는 경향이 있고, 여기서 방사성 붕괴가 일어나는데 이때 방출되는 것이 방사선입니다.

방사선은 입자나 전자기파로 방출되고, 여러 종류가 있지만 특히 인체에 유해한 것에는 알파선과 베타선, 감마선 등이 있습니다. 이 방사선을 사람이 직접 쐬는 것을

'피폭'이라고 하는데요. 이들은 다른 물질을 지나면서 원자나 분자의 결합을 끊어버립니다. 그래서 사람이 피폭을 당하면 마치 보이지 않는 총알처럼 인체에 들어가 세포를 죽이고 DNA 구조를 파괴합니다. DNA 구조가 파괴되면 일단 생명유지

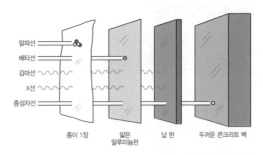

주요 방사선의 투과력 비교

와 대사를 관장하는 인체의 여러 영역들이 제 기능을 못하게 됩니다. 인체가 손상을 입으면 DNA가 스스로 유전정보를 이용해 복구하는데 이 기능이 망가지는 것이죠. 가령 출혈을 멈추지 못하거나, 몸에 덮인 피부를 유지하지 못해 벗겨지고 암을 유발하기도 합니다. 이 위험한 방사선은 그 투과력이 각각 다른데요. 위 그림처럼 알파선은 종이 한 장 통과하기 힘들고, 베타선은 얇은 알루미늄판이면 차폐가 가능합니다. 그러나 감마선부터는 이야기가 다르죠. 최소 두께 1cm 이상의 납판이 있어야 감마선의 위력을 반으로 줄일 수 있습니다. 하지만 투과력이 낮다고 해서 무해한 것은 아닙니다. 투과력이 낮으면 인체에 진입한 후 밖으로 나가지 못하고 잔존할 수 있기 때문에 방사능 물질이 몸 안에 들어오면 치명적일 수 있죠.

사실 우리는 일상적으로 방사선에 노출돼 있습니다. 당장 우주에서도 방사선이 쏟아지고 있죠. 다만 대기가 막아주고 있어 우리는 아주 적은 양에만 '피폭'당하고 있습니다. 뿐만 아니라 토양에도 미미한 양의 방사성 물질이 들어 있어 자연스레 접촉할 수 있는데요. 그러나 역시 인체에 큰 영향을 주지는 않습니다. 하지만 원전사고 등으로 막대한 양의 방사능 물질이 유출돼 산포되면 사람뿐 아니라 그 일대 지역 자체나 심하게는 주변국까지 오염됩니다. 그러면 동식물의 유전자 변형을 일으키고, 물과 토양에도 섞여 그야말로 죽음의 땅이 만들어집니다. 방사성 물질은 그 양이 처음 대비 반으로 줄어드는 반감기를 가지는데요.

후쿠시마 오염수 방류를 규탄하는 시위

체르노빌과 후쿠시마에서 유출된 물질 중 하나인 세슘-137의 반감기는 30년 정도 되죠. 그러나 30년이 훌쩍 넘은 지금도 체르노빌에서는 상당한 방사능 수치가 나타납니다. 그런가 하면 일본 정부는 후쿠시마 사고 후 제염작업을 벌이며 '먹어서 응원하자!'는 캠페인으로 후쿠시마산 농산물을 홍보했습니다. 또 은근슬쩍 어패류의 출하 제한을 풀었죠. 그러나 여전히 높은 방사능 수치가 검출돼 이에 대한 우려가 식지 않고 있습니다. 거기다 방사능 오염수를 더 이상 보관할 수 없어 방류한다는 결정을 내려 큰 논란을 빚었습니다. 원자력 발전은 여러모로 효율과 경제성에서 다른 발전방식에 비해 월등한 것은 사실입니다. 그러나 방사능의 위험성이 현실적으로 해소되기 어렵고, 발전 후처리 비용도 상당하기 때문에 원자력 발전에 대한 찬반논쟁은 계속 이어질 것으로 보입니다.

## 일본 핵 오염수 방류 코앞, 부산 시민 87% "심각"

일본 정부가 2023년 안에 후쿠시마 원전의 오염수 방류를 강행할 예정인 가운데 인접한 부산시민의 우려도 커지고 있는 것으로 나타났다. 부산시에 따르면 부산연구원이 부산시민 1,840명을 대상으로 한 시민 인식조사에서 52%는 일본의 방사성 물질 오염수 해양방류 위험성이 '매우 심각하다'라고 판단했다. '심각하다'를 선택한 비율도 35%로 전체 응답자 87%가 오염수 방류의 문제를 걱정했다. 방류 이후 부산 앞바다의 방사성 물질 농도 변화가 없더라도 79.5%는 '안전하지 않다'라고 봤다. 수산식품 구매에 미칠 영향 역시 매우 부정적이었다. 일본산의 경우엔 80%가 '구매하지 않겠다'라고 답변했다. 국내산 역시 '구매를 줄일 것'이라는 응답자가 68%에 달했다.

출처 : 오마이뉴스/일부인용

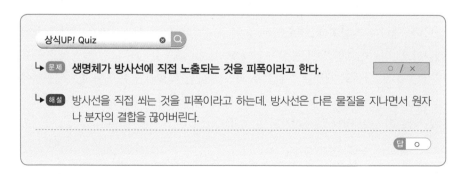

상식UP! Quiz

↳ 문제 **생명체가 방사선에 직접 노출되는 것을 피폭이라고 한다.**                    ○ / ×

↳ 해설 방사선을 직접 쐬는 것을 피폭이라고 하는데, 방사선은 다른 물질을 지나면서 원자나 분자의 결합을 끊어버린다.

답 ○

# 당신의 책상은 어떤가요?

엔트로피에 대해서 들어본 적 있나요? 어디선가 들어본 것도 같은데, 막상 개념을 떠올리려면 막막하기만 합니다. 일단 엔트로피는 열역학 제2법칙과 관련이 있습니다. 열역학은 열에너지가 움직이는 양상을 설명하는 학문이니 엔트로피도 열에너지와 관련이 있겠네요. 열역학 제2법칙은 '고립된 계(系, System)에서는 엔트로피가 감소하지 않는다'고 말합니다. 이게 무슨 말인가 싶죠?

엔트로피는 보통 '무질서한 정도'라고 해석됩니다. 엔트로피가 증가한다는 것은 어떤 체계의 구성이 질서를 잃는다는 뜻입니다. 보통 방이나 책상의 비유로 설명하는데요. 우리가 부모님 잔소리에 방을 깨끗하게 정리해도 생활하다 보면 침대의 이불이 뒤집어지고 갈아입은 옷이 여기저기 걸려 있곤 하죠. 또 책상 위 학용품을 제 위치에 놓아두어도 시간이 흐르면 필통 안에 펜이 제멋대로 꽂혀 있고, 꽂아놨던 책의 순서가 바뀌기도 합니다. 이렇듯 시간이 지날수록 내 방, 내 책상이라는 계가 무질서하게 변하는 것이 엔트로피의 증가입니다.

이 엔트로피의 증가는 확률과도 연관이 있습니다. 빈 상자에 여러 개의 공이 놓여 있다고 해봅시다. 상자 안의 어느 위치든 공이 놓일 확률은 동일하다고 가정하죠. 그러면 공들이 한쪽 구석에 오밀조밀 모여 있을 확률이 높을까요? 아니면 골고루 퍼져 있을 확률이 높을까요? 당연히 아무렇게나 골고루 퍼져서 위치할 확률이 높습니다. 왜냐하면 한쪽에 모여 있는 경우 공이 위치할 확률도 그만큼 제한적이 될 테니까요. 정리해보면 공이 특정 구역에 모인 경우, 즉 잘 정돈돼 있는 상황은 확률이 낮습니다. 반대로 제멋대로 골고루 퍼져 있다면 확률이 높은 상태죠. 이는 위에서 말한 방과 책상의 비유에서도 마찬가지입니다. 이렇게 엔트로피가 증가한다는 것은 확률이 높은 상태로 흘러간다는 것이죠.

그러면 이 엔트로피와 열에너지는 과연 어떤 관련이 있을까요? 열에너지는 높은

잉크

물

물에 섞인 잉크가 점차 전체에 퍼지는 것도 엔트로피가 증가하는 것이다.

온도에서 낮은 온도로 흐르는 경향이 있습니다. 우리가 얼음이 가득 찬 컵에 뜨거운 물을 부으면 얼음이 녹으면서 따뜻했던 물을 미지근하게 식힙니다. 이 현상을 우리는 '열평형'이라고 합니다. 그런데 뜨거운 물이 식었으니 열이 없어졌다고 생각이 들지만, 사실은 물의 열이 얼음을 만나 컵 구석구석 '넓게 퍼진 것'입니다. 열역학 제1법칙인 '에너지 보존의 법칙'에 따라 열에너지가 높은 온도(뜨거운 물)에서 낮은 온도(얼음)로 흐르면서 에너지는 그대로 보존(물 전체가 미지근하게 식음)된 것이죠. 열에너지가 넓게 퍼졌다는 것, 그러니까 열이 어느 한쪽에 괴리되어 있지 않고 골고루 분포돼 있다는 것은 엔트로피가 증가했음을 의미합니다. 이로써 열에너지가 컵 안 여기저기 분포할 확률도 늘어나는 것입니다. 엔트로피의 증가는 자연현상에서 자연스럽게 일어나는 현상이지요.

또 엔트로피는 역행하여 이루어질 수 없습니다. 이를 '비가역적'이라고 하는데요. 어질러져 있던 방은 시간이 지나면서 자연스럽게 정돈될 수 없습니다. 미지근해진 물이 저 혼자 갑자기 끓어오를 수도 없고요. 이렇듯 열에너지도 낮은 온도에서 높은 온도로 거꾸로 흐를 수 없습니다. 그런데 이쯤에서 이런 의문이 드는데요. "아니, 방이야 다시 치우면 되는 거고, 물도 다시 가열하면 끓일 수 있지 않나? 그럼 엔트로피가 감소하는 거 아닌가?" 맞습니다. 그런데 그것은 우리의 '일'이 작용해야 하죠. 첫머리에서 '고립된 계(고립계)'라는 언급을 했는데요. 고립계란 물질과 에너지 모두 외부(주위)와 교환이 안 되는 계를 의미합니다. 예를 들면 컵과 얼음, 뜨거운 물이 하나의 고립계를 이루는 것이고요. 우리가 만약에 열을 가해 물을 끓인다면 외부에서 일을 해 에너지를 교환한 것이죠. 그러면 더 이상 고립계가 아니게 됩니다. 사실 정말로 순수한 의미의 고립계는 지구 밖의 우주뿐입니다. 우주의 경계 너머는 존재하지 않으니까요. 그렇지만 방과 책상, 컵의 비유처럼 우리가 살고 있는 계에서는 고립계에서 관찰할 수 있는 현상이 흔하게 일어납니다. 엔트로피의 증가처럼 말이죠.

**여러 가지 계**

| 계의 종류 | 설 명 | 컵의 비유 |
|---|---|---|
| 고립계 | 물질과 에너지 모두 외부와 교환이 안 되는 계 | 컵을 마개로 막아 보온병에 넣어 밀봉하면 물질과 (열)에너지 모두 컵 외부와 상호작용할 수 없다. |
| 닫힌계 | 물질의 교환은 없으나 에너지는 외부와 교환되는 계 | 컵을 마개로만 막으면 외부에서 물질을 넣거나 뺄 수는 없으나, 가령 컵을 데우는 식으로 에너지는 상호작용할 수 있다. |
| 열린계 | 물질과 에너지가 모두 교환되는 계 | 컵을 마개로 막지 않으면 외부에서 물질을 꺼내고 넣거나 데우는 등 에너지를 교환하는 상호작용이 가능하다. |

## 탄소중립과 엔트로피 법칙

엔트로피 법칙은 열역학 제2법칙이다. 엔트로피의 이론적 정의는 열량을 절대온도로 나눈 상태함수다. 에너지 활용을 위해서는 저장, 전달, 그리고 변환과정들이 불가피한데, 자연적 에너지 흐름방향은 높은 온도에서 낮은 온도로 진행하므로 에너지 사용은 무조건 엔트로피 증가를 뜻한다. 이는 쓸모 있는 에너지가 쓸모없게 변한다는 것을 의미한다. 안정적인 질서구조의 고체나 액체의 화석연료가 비가역적 과정을 통해 무질서도가 훨씬 높은 기체상태의 탄산가스로 배출되는 것 역시 지구 엔트로피의 증가를 의미한다. 따라서 탄소중립은 탄산가스 회수보다 대체에너지를 통한 지구 엔트로피 증가를 최소화하기 위해 노력해야 한다. 따라서 신재생에너지 중에서 화석연료보다 엔트로피 변화가 작은 친환경적이고, 경제적인 대체에너지를 찾는 것이 근본적 해결과제다.

출처 : 중도일보/일부인용

상식UP! Quiz      ⊗ 🔍

↳ 문제 **엔트로피의 법칙은 열역학 제1법칙과 관련이 있다.**      ○ / ×

↳ 해설 열역학 제2법칙은 고립계에서는 엔트로피가 감소하지 않는다고 한다.

답 ×

# 무질서해 보이는 질서

앞에서 엔트로피가 '무질서한 정도'라고 했는데요. 이번에 이야기할 카오스(Chaos) 이론도 무질서와 관련이 있습니다. 카오스는 '혼돈'이라고 변역할 수 있는데요. 그리스어에서 우주의 탄생 당시 천지의 구분이 없는 무질서한 상태를 뜻하는 단어에서 유래했습니다. 카오스 이론의 요지는 겉으로는 무질서해 보이는 현상 속에도 사실 내밀한 규칙과 질서가 자리 잡고 있다는 것입니다.

에드워드 로렌츠

카오스 이론을 처음 제시한 인물은 1963년 미국의 기상학자였던 에드워드 로렌츠였습니다. 그는 기상예측을 하기 위해 미분방정식을 풀다가 소수점 셋째자리를 누락하는 실수를 하고 말았고, 그 바람에 엉뚱한 기상예측이 나왔죠. 이후 이를 후속 검토하던 로렌츠는 초기에 입력한 미세한 값의 차이가 연쇄적으로 결괏값의 오차를 늘리면서 끝내는 엄청나게 상이한 결과를 만들어낸다는 사실을 관찰했습니다. 아주 작은 변수 혹은 사건이 전혀 예측하지 못할 엄청난 사건을 일으킨다는 것이죠. 그는 자신이 발견한 이 현상을 '나비효과'라고 이름 붙였는데요. 익히 알고 있듯이 '브라질에서 나비 한 마리가 날갯짓을 하면 미국 뉴욕에 태풍을 일으킨다'는 비유에서 나왔습니다. 이는 카오스 효과를 설명하는 하나의 예시입니다.

카오스 이론은 자연현상이 무질서하고 무작위하게 일어난다는 것이 아니라 예측하기 어렵다고 말합니다. 또 거꾸로 초기에 어떤 변수와 사건이 있는지 그 '초기 사건'을 파악한다면 예측도 가능하다는 사실을 담고 있죠. 그러나 그 초기 사건을 완벽히 파악하는 것이 쉽지 않습니다. 어떤 미세한 오차와 변수가 숨어 있는지 제대로 아는 것은 어렵죠. 우리가 자연현상을 예측하면서 애초 상황이 어떠했는지 열심히 조사하고 파악한다 해도 종내는 전혀 다른 결과가 나타날 수 있다는 겁니다.

그래서 카오스 이론의 본질은 비선형적입니다. 비선형적이라는 것은 어떤 선처럼 사건이 일정한 흐름에 따라 순리대로 가는 것이 아니라 더욱 복잡한 방식으로 진행된다는 의미입니다. 우리의 일상에서도 생각해보면 아주 미세한 차이가 걷잡을 수 없는 결과를 이끌어낼 수 있습니다. 가령 아침에 일어나 학교에 갈 때 엘리베이터 버튼을 0.1초 다른 층보다 늦게 눌러 놓치는 바람에 타려고 했던 버스를 못 탈 수도 있습니다. 그리고 하필 시험에 늦어 감점을 받게 되고 낮은 성적을 받아 원하는 학교 진학에 지장을 받게 될지도 모릅니다. 0.1초라는 아주 찰나의 차이가 예상치 못한 엄청난 결과를 만들어낼 수 있는 것이죠.

## 날씨를 자유자재로 통제한다?

일본 라이켄 연구소는 카오스 이론의 시스템 중 하나인 '나비 유인기(Butterfly Attractor)'를 이용해 작은 변화로 날씨에 영향을 미칠 수 있는 법을 알아냈다. 그동안 슈퍼컴퓨터를 통한 기상예측 분야의 정확도는 상당히 높아졌으나. 과학자들이 오랜 시간 꿈꿔왔던 기상통제는 현재 기술로는 요원한 상황이다. 만약 기상통제기술이 가능하다면 극심한 폭우나 가뭄 등은 사라질 수 있을 것이다. 최근 전 세계적으로 기후변화가 심화됨에 따라 폭우·폭풍 등 기존보다 극심한 기상변화가 더 자주 발생해 기상통제 분야에 대한 관심도 점차 높아지고 있다. 기상학자이자 수학자인 에드워드 로렌츠가 발표한 나비 유인기 현상은 나비의 날개처럼 보이는 하나 또는 두 개의 궤도를 설정하고, 시스템의 작은 변동에도 무작위로 궤도를 변경할 수 있다. 라이켄 팀은 나비 유인기 현상을 각각의 날씨 시뮬레이션에 적용해 자연과 라이켄에서 지정한 작은 변수들의 차이점을 관찰해 특정 변수들이 일정 시간 후 목표로 하는 기상상태에 이를 수 있게 했다.

출처 : 디지털데일리/일부인용

---

상식UP! Quiz ❌ 🔍

↳ 문제  **카오스 이론에 의하면 어떤 사건을 예측하는 데 초기 사건은 중요하지 않다.**

○ / ✕

↳ 해설  카오스 이론은 초기에 어떤 변수와 사건이 있는지 그 '초기 사건'을 파악한다면 예측도 가능하다는 사실을 이야기한다.

답 ✕

# 지구가 살아 있다는 증명

2022년 1월 남태평양의 작은 섬나라 '통가'의 인근 바다에서 해저화산이 폭발했습니다. 이 폭발은 지구 밖에서 관찰될 정도로 강력한 힘을 뿜어냈는데요. 학계에서는 천년에 한 번 있을 법한 엄청난 규모의 폭발이었다고 설명했습니다. 이 폭발이 부른 쓰나미는 일본과 페루에까지 밀어닥쳤죠. 폭발이 일어난 곳은 우리가 흔히 '불의 고리'라고 부르는 '환태평양 조산대' 위였습니다. 환태평양 조산대는 통가 해저화산 폭발뿐 아니라 여러 차례 지구를 뒤흔든 굵직굵직한 사건들을 만들어냈는데요. 이렇듯 조산대가 활동하며 지각변동을 일으키는 것은 지구의 표면이 여러 조각으로 갈라져서 움직이는 판 운동을 하기 때문입니다. 그런데 사람들은 지구가 판으로 나뉘어 꿈틀댄다는 사실을 대체 어떻게 알았을까요?

옛날 사람들은 그저 지구가 단단한 돌덩어리라고만 생각했습니다. 아예 지구가 둥근 공 모양이라는 것도 몰랐던 시절에는 화산이나 지진이 신이 내리는 형벌이라고 여겼죠. 시간이 흘러 항해술과 지도학이 발달하며 세계지도가 제작되었는데요. 1912년 '알프레트 베게너'라는 독일의 기상학자는 세계지도를 보며 문득 희한한 점을 발견합니다. 남아메리카의 오른쪽 해안선과 아프리카 왼쪽 해안선의 모양이 묘하게 아귀가 맞았다는 것이죠. 흥미를 느낀 그는 대륙을 이리저리 맞춰보다가 '지구의 대륙들이

알프레트 베게너

사실은 한 덩어리가 아니었을까' 하는 생각을 하게 됩니다. 그는 이를 뒷받침하는 몇 가지 증거들을 더 찾았는데요. 그중 하나가 원래 맞붙어 있었던 것으로 추측되는 두 땅에 같은 생물이 살았던 흔적(화석)이 있다는 것입니다. 새는 날개라도 있으니 날아갈 수 있다고 쳐도 네발로 걷는 육지동물은 도무지 대륙을 건너갈 방법이 없었는 데 말입니다. 식물은 말할 것도 없죠.

베게너는 이 같은 증거를 종합해서 원래 하나였던 대륙이 갈라졌다는 '대륙이동설'을 제시합니다. 그의 이런 주장은 매우 획기적이었지만 당시에는 인정받지 못했습니다. 결정적으로 "그게 사실이라면 대륙은 어떻게 이동하는가?"라는 질문에 제대로 답을 하지 못했죠. 베게너는 마치 쇄빙선이 바다의 얼음을 부수며 뚫고 나아가듯, 대륙이 바다의 지각을 가르며 이동한다고 주장했습니다. 그러나 그의 주장은 설득력이 떨어졌습니다. 그게 사실이라면 지구는 아마 남아나지 않았을 테니까요.

이 대륙이동설에 대안을 제시한 학자는 영국의 과학자 '아서 홈스'입니다. 그는 지표면 아래에 있는 맨틀이 등에 지고 있는 대륙을 움직인다는 '맨틀 대류설'을 발표합니다. 맨틀은 지구 중심부에 가까운 부분일수록 뜨거워지는데, 뜨거운 하층의 맨틀이 상승하고 상대적으로 저온의 상층 맨틀이 하강하는 열대류를 한다는 것이었습니다. 그러면서 인접한 지각을 밀고 당긴다는 말이었죠. 이 또한 기발한 생각이었지만 일단 가설에 불과했는데요. 사람들은 또다시 물었습니다. "그래서 맨틀이 땅속에서 대류한다는 건 어떻게 증명할 건데?" 이 물음엔 홈스도 명확히 증거를 내놓지 못했죠. 하지만 그가 주장한 맨틀 대류설은 이번 장의 주인공인 '판 구조론'의 중추적인 아이디어가 됩니다.

해령이 탄생하며 해양지각은 양쪽으로 밀려난다.

시간이 흘러 깊은 바다 밑바닥을 연구하던 과학자들은 평평한 해저에도 불쑥 솟아오른 산이 있다는 사실을 알아냅니다. 이를 해저산맥, 즉 해령이라고 부르는데요. 이 해령은 바다 밑을 뚫고 나온 마그마가 분출하며 만들어진 화산입니다. 이 해령에서 흘러나온 마그마는 바닷물에 식어 새로운 해양지각을 만들어냅니다. 바다의 밑바닥이 확장되는 것이죠. 그러나 마냥 바다가 넓어지는 않습니다. 해령을 중심으로 해양지각이 점점 밀려나다가 육지와 부딪히게 되는데, 해양지각이 훨씬 밀도도 높고 무겁기 때문에 육지 아래로 빨려 들어갑니다. 이 해양지각은 다시 맨틀로 돌아가게 되고, 이때 만들어지는 깊고 거대한 구멍이 해구입니다. 맨틀은 해령에서 뿜어져 올라왔다가 다시 해구 속으로 가라앉는 것이죠. 다시 말해 대류운동을 하고 있다는 말입니다. 해양지각이 대륙 밑에서 내려갈 때 격렬한 화산활동과 지진이 일어나곤 하죠. 이러한 메커니즘을 설명하는 이론이 '해양저 확산' 이론입니다.

이 해양저 확산 이론을 바탕으로 비로소 '판 구조론'이 탄생합니다. 판 구조론에서 '판'이란 지각과 그 아래에 있는 상층부의 맨틀 일부분을 가리키는데요. 지표면에서 대략 100km 아래 지점까지입니다. 이 부분까지를 단단한 암석으로 이루어진 '암석권'이라 부르고, 그 아래에는 다시 100km 정도 두께의 부드러운 '연약권'이 존재합니다. 이 연약권에서 대류가 일어나는 것이죠. 바다의 판, 즉 해양판은 맨틀의 대류 덕분에 끊임없이 새로운 판을 만들어내고 또 대륙판 밑으로 빨려 들어가면서 움직입니다. 대륙판도 저마다의 방향으로 이동하게 되는데요. 판과 판이 서로 맞부딪히는 곳을 '수렴형 경계'라고 하고, 위에서 등장한 해령처럼 판이 생성되고 갈라지는 곳을 '발산형 경계'라고 합니다.

재미난 것은 어떤 판들이 맞부딪히느냐에 따라 다른 현상이 일어난다는 겁니다. 가령 해양판과 대륙판이 부딪히면 상기한 대로 해양판이 밑으로 내려가고 대륙판은 솟구치게 되는데, 이때 거대한 산맥이 형성됩니다. 아울러 해양판이 밀려 내려간 맨틀에서 대량의 마그마가 생성되며 대륙판을 뚫고 분출하게 되죠. 해양판끼리 부딪힌다면 어떻게 될까요? 두 해양판의 밀도차가 크다면 역시 무거운 쪽이 밑으로 내려가면서 화산 분출이 일어나고 판의 경계를 따라 섬을 줄지어 만들어냅니다. 참

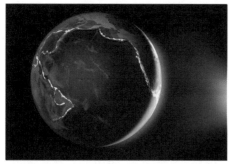

고로 밀도가 높은 판이 다른 한쪽 판으로 내려가는 것을 '섭입'이라고 하죠. 그러면 두껍고 밀도가 높은 대륙판끼리 충돌한다면? 어느 하나 밑으로 내려가지는 않는 대신 충돌이 만들어내는 가공할 압력 때문에 땅이 두꺼워지게 됩니다. 그러면서 산맥과 고원이 형성되죠.

환태평양 조산대

첫머리에 언급했던 환태평양 조산대는 거대한 태평양판의 둥그런 경계를 따라 놓여 있습니다. 태평양판을 중심에 두고 판들이 수렴하고 충돌하면서 지구를 꿈틀꿈

틀 움직이고 있는 것이죠. 이는 지구가 살아 있다는 증거인 동시에 자연의 힘이 얼마나 강대한가를 보여주는 거대한 울림이라고 할 수 있습니다.

## "잠잠했다 일거에 쾅 … 한국도 안전지대 아냐"

수많은 사상자를 낸 이번 튀르키예 지진은 유라시아판과 아라비아판, 아프리카판 등 여러 지각판이 만나는 지점에서 발생했다. 과거에도 수차례 지진이 발생했던 지역이다. 다만 이번에는 기존 지진과는 다른 단층에서 발생했으며, 향후 추가 지진이 이어질 가능성도 있는 것으로 분석된다. 이번 튀르키예 지진은 동 아나톨리아 단층에서 발생한 것으로 추정된다. 특히 대형 지진이 일어날 수 있다고 여러 학자들이 경고했던 지역이다. 세계적으로 대표적인 지진대는 태평양을 둘러싼 환태평양 조산대, 인도와 유라시아판이 충돌하고 있는 히말라야 산맥 인근 지역에 있다. 이번 지진이 발생한 튀르키예 인근 지대도 지진 위험지대로 꼽힌다. 우리나라는 주요 지진대인 판의 경계 지역에 위치해 있진 않다. 하지만 전문가들은 우리나라도 절대 '안전지대'로 볼 수 없다고 강조한다. 판의 경계선이 아닌 판의 내부에 위치해 있긴 하지만 최근 들어 판 내부의 힘이 축적되고 있기 때문이다. 특히 인근 환태평양 조산대에서 대형 지진이 발생할 경우 응축돼있던 힘이 풀려나며 우리나라의 수도권까지 영향을 받을 것으로 예상된다.

출처 : 매일경제/일부인용

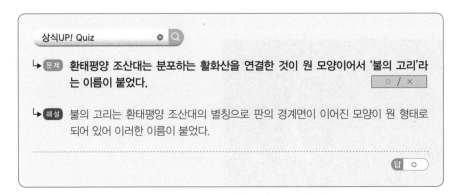

상식UP! Quiz

↳ 문제 환태평양 조산대는 분포하는 활화산을 연결한 것이 원 모양이어서 '불의 고리'라는 이름이 붙었다.

○ / ×

↳ 해설 불의 고리는 환태평양 조산대의 별칭으로 판의 경계면이 이어진 모양이 원 형태로 되어 있어 이러한 이름이 붙었다.

답 ○

# 지구에 내린 보이지 않는 축복

우리 지구에는 무엇 때문에 생명이 존재할 수 있는 것일까요? 우리가 마시는 물? 따스한 태양빛? 생명이 살아 숨 쉬는 비옥한 땅? 여러 가지 조건이 들어맞아야 하겠지만 뭐니 뭐니 해도 일등공신은 '공기'입니다. 우리는 공기가 없다면 단 한순간도 살아갈 수 없습니다. 단순히 숨을 쉴 수 없기 때문일까요? 사실 지구에 있어 공기가 하는 역할은 매우 다양합니다. 공기가 지구의 중력에 붙들려 있는 영역을 '대기'라고 하는데요. 이 대기에서는 다양한 일들이 일어나죠. 일단 대기에서는 태양빛이 통과하게 됩니다. 대기는 태양빛의 가시광선을 통과시키고, 지표면에서 반사된 복사열을 다시 흡수하여 온실효과를 만들어냅니다. 이 때문에 지구는 생명체가 살기 적당한 기온을 유지할 수 있죠. 만일 이 온실효과가 없었더라면 낮에는 수백 도로 끓어오르고, 밤에는 꽁꽁 얼어붙는 냉열지옥을 오갔을 것입니다. 또한 대기는 지구의 중력에 이끌려 날아오는 운석과 유성을 태워버립니다. 대기가 뜨거워서가 아니라 대기에 진입하며 발생하는 마찰열 때문이죠. 뿐만 아니라 바람과 비, 천둥, 번개 등 다양한 기상현상을 일으키고, 이에 따라 인류의 다양한 삶의 양태를 이끌어냈습니다.

우리 지구의 대기는 거의 대부분이 질소(약 78%)와 산소(약 21%)로 이루어져 있습니다. 언뜻 생각하면 산소가 가장 많을 것 같은데요. 물론 산소는 공기의 알파이자 오메가인 성분이긴 하지만 우리가 산소로만 숨을 쉬는 것은 불가능합니다. 사실 산소는 독성이 강한 물질인 데다가 불도 매우 잘 붙죠. 만일 우리 공기가 산소로만 되어 있다면 작은 불씨에도 지구에는 화염폭풍이 몰아칠 것입니다. 매우 안정한 물질인 질소가 이를 잘 막아주고 있는 것이죠. 또한 질소는 생명체의 단백질 합성에도 도움을 주는 고마운 물질입니다. 질소와 산소 이외에도 공기는 아르곤과 이산화탄소 등 다양한 물질이 적절한 비율로 결합돼 있습니다. 이 비율이 조금이라도 틀어진다면 생명에 치명적인 위협이 될 수 있죠. 그러니 대기의 이러한 적절한 배합은 마치 기적과도 같습니다.

이런 기적 같은 지구의 대기가 만들어진 과정은 아직 정확히 밝혀지지 않았는데요. 먼저 대기를 구성하는 성분이 어디에서 왔는지 알아내는 게 우선이죠. 질소의 경우 태양계 생성 초기, 우주에서 날아온 혜성으로부터 기원했다는 설과 지구 내부에 있던 질소가 화산활동으로 인해 분출되었다는 설이 있습니다. 다만 최근 연구결과에 의하면 혜성에 함유된 질소의 양이 지구 대기를 형성할 만큼 충분치 않았다는 게 밝혀지면서 혜성 기원설은 힘을 잃고 있는 추세입니다. 한편 산소는 지구가 탄생할 시절부터 존재하기는 했지만 그 양은 미미했는데요.

산소는 수많은 미·소행성의 충돌로 지구가 마그마의 바다로 출렁이던 때부터 생성되기 시작했죠. 이 마그마는 주로 고온에 녹은 철 성분으로 이뤄져 있었다고 하는데요. 산화되지 않은, 그러니까 산소가 결합되지 않은 철 성분은 지구 중심부로 가라앉아 핵이 됐고, 산화된 철은 외부로 융기하여 대기를 이뤘다고 전해집니다. 이 산소가 우리의 대기에 영구적으로 존재하기 시작한 것은 24억~20억년 전부터로 추측되는데요. 생명체가 탄생하기 적절한 산소 환경이 조성된 과정을 '산소화(Oxidation) 사건' 혹은 '산소 대폭발 사건'이라고 부르죠.

금성 표면의 화산 폭발 상상도

물론 성분에는 차이가 있지만 대기가 지구에만 있는 것은 아닙니다. 문자 그대로 텅 빈 것 같은 달의 하늘에도 미약하게나마 대기가 존재합니다. 우리와 가까운 별 중 금성에도 대기가 있는데요. 금성의 대기는 아주 두꺼운 이산화탄소로 이루어져 있어서 지구와는 비교도 할 수 없는 규모의 온실효과가 일어납니다. 때문에 금성의 표면은 뜨겁게 달아오른 초열지옥 그 자체입니다. 그러나 지구온난화의 영향으로 우리의 대기에도 이산화탄소 농도가 높아지고 있는데요. 아직은 0.04% 정도에 불과하지만 그 함량이 점점 늘어나고 있다고 합니다. 그래서 과학자들은 지구온난화가 계속된다면 먼 미래에는 지구도 금성처럼 변할 수 있다고 경고하기도 합니다.

# 지구에 생명 불어넣은 항구적 산소 증가 22억 2천만년 전 시작

'산소 대폭발 사건(Great Oxygenation Event)'으로도 불리는 대산화사건은 약 24억 3,000만년 전에 처음 시작된 뒤 약 23억 2,000만년 전까지 불안정기를 거쳐 항구적 산소 증가로 이어진 것으로 여겨져 왔다. 그러나 영국 리즈대학의 지구환경학과 사이먼 폴튼 교수가 이끄는 연구팀은 대산화사건이 시작되고 약 2억년 간 매우 불안정한 시기를 거친 뒤에야 안정적으로 산소가 늘어나게 됐다는 연구결과를 과학저널 '네이처' 최신호에 발표했다. 리즈대학과 네이처에 따르면 대기 중 산소가 지금의 0.001%에서 급증한 대산화사건은 약 24억 3,000만년 전에 시작됐다. 지금 산소 농도와 비교하면 매우 낮지만, 지구 표면의 화학적 구성을 극적으로 바꿔놓아 생명체가 출현할 수 있는 기반을 만들어놓았다. 연구팀은 당시 해양 퇴적물로 형성된 남아프리카 트랜스발의 암석 분석을 통해 초기의 산소 증가가 짧게 유지되고, 약 23억 2,000만년 전 이후에도 상당 기간 대기의 산소 농도가 들쭉날쭉하며 요동친 것으로 분석했다.

출처 : 연합뉴스/일부인용

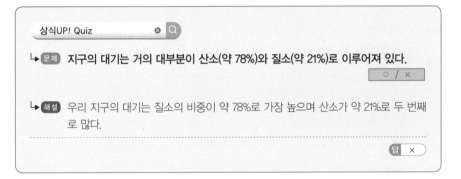

상식UP! Quiz

↳ **문제** 지구의 대기는 거의 대부분이 산소(약 78%)와 질소(약 21%)로 이루어져 있다.

○ / ×

↳ **해설** 우리 지구의 대기는 질소의 비중이 약 78%로 가장 높으며 산소가 약 21%로 두 번째로 많다.

답 ×

# 여름 · 가을 가리지 않아요

태풍의 다른 이름은 '열대성 저기압'입니다. 정확히 말하면 북서태평양에서 발생하는 강력한 열대성 저기압을 태풍이라고 부르죠. 열대성 저기압이 인도양 · 남태평양 · 지중해에서 발생하면 '사이클론', 동 · 중태평양과 북대서양에서 발달하면 '허리케인'이라고 합니다. 저기압이란

태풍의 위성사진

공기가 지면을 누르는 힘이 주변보다 상대적으로 약한 것을 뜻하는데요. 그러다 보니 저기압에서 공기는 상승기류를 타고 위로 올라가게 되는데, 이때 공기가 팽창하면서 온도가 낮아지게 됩니다. 올라간 공기 속에는 수증기도 포함되어 있는데 온도가 내려가면서 물방울로 응결되고 모여 구름이 만들어집니다. 물방울이 서로 엉겨 붙고 합쳐지면서 구름도 무거워지면 비가 내리게 되죠. 저기압에서 구름이 끼고 비가 내리는 이유입니다. 또 저기압의 중심부로 갈수록 기압이 낮아지는데, 공기는 고기압에서 저기압으로 부는 성질이 있으므로 중심부를 향해 반시계 방향으로 주변 공기가 불어 들어갑니다. 지구의 북반구에서는 반시계 반향, 남반구는 시계방향으로 바람이 불게 되죠.

열대성 저기압은 따뜻한 바다에서 생성됩니다. 태풍이 발생하는 북서태평양 해역은 적도를 기준으로 위도 5도 이상 북쪽으로 치우쳐 있는데요. 이 부분은 태양열을 많이 받아 바닷물도 26.5℃ 이상으로 따뜻하고 그만큼 다른 해역에 비해 에너지도 충만합니다. 태평양이 드넓은 만큼 에너지의 불균형이 크게 일어나고, 대규모의 열대성 저기압이 발달하기 시작합니다. 공기가 바닷물에서 증발한 수증기를 끌어안고 상승기류를 타고 올라가면 두터운 구름을 생성하는데요. 이 열대성 저기압이 세력을 키워 중심 부근 최대 풍속이 33m/s 이상이 되면 비로소 태풍으로 명명됩니다.

태풍은 거의 한여름인 7월에 주로 일어날 것 같지만 9월 초가을까지도 자주 발생합니다. 가을 태풍이라는 말이 새로 등장한 게 아니라는 뜻이죠. 이러한 가을 태풍은 최근 들어 점차 강해지고 있다고 하는데요. 특히 2022년 9월 우리나라를 강타한 태풍 '힌남노'는 상륙할 때 중심기압이 920hPa(헥토파스칼), 최대풍속이 51m/s(시속 184km)일 것으로 추정되어 전 국민을 긴장시켰습니다. 게다가 힌남노는 보통 태풍이 발생하는 북위 25도 이남이 아닌 이북에서 발생한 슈퍼태풍이라는 점에서 화제를 모았습니다. 실제로 태풍의 발생 위치가 점점 고위도로 올라가고 있다는 연구결과도 있었는데요. 특히나 6월에서 9월까지 발생하는 태풍에서 그런 경향이 있는 것으로 나타났습니다. 이는 해수면 온도뿐만이 아닌 지구 전체의 기온 상승과 관련이 있는데요. 해수면과 해역 전체의 기온이 올라가다 보니 태풍이 고위도에서

태풍 힌남노의 영향으로 도로를 덮치는 파도

더 빠른 속도로 생성되고, 더 느리게 움직이게 되었다고 합니다. 또한 더 강한 바람을 일으키고 많은 비를 뿌리게 되죠. 산업화 이후 지구온난화의 영향으로 지구 평균 온도가 상승하면서 태풍은 더 강해지고 있습니다.

그러나 사실 태풍이 해로운 것만은 아닙니다. 태풍은 물 부족을 해소시키고, 바닷물의 순환에도 관여해 적조현상이 일어나지 않게 하죠. 또 저위도의 대기에 쌓인 에너지를 빨아들여 고위도로 분산시켜서 지구 남반구와 북반구의 온도를 유지시켜 줍니다. 그러니 태풍도 엄연히 자연현상의 일부로서 지구가 올바르게 유지되도록 기능하고 있는 것이죠. 그러고 보면 결국 지구에 가장 해로운 것은 인간인지도 모르겠습니다.

## "미국 북동부 허리케인 피해, 향후 30년간 90% 늘 것"

미국 북동부 지역의 허리케인 피해액이 향후 30년간 현재보다 90% 늘 것이라는 예측이 나왔다. 열대성 저기압을 뜻하는 허리케인은 플로리다 등 미국 남부에 주로 피해를 줬다. 그러나 기후변화로 인해 허리케인이 점차 북상하면서 북동부 지역까지 타격할 것이라는 이야기다. 기후위험을 연구하는 미국의 비영리단체 퍼스트스트리트재단(First Street Foundation)은 보고서 '거세지는 바람(Worsening Winds)'에서 미국 북동부 지역 피해액이 2023년 1억 2,380만달러(전망치)에서 2053년 2억 3,120만달러로 87% 늘어날 것이라고 분석했다. 허리케인 주요 동선에 노출돼 있는 플로리다는 2023년 134억달러에서 30년 후 143억달러로 늘어난다. 이 지역은 미국 전체 허리케인 피해액의 70%를 차지하고 있다.

출처 : 포춘코리아/일부인용

---

상식UP! Quiz

↳ 문제 열대성 저기압이 인도양 · 남태평양 · 지중해에서 발생하면 '윌리윌리'라고 부른다.

 ○ / ×

↳ 해설 인도양 · 남태평양 · 지중해에서 발생하면 '사이클론'이라고 부른다. '윌리윌리'는 남인도양에서 발달한 열대성 저기압을 일컫는 말이다.

답  ×

# 기린의 목은 길어진 것일까?

영국의 생물학자 '찰스 다윈'이 주창한 '진화론'은 '원시적 인 생명체가 어떻게 우리 인류와 같은 고등 생명체로 진보 해왔느냐' 하는 단순한 의제를 논하는 것이 아닙니다. 결국 에 '생명이 추구하는 방향성의 실체는 무엇인가'라는 본질 적인 질문에서 출발하죠. 이러한 근본 질문에서 파생된 생 명의 기원에 대한 논쟁은 창조론과 진화론으로 갈려 이어

찰스 다윈

져 왔습니다. 근현대에 들어서는 진화론이 과학적 상식으로 굳어져 절대적 우위를 점하고 있지만 말입니다. 20세기 초 과학·종교계의 가장 뜨거운 감자였던 진화 론. 그렇다면 진화는 어떤 이유로 어떻게 진행되는 것일까요?

진화에 대해 탐구하기 위해서는 먼저 그 바탕이 되는 '유전'을 알아봐야 합니다. 진 화는 세대 간에 형질이 이어져 내려가는 노선 위에서 발생하기 때문입니다. 두 생 명체가 짝짓기를 해 후손을 탄생시킬 때 암수 각 생명체가 가진 형질은 임의로 섞 여서 하나의 유전자가 되어 후손에게 전해집니다. 암수가 수십 차례 다시 짝짓기를 하여 후손을 잉태한다고 해도 완전히 동일한 유전자를 가진 후손이 탄생할 확률은 극히 희박합니다. 조금이라도 형질에 차이가 있는 자식이 태어나게 되죠. 나와 터 울을 가지고 같은 부모에게서 태어난 형제들이 나와 완벽히 같지 않은 것처럼 말입 니다. 이를 유전적 변이 혹은 재조합이라고 합니다. 두 형질이 만나 또 다른 형질을 가진 후손이 태어난다는 것은 그만큼 생명체가 유전적 다양성을 갖는다는 뜻입니 다. 이러한 다양성은 생명체가 환경의 크고 작은 변화에 적응하고 살아남을 수 있 는 토대를 만듭니다.

진화의 바탕이 되는 또 하나의 성질은 돌연변이입니다. 대중적인 관념상 돌연변이 라고 한다면 머리가 두 개 달리고 초월적인 힘을 가진 괴생명체를 떠올리지만, 사 실 그러한 극단적인 형태의 돌연변이는 자연세계에서 거의 일어나지 않습니다.

생명체의 진화에 있어서 돌연변이는 유전자 한 귀퉁이 수준의 아주 사소한 변이가 후세로 전해지고, 그 변화가 오랜 시간 켜켜이 쌓여 일어나는 것이죠. 대부분의 돌연변이는 생존에 불리하기 때문에 도태되기 마련이지만, 외려 유리하거나 크게 불리하지 않다면 살아남아 후세에 전해집니다. 가령 빠르게 달릴 수 있는 다리 근육이 발달하도록 유전자가 변이했다고 합시다. 이 변이가 극단적으로 크게 일어난다면 갑자기 늘어난 근육을 골격이 감당하지 못해 부러지거나 다칠 수 있을 겁니다. 근육이 커진 만큼 몸무게도 늘어날 테니 움직이기도 더 힘들어 지겠죠. 하지만 골격이 근육을 버틸 수 있을 만큼만 변이가 일어났다면 어떨까요? 생존에 큰 무리가 없을 테니 돌연변이는 살아남고 후대로 전해질 것입니다. 다리 근육은 대를 이어 점차 강해질 수 있겠죠.

다음은 다윈의 진화론의 핵심이라 할 수 있는 '자연선택'입니다. 유전적 변이와 돌연변이가 진화가 이루어질 생물의 내적 환경을 마련했다면, 자연선택은 진화를 시동하는 엔진이죠. 자연선택은 한마디로 자연환경에 잘 적응한 형질이 살아남는다는 것입니다. 즉, 생명이 진화하는 것은 생명 자체의 의지처럼 보이지만, 사실은 환경에 전적으로 따르게 되는 피동적인 형태를 띤다는 의미입니다. 자연선택의 유명한 예시는 '기린의 목'인데요. 어느 지역에 기린의 조상이 되는 종이 서식했다고 해봅시다. 이 지역에는 높은 나무가 많이 자랐고, 기린의 조상도 이 나무의 풀을 주로 섭취했습니다. 기린 조상 중에는 목이 짧은 개체도 있었고, 상대적으로 긴 개체도 존재했습니다. 하지만 높다란 나무의 풀을 먹기 위해서는 목이 긴 것이 유리했죠. 결국 짧은 개체는 도태되고 긴 개체만 살아남아 목이 긴 형질을 후대에 전합니다. 그러니까 나무 위 풀을 먹기 위해 스스로 목이 길어진 것이 아니라 애초부터 목이 길었던 기린들만 살아남은 것이죠. 그래서 저명한 진화생물학자인 영국의 '리처

기린의 조상은 개체마다
목 길이가 다양했다.

목이 긴 개체만
경쟁에서 살아남는다.

목이 긴 기린이
자신의 형질을 전한다.

드 도킨스'는 진화는 마치 '눈먼 시계공' 같다는 말을 남겼습니다. 그는 생명의 탄생과 진화가 시계공의 설계대로 정교하게 움직이는 시계처럼 보이지만, 사실은 이 시계공이 눈이 멀어 더듬더듬 시계를 움직인다는 것인데요. 이 말은 생명의 탄생과 진화가 짜인 계획대로 이뤄지는 것이 아닌, 생명이 불가항력적으로 환경에 적응하여 잉태되고 변화한다는 뜻입니다. 그는 진화의 본질을 주장함과 동시에 창조론까지 비판한 것이죠. 이렇게 보면 생명이 추구하는 방향성은 결국 자연 그 자체에 있다고 할 수 있겠네요.

## 아르헨티나 해변서 300만년 전 포유류 화석 발굴

최소한 300만년 전의 것으로 보이는 포유류 글립토돈 화석이 아르헨티나 해변에서 발견됐다. 최초 발견자는 가족과 함께 해변을 거닐던 어린이였다. 발견된 글립토돈은 250~300만년 전의 것으로 보인다. 보다 정밀한 연구가 필요하겠지만 화석 주변에서 발견된 퇴적물과 설치류 화석 등을 보면 대략 이 같은 추정이 가능하다고 박물관 측은 설명했다. 글립토돈은 진화론의 기초를 확립한 영국의 생물학자 찰스 다윈이 아르헨티나를 방문했을 때 화석을 보고 깜짝 놀란 동물로 알려져 있다. 다윈은 비글해협을 여행할 때 선원들과 함께 아르마딜로를 잡아 요리해 먹은 날이 많았다고 한다. 아르마딜로에 익숙한 다윈은 글립토돈 화석을 보고 유사성에 놀라 두 동물 간 관계를 연구했다. 다윈의 글립토돈 연구는 진화론을 증명하는 자료로 활용됐다. 수백만년 전 남미에 글립토돈이라는 포유류가 서식한 사실을 세계에 알린 사람도 다윈이었다.

출처 : 서울신문/일부인용

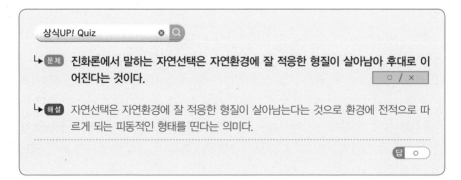

상식UP! Quiz

↳ **문제** 진화론에서 말하는 자연선택은 자연환경에 잘 적응한 형질이 살아남아 후대로 이어진다는 것이다.

○ / ×

↳ **해설** 자연선택은 자연환경에 잘 적응한 형질이 살아남는다는 것으로 환경에 전적으로 따르게 되는 피동적인 형태를 띤다는 의미다.

답 ○

# 생명을 짜는 실타래

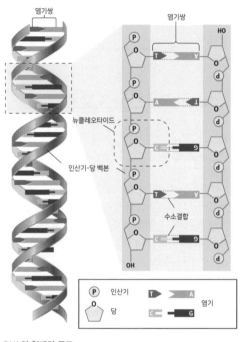

염기쌍

염기쌍

뉴클레오타이드

인산기-당 백본

수소결합

P 인산기      T ▷ A
O 당          C◁ ■G      염기

DNA의 형태와 구조

DNA란 핵산의 한 종류인 '디옥시리보핵산(Deoxyribo Nucleic Acid)'의 약칭입니다. DNA라고 하면 유전자를 뜻하는 것으로 생각하기 쉬운데, 유전자는 DNA에 담긴 유전정보 자체를 뜻하는 말이죠. 화학물질인 DNA는 왼쪽의 그림처럼 이중 나선구조로 되어 있습니다. 마치 사다리를 배배 꼬아놓은 모양으로 되어 있죠. 사다리 양편의 두 개의 기둥은 인산기와 당(Sugar)으로 구성되어 있고, 안쪽의 발판은 아데닌, 티민, 구아닌, 사이토신이라고 하는 염기(Base)로 이뤄져 있습니다. 아데닌과 티민, 사이토신과 구아닌이 각각 쌍으로 결합하게 되죠. 이러한 구성 물질들이 사다리를 꼬아놓은 모양으로 만들어진 DNA의 기본단위를 '뉴클레오타이드(Nucleotide)'라고 합니다. 이 뉴클레오타이드가 사슬처럼 일렬로 연결되어 DNA를 이루는 것이죠. 상술했듯 이 DNA에는 생명체의 신체조직 등 갖가지 유전정보가 들어 있다고 합니다. 구체적으로 보면 한 쌍으로 결합된 염기에 정보가 들어 있죠. 쉽게 말해 DNA는 당이라는 골판지를 접어, 인산기라는 테이프로 붙여 만든 상자에, 염기쌍이라는 내용물을 넣은 것입니다. 그러면 여기서 그 '정보'는 어떻게, 또 어떤 형태로 염기에 들어 있는 것일까요?

네 가지 염기들은 유전정보를 기록하는 언어 혹은 문자라고 할 수 있는데요. 결합된 염기쌍들이 어떤 순서로 배열되느냐에 따라 언어, 즉 유전정보가 달라집니다. 마치 같은 장난감 블록이라도 다른 순서와 방식으로 조합하면 다양한 것들을 만들어낼 수 있는 것처럼 말입니다. 다만 이 DNA의 염기배열 중에서도 유의미한 유전정보를 담은 부분은 한정돼 있다고 하는데요. 가령 블록으로 집을 만들더라도 집 모양처럼 제대로 만들어야 의미가 있겠죠? 수많은 DNA의 염기배열 가운데서도 생물의 형질을 결정짓는 유의미한 것들은 DNA 전체의 2% 정도밖에 안 된다고 합니다. 이렇게 유전정보가 서로 다른 DNA가 연결되고, 다시 '히스톤'이라고 하는 단백질에 감겨 실처럼 이어지는데, 이것을 '염색사'라고 합니다. 그리고 이 염색사가 꼬여 X자 모양으로 만들어진 게 우리가 흔히 알고 있는 '염색체'입니다. 염색체는 우리 몸을 구성하는 세포의 핵에 담겨 있죠. 세포핵에 담긴 염색체의 숫자는 생물마다 각기 다릅니다. 인간의 세포핵에는 46개의 염색체가 들어 있죠.

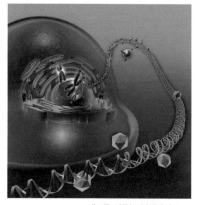

세포를 이루는 염색체와 DNA

사실 DNA에는 유전정보가 담겨 있긴 하지만 DNA 자체만으로는 아무것도 할 수 없습니다. 위에서 연결된 DNA가 단백질에 실처럼 감겨 있다고 했는데요. 이렇듯 단백질의 도움이 없다면 DNA는 염색체, 더 나아가 세포를 이룰 수가 없습니다. 더불어서 하나의 세포가 생명체의 신체조직 같은 단백질 구조물로 발전하기 위해서는 그 몸집과 숫자를 계속해서 불려야 하는데요. 이때 세포는 스스로 분열하는데, 이 과정에서 DNA가 복제됩니다. 복제과정을 간단히 살펴볼까요? DNA 복제에 불을 지피는 것은 헬리케이스라고 하는 단백질 촉매제(효소)입니다. 헬리케이스는 마치 지퍼를 열듯이 DNA의 염기쌍을 풀어내고 DNA를 두 가닥으로 만듭니다. 그리고 DNA 한 가닥에 달린 염기와 알맞은 다른 가닥을 끌어와서 새롭게 결합시키죠.

이렇게 세포는 DNA를 복제시킴으로써 스스로 가진 유전정보를 보존하고 생명체를 이루며 후대에 이를 전합니다. 세포가 DNA라는 실을 꿰매고 엮어 생명을 직조하는 것이지요. 이러한 세포 60조~100조개가 우리 몸을 이루고 있고, 그 세포 안에는 각각 46개의 염색체가, 또 염색체 안에는 무려 30억쌍의 염기가 있습니다. 이렇게 보면 우리는 생각보다 훨씬 복잡하게 이뤄진 존재인 것 같습니다.

## 손상된 DNA 복구 단백질 찾았다

국내 연구팀이 손상된 DNA의 복구 활성을 조절하고 세포의 방어시스템에 관여하는 새로운 단백질을 찾아냈다. 이번 연구는 악성 암 발생의 주요 원인인 염색체 불안정성을 효과적으로 제어하고 나아가 악성 암 극복에 도움이 될 것으로 보인다. UNIST 김홍태 교수팀은 UNIST 명경재 교수, 숙명여대 김용환 교수팀과 공동으로 DNA 결속손상 복구 과정에서 경로 선택에 중요한 역할을 하는 효소로 알려진 단백질을 찾아냈다. 결속손상은 DNA 두 가닥 사이에 공유결합이 일어나는 현상이다. 이는 DNA의 복제와 전사를 막고 DNA의 절단을 초래해 세포사멸을 유도한다. 항암화학요법에 광범위하게 이용되고 있는 계열의 항암제는 DNA 결속손상을 일으켜 암세포 사멸을 유도하는 기전을 활용한다. DNA 결속손상의 복구에 대한 연구는 앞으로 항암제의 성능을 개선하는 데 활용할 수 있다.

출처 : 아이뉴스24/일부인용

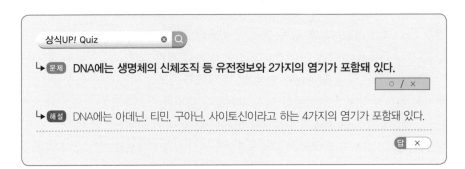

상식UP! Quiz

↳ 문제  DNA에는 생명체의 신체조직 등 유전정보와 2가지의 염기가 포함돼 있다.

O / X

↳ 해설  DNA에는 아데닌, 티민, 구아닌, 사이토신이라고 하는 4가지의 염기가 포함돼 있다.

답  X

# 무엇이든 만들 수 있는 마법의 씨앗

앞서 세포에 대해 잠깐 이야기했는데요. 스스로 분열하며 수를 늘리는 이 세포에는 여러 종류가 있습니다. 우리의 몸 구석구석을 이루는 체세포, 난자와 정자 같은 생식세포, 흔히 뉴런이라고 불리는 신경세포 등이 있죠. 우리 혈액 안에 들어 있는 적혈구, 백혈구도 세포의 일종입니다. 모두 정자와 난자가 만나 하나의 세포가 된 수정란이 분열하면서 만들어졌죠. 세포 가운데에는 우리가 흔히 들어본 '줄기세포'가 있는데요. 줄기세포란 아직 분열하지 않아서 다른 세포로 발전할 가능성을 가진 세포를 말합니다. 방금 말한 수정란이 줄기세포의 일종이라 할 수 있겠죠.

인체에는 60조~100조개에 달하는 세포가 있습니다. 그러나 수많은 세포들의 모태가 되는 줄기세포는 소수에 불과하죠. 줄기세포가 빚어낸 인체의 무수한 세포는 각기 수명을 갖고 있고, 이 세포들이 죽을 때마다 줄기세포는 새로운 세포를 만들어내서 우리의 생명을 유지 보존합니다. 가령 우리가 몸을 긁었을 때 나오는 각질도 죽은 세포가 벗겨져 나오는 것이고, 줄기세포는 이를 새로운 각질로 채워 넣죠.

줄기세포를 만드는 것은 그다지 어렵지 않습니다. 우리 몸에도 여러 가지 줄기세포가 있으니 거기에서 추출해 배양하면 되는데요. 이에 따라 줄기세포에는 두 가지 종류가 있습니다. 먼저 수정란에서 직접 채취할 수 있는 '배아줄기세포'입니다. 수정란은 장차 태아로 자라나는 배아가 되는데요. 여기서 줄기세포를 얻는 것이죠. 이 배아줄기세포는 인간의 근간을 이루는 수정란에서 유래한 만큼 어떤 신체조직으로든 분화할 수 있습니다.

다양한 조직으로 분화되는 줄기세포

살과 골격, 골수, 장기 등 쓰임새가 무궁무진합니다. 우리의 신체조직이 재생 불가능할 정도로 크게 손상을 입었을 때 배아줄기세포를 주입해서 손상된 조직으로 분화시켜 복구하는 겁니다. 다만 어떤 조직으로 자라날지 모를 배아줄기세포를 어떻게 컨트롤할 것인지는 연구 중에 있습니다.

그런데 이 배아줄기세포를 사용하는 데는 커다란 문제가 하나 존재합니다. 배아는 곧 인간으로 자라나는 생명인 만큼 배아줄기세포를 이용하기 위해 결국 배아를 희생해야 하는 윤리적인 문제가 있죠. 이 때문에 배아줄기세포의 이용은 여전히 큰 쟁점으로 남아 있습니다. 그리고 무한하게 분열하는 특성 때문에 아주 무서운 부작용을 유발할 수도 있는데요. 그것은 바로 암입니다. 배아줄기세포가 잘못 작용했다가는 끝없이 분열하며 몸집을 키우는 암세포가 되어 손상된 조직을 좀먹을 수 있습니다.

두 번째는 성체줄기세포입니다. 이름에서 알 수 있듯이 이 성체줄기세포는 이미 자라난 신체조직에서 추출할 수 있습니다. 뼈든 장기든 근육이든 할 것 없이 우리 인체의 거의 모든 곳에 존재하고 있죠. 각 조직의 성체줄기세포는 그 조직으로 분화할 수 있습니다. 특정 신체조직이 손상된 환자의 경우 환자 본인의 조직에서 줄기세포를 채취해 치료와 복구에 이용할 수 있는데요. 그래서 거부반응을 줄일 수 있고, 윤리적인 문제도 적다는 장점이 있습니다. 다만 굉장히 소량만 존재하기 때문에 추출하기 어렵다는 게 단점입니다. 또 어느 한 조직으로만 분화하기 때문에 쓰임새가 적고 배양이 힘든 편입니다.

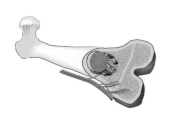
뼈의 구조와 골수. 뼈 중심의 노란색 부분이 골수다.

성체줄기세포에는 대표적으로 조혈모세포가 있습니다. 뼈의 골수에 들어 있는 조혈모세포는 간단히 말해 피를 만드는 역할을 합니다. 적혈구과 백혈구, 혈소판 등의 세포를 만들어내서 우리의 생명을 유지하죠. 조혈모세포는 백혈병을 치료하는 데 유용하게 쓰이는데요. 백혈병은 혈액세포에 암세포가 증식하는 병으로 피를 정상적으로 만들지 못하게 합니다. 흔히 백혈병을 치료할 때 골수를 이식한다는 말을 들어봤을 텐데요. 이때 이식되는 세포가 조혈모세포입니다.

줄기세포의 무한한 가능성 때문에 이를 활용하는 연구도 지속되고 있는데요. 지난 2012년 노벨생리의학상은 이른바 '유도만능 줄기세포'라는 방식을 창안한 과학자들이 수상했습니다. 일본의 야마나카 신야, 영국의 존 거던 박사는 배아에서 줄기세포를 추출하지 않고도 다 자란 체세포에서 만능으로 분화할 수 있는 줄기세포를 얻는 데 성공했습니다. 이로써 배아를 이용한다는 윤리적인 장벽을 넘어서게 됐죠. 다만 낮은 성공률과 암 발생 부작용의 문제는 개선할 과제로 남았습니다.

## 줄기세포 이식 후 HIV '완치' … 세 번째 사례

인체면역결핍바이러스(HIV) 환자가 백혈병 치료를 위해 줄기세포를 이식받은 뒤 완치 판정을 받았다. 지금까지 보고된 세 번째 사례다. 독일 뒤셀도르프대 의대 연구팀은 "한 53세 남성이 줄기세포 이식을 받은 뒤 4년간 관찰 끝에 HIV 감염을 물리친 것으로 확인됐다"고 국제학술지 네이처 메디신에 발표했다. 이 환자는 2008년 HIV 양성 판정을 받았다. 이후 2011년 급성 골수성 백혈병 판정을 받아 항암치료를 받았지만, 2012년 재발했다. 의료진은 2013년 암세포를 포함해 환자 골수에 있는 혈액 줄기세포를 화학 요법으로 제거한 다음 기증자로부터 받은 세포로 대체했다. 연구팀은 기증자가 보유한 CCR5 유전자의 돌연변이를 가진 줄기세포가 치료에 유효했다고 분석했다.

출처 : 조선비즈/일부인용

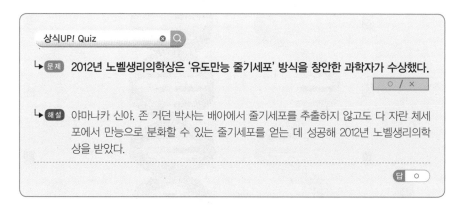

상식UP! Quiz

↳ 문제 2012년 노벨생리의학상은 '유도만능 줄기세포' 방식을 창안한 과학자가 수상했다.

○ / ×

↳ 해설 야마나카 신야, 존 거던 박사는 배아에서 줄기세포를 추출하지 않고도 다 자란 체세포에서 만능으로 분화할 수 있는 줄기세포를 얻는 데 성공해 2012년 노벨생리의학상을 받았다.

답 ○

**019** 바이러스 변이

# 바이러스의 오점이자 최대 생존무기

2019년 겨울 지구를 덮친 코로나19는 전 세계인의 삶을 180도 바꾸어 놓았고, 현재도 감염의 위험은 사라지지 않았습니다. 코로나19 정복을 더욱 힘들게 하는 것은 다양한 유형으로 바뀌는 '바이러스의 변이' 때문이기도 한데요. 코로나19는 영국발 알파, 인도발 델타, 그리고 남아공발 오미크론 등으로 끊임없이 변신했습니다. 급기야는 델타와 오미크론이 합쳐진 '델타크론'이라는 초강력 변이가 발견되기도 했죠. 코로나19는 어떠한 원리로 이렇듯 지긋지긋하게 변이를 일으키는 것일까요?

지금까지 전 지구적 감염을 일으켰던 사스, 메르스, 코로나19는 모두 바이러스입니다. 바이러스는 무생물도 유생물도 아닌 독특한 존재라고 할 수 있는데요. 유전정

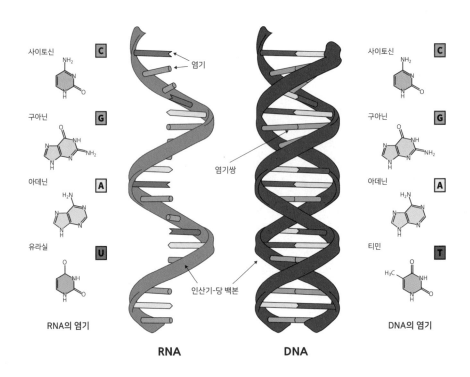

보를 담은 핵산과 이를 껍질처럼 둘러싸고 있는 단백질로 구성되어 있습니다. 여기서 핵산의 대표적인 종류에는 DNA와 RNA가 있죠. DNA는 우리가 앞에서 살펴봤듯 생명체의 유전정보를 담은 설계도라고 할 수 있는데, 이 설계도의 내용을 해석해서 명령을 전달하는 것이 바로 RNA입니다. 즉, 생명체 안 구석구석에 만들어져야 할 세포 등 단백질 구조물에 대한 설계정보를 전달하는 메신저인 셈이죠. 이처럼 DNA나 RNA나 유전정보를 갖고 있는 것은 동일하지만 한 가지 차이점은 RNA는 구조상 매우 불안정하다는 것입니다. 앞의 그림처럼 RNA는 DNA가 반으로 쪼개진 듯 염기도 쌍으로 결합되어 있지 않습니다. 이는 외부의 화학적 반응에 민감하고 성질이 변하기 쉽다는 뜻이기도 하죠. 사실 RNA는 세포의 분열과 DNA의 복제 과정에서도 요긴하게 쓰이는데요. 앞에서 세포가 분열할 때 DNA가 지퍼처럼 반으로 열리며 다른 한쪽 가닥과 결합해 복제된다고 했었죠. 이때 RNA가 생성되어 한쪽 가닥으로 결합되기도 합니다.

코로나19는 바로 이 RNA를 기반으로 하는 바이러스인데요. 바이러스는 평소에는 무생물처럼 동작하지 않고 자연에 머무르다가 숙주를 만나게 되면 비로소 활동을 시작합니다. 바이러스는 숙주에 기생하며 무한대로 스스로를 복제하기 시작하는데요. 이 과정에서 RNA는 자신의 유전정보를 끊임없이 불려 나가는데, 이때 돌연변이가 발생한다고 합니다. 그런데 불안정한 반쪽짜리 RNA는 DNA와 달리 돌연변이를 스스로 고치지 못한다고 하는데요. 이러한 돌연변이는 거의 무작위로 발생하며 바이러스를 순간 어떻게 변할지 모르는 골칫덩이로 만들어버립니다. 변이가 RNA 바이러스의 오점이자 최대 생존전략인 셈이죠. 이러한 변이는 바이러스가 다른 숙주를 더 쉽게 감염시키도록 만듭니다. 변이 때마다 바이러스의 성질도 달라지니 감염 후 앓는 증상도 차이가 생기게 됩니다. 우리가 코로나19를 정복하기 어려운 가장 큰 이유라고 할 수 있습니다.

# 반려동물발 변이종? … "개들끼리 코로나19 전파 첫 확인"

코로나19 팬데믹 시기에 수많은 사망자를 만들었던 변이 바이러스가 개에서 개로도 전파된다는 사실이 국내 연구진에 의해 처음으로 확인됐다. 이는 반려동물의 바이러스 감염에 의한 새로운 변이종 출현 및 사람으로의 재감염 가능성을 보여주는 것이다. 서울대 수의대 송대섭 교수, 전북대 유광수 연구관 공동 연구팀은 반려동물인 개를 이용한 실험을 통해 코로나19 변이 바이러스의 감염 및 바이러스 전파를 처음으로 확인했다고 밝혔다. 연구팀은 실험용 개의 콧속을 통해 코로나19 변이 바이러스를 감염시키고 24시간이 지나 바이러스에 노출되지 않은 정상견을 합사했다. 이후 7일 동안 양쪽 그룹의 임상학적 및 바이러스학적 변화 양상을 분석했다. 이 결과 감염군과 접촉군 모두 임상 증상의 변화는 없었지만, 폐의 조직병리학적 분석에서 감염 합병증인 바이러스성 폐렴 증상이 확인됐다. 연구팀은 그동안 사람에게서 개로 코로나19 바이러스가 옮겨간 사례는 다수 있었지만, 개에서 개로의 코로나19 바이러스 전파력이 입증된 것은 이번이 처음이라고 의미를 부여했다.

출처 : SBS/일부인용

---

상식UP! Quiz

↳ 문제 RNA는 생명체의 유전정보를 해석해 단백질 구조물을 만들도록 명령을 전달한다.

ㅇ / ×

↳ 해설 DNA는 생명체의 유전정보를 담은 설계도라고 할 수 있는데, 이 설계도의 내용을 해석해서 명령을 전달하는 것이 RNA다.

답 ㅇ

# 적당히 먹어도 나빠요

영양소 가운데 하나인 지방에도 여러 종류가 있습니다. 포화지방과 불포화지방, 트랜스지방이 있는데요. 여기서 먼저 포화(飽和)란 무슨 뜻일까요? 포화는 '가득 차 있다'는 의미입니다. 지방은 기본적으로 산소와 수소, 탄소로 결합된 물질이죠. 지방은 탄소사슬을 뼈대로 양편에 수소와 끝부분에 산소가 연결된 형태를 띠고 있습니다. 포화지방은 이 탄소사슬에 더 이상 수소가 연결될 공간이 없는 지방입니다. 반면 불포화지방은 사슬에 빈자리가 있어 여기에 탄소가 추가로 붙게 돼 이중·삼중 결합을 이루는 구조를 가집니다. 포화지방은 소·돼지 기름 등의 동물성 기름이나 팜유, 코코넛오일에 주로 들어 있고, 불포화지방산은 등푸른생선이나 콩·옥수수 기름에 풍부합니다.

시스 결합

트랜스 결합

불포화지방(위), 트랜스지방의 분자구조 예시

그렇다면 트랜스지방은 무엇일까요? 트랜스지방은 포화·불포화 지방처럼 우리가 자연 상태에서 쉽게 얻을 수 있는 것은 아닙니다. 트랜스지방은 지방의 이성질체, 정확히 말하면 불포화지방의 이성질체입니다. 이성질체란 물질의 분자식은 똑같은데 배치가 다른 물질을 말하죠. 그러니까 위에서 본 불포화지방의 분자구조를 다르게 배치하면 트랜스지방이 됩니다. 참고로 이를 '트랜스(Trans) 결합'이라고 부르고, 그 반대를 '시스(Cis) 결합'이라고 합니다. 구조를 다르게 배치하기 위한 한 가지 방법은 바로 수소를 첨가하는 것입니다. 트랜스지방은 보통 식품제조에 주로 쓰이는 콩기름 같은 불포화지방을 가공하면서 만들어지는데요. 상온에서 액체인 불포화지방은 보존이 어렵고 오래두면 산패되기 쉽습니다. 때문에 가공식품을 만드는 데 적절하게 쓰이려면 수소를 첨가하는 방식으로 가공해야 하죠. 이러한 방식으로 제조된 음식을 가공유지식품이라 하고, 우리가 마트에서 흔히 사먹는 빵과 과자가 이에 해당합니다.

이 트랜스지방은 몸에 해롭기로 이름났는데요. 본래 지방은 우리 몸에서 에너지를 내는 연료로 쓰이고, 에너지에 사용되고 남은 지방은 피하와 복부에 저장됩니다. 저장된 지방은 우리가 식이요법과 운동을 통해 배출하고 분해시킬 수 있죠. 그런데 다른 지방과 달리 트랜스지방은 잘 분해되거나 배출되지 않습니다. 그 이유를 간단히 설명하면 자연상태의 지방이 아닌 '만들어진' 지방이기 때문이죠. 우리 몸속에서 자연적으로 만들어진 지방 대사 물질들이 트랜스지방을 제대로 태우지 못하는 겁니다. 그러다 보니 트랜스지방은 몸 안에 쌓여 나쁜 영향을 끼칩니다. 복부 비만과 당뇨 등 성인병을 유발하고 혈관을 기름지게 해 고지혈증과 여러 가지 혈관질환을 일으킵니다.

우리가 트랜스지방을 피하기 위해서는 공장에서 제조된 가공식품을 되도록 먹지 않아야 합니다. 또 신선한 기름으로 즉석조리된 음식을 섭취하는 것이 좋은데요. 단순한 기름도 여러 번 사용하면 트랜스지방으로 변할 수 있기 때문에 음식점에서 파는 햄버거나 치킨 같은 음식도 되도록 먹지 않는 것이 좋습니다. 재료비를 절감하기 위해 기름을 여러 번 반복해서 사용하는 경우가 많기 때문이죠.

## "핫플카페 빵에 트랜스 · 포화지방 함량 높아"…
## 만성질환 유발

소셜미디어 등에서 알려진 핫플레이스 카페에서 파는 빵류를 조사해보니 일부 제품에서 트랜스지방과 포화지방 함량이 높아 개선이 필요하다는 지적이 나왔다. 한국소비자원은 서울 · 경기 핫플카페 20곳에서 판매하는 도넛, 케이크, 크루아상 등 20개 제품을 1회 섭취참고량(70g) 기준으로 조사한 결과 트랜스지방은 평균 0.3g(최소 0.1~0.6g), 포화지방은 평균 9g(최소 4~16g)으로 나타났다고 밝히고, 이들 카페 빵류의 트랜스지방 · 포화지방 함량을 줄이려는 노력이 필요하다고 강조했다. 트랜스지방과 포화지방은 과도하게 섭취하게 되면 심혈관질환과 당뇨 · 고혈압 등 만성질환의 원인이 될 수 있다. 특히 트랜스지방은 2016년 나트륨, 당류와 함께 식품위생법 시행령에 따라 위해영양성분으로 지정됐다.

출처 : 연합뉴스/일부인용

---

상식UP! Quiz      ⊗ 🔍

↳ 문제 **트랜스지방은 자연상태에서 존재해 흔하게 구해 섭취할 수 있는 지방이다.**

○ / ×

↳ 해설 트랜스지방은 포화 · 불포화 지방처럼 자연상태에서 쉽게 얻을 수 없고, 보통 불포화지방을 가공해 만든다.

답 ×

# 일일이 계산하지 않아도 괜찮아요

앞서 지방에 관한 이야기를 했으니 이번엔 칼로리(cal), 즉 열량에 대한 이야기를 해볼까요? 우리가 다이어트를 할 때 흔히 계산하게 되는 칼로리는 사실 식품에만 있는 것은 아닙니다. 원자로 이루어진 이 세상 모든 만물이 에너지를 갖고 있는 한 칼로리로 표현할 수 있죠. 심지어 원자력발전에 이용되는 우라늄의 경우 1g이 핵분열할 때 무려 20조cal라는 어마어마한 열량이 나온다고 합니다. 1cal를 물리학적으로 정확히 표현하면 '1기압에서 물 1g을 1℃ 올리는 데 필요한 열량'이라고 합니다. 물질이 가진 고유한 화학에너지가 열에너지로 전환되는 양을 말하죠. 앞에서 양자역학을 이야기할 때 양자가 '물리량'이라고 했었는데, 마찬가지로 칼로리도 물리량의 일종입니다. 참고로 칼로리 외에도 열량을 나타내는 에너지의 단위에는 '줄(J)'이 있습니다.

칼로리를 식품의 열량을 표현하는 데 사용하다 보니 사람들도 칼로리에 익숙하고 이에 대해 관심도 많은데요. 다이어트를 하는 사람들은 식료품을 구입할 때 포장에 표기된 칼로리를 꼼꼼히 살펴보고 인터넷에 검색도 하며 고릅니다. 그런데 이런 정보는 과연 정확한 것일까요? 우리가 100kcal짜리 음식을 먹으면 정확히 같은 열량을 얻게 되는 걸까요?

봄 열량계

먼저 식품의 칼로리가 어떻게 측정되는지 살펴봅시다. 칼로리라는 것은 결국 열에너지이기 때문에 식품을 태워서 얼마만큼의 열이 발생하는지를 보면 칼로리를 측정할 수 있습니다. 식품의 칼로리는 '봄 열량계(Bomb Calorimeter)'를 통해서 측정할 수 있는데요. 왼쪽 그림과 같이 생긴 장치 내부에 물이 들어 있고 시료를 담을 접시가 용기에 쌓여 잠겨 있습니다. 접시에 식품을 담아 완전히 태우면 물에 열에너지가 전달되고 그만큼 덥혀지죠. 이런 방식으로 칼로리를 측정합니다. 가령 방울토마토 한 개의 칼로리는 2kcal라고 하는데요. 1kcal가 1,000cal니까 방울토마토 한 개는 2,000cal, 즉 물 1g을 2,000℃(!)로 데울 수 있는 열량입니다. 물론 물의 양에 따라 받아들여지는 열에너지는 다르겠지요. 물이 1,000g이라면 고작 2℃ 올리는 것에 불과할 테니까요.

하지만 사람은 몸에 들어온 칼로리를 완전하게 영양분으로 소화하지 못하기 때문에 소화과정을 바탕으로 한 보정수치를 적용해 칼로리를 산출합니다. 또 몸에 쌓인 열량이 온전하게 에너지로 쓰이는 것도 아니죠. 사람에 따라 축적되는 칼로리도 제각각입니다. 또 같은 칼로리를 가졌더라도 어떤 성분으로 구성된 식품이냐에 따라 사람에게 미치는 영향도 다르겠죠.

몇 년 전부터 다이어트의 주적이 '지방'이 아닌 '탄수화물'이라는 이야기가 확산되면서 '저탄고지' 식단이 다이어트 식문화의 거대한 물결로 흘러왔는데요. 사실 같은 칼로리라도 탄수화물을 과도하게 섭취할 경우 탄수화물에 포함된 당분을 에너지로 바꾸기 위해 인슐린도 과다 분비되기 때문에 종내는 당뇨병에 걸릴 가능성이 높아집니다. 물론 그렇다고 해서 지방만을 주로 섭취하는 것보다는 다양한 영양소를 골고루 섭취하는 게 좋을 텐데요. 그러니 칼로리만 무작정 따져볼 것이 아니라 어떤 영양소로 구성되어 있는지, 그것이 우리 몸에 미치는 영향은 어떠한지 함께 생각해야 하는 것이죠.

# 아는 음식 맛 참기 어려운 과학적 이유

칼로리가 높은 음식을 장기적으로 섭취하면 두뇌를 비롯한 모든 신체 기관들에 악영향을 미치는 이유는 여러 가지가 있다. 고칼로리 음식을 섭취하면 신체 각 장기들이 혈관을 통해 과도한 영양분을 공급할 뿐만 아니라 이에 따라 혈당 및 지방 저장 등에 영향을 미치는 호르몬 분비에도 영향을 준다. 그 결과 당뇨병, 만성염증, 대사증후군을 얻고 뇌의 경우는 퇴행성 뇌질환의 발병 또는 진행을 가속시키는 것으로 여겨지고 있다. 그럼 왜, 그렇게 건강에도 좋지 않은 패스트푸드를 자꾸 찾게 될까? 음식과 뇌 연관성은 너무 뻔한 것처럼 보일 수 있다. 패스트푸드에는 많은 양의 당분이 포함되어 있고, 당분이 많은 고칼로리 음식은 뇌의 보상중추 활성을 높인다고 한다. 뇌의 보상중추는 도파민 등 쾌락을 유발하는 신경전달물질이 분비되는 곳이므로, 건강에 좋지 않은 패스트푸드는 역설적으로 뇌의 보상중추 활성을 통해 다시 몸에 좋지 않은 음식에 끌리게 만드는 것이다.

출처 : 동아사이언스/일부인용

---

상식UP! Quiz

↳ 문제 1cal는 '1기압에서 물 1g을 1℃ 올리는 데 필요한 열량'을 뜻한다. ○ / ×

↳ 해설 1cal를 물리학적으로 표현하면 '1기압에서 물 1g을 1℃ 올리는 데 필요한 열량'이다. 물질의 고유한 화학에너지가 열에너지로 전환되는 양을 뜻한다.

답 ○

CHAPTER 02

# IT·기술

# 빛에 정보를 실어 보낸다

광섬유

사회의 많은 영역에서 정보통신이 무선으로 이뤄지는 시대지만, 여전히 유선통신의 역할을 배제할 수는 없습니다. 유선통신의 강점은 역시나 안정성입니다. 우리는 흔히 핸드폰 같은 무선통신 장비를 사용하면서 와이파이 접속이 끊기는 경험을 흔히 하지만, LAN선을 연결한 개인 컴퓨터에 인터넷 접속이 끊기는 일은 흔치 않습니다. 최근 많이 사용되는 무선 마우스·키보드도 종종 입력이 먹혀들지 않는 경우가 있죠. 이렇듯 유선통신은 여전히 정보통신의 처음과 현재, 미래를 떠받는 한 축으로서 수많은 기술혁신을 가능케 하고 있습니다.

유선통신은 도선을 통해 전자기파 신호를 보내는 기술입니다. 앞 장에서 본 전자기학이 떠오르는데요. 전자기파는 전기장과 자기장이 흐를 때 생기는 파동을 의미하죠. 앞서 우리가 살펴본 감마선, 엑스선, 가시광선, 전파는 모두 전자기파에 해당합니다. 이 전자기파는 각각 일정한 진동수를 갖고 있습니다. 진동수가 많으면 에너지가 강하고, 진동수가 적으면 상대적으로 약하다고 했었죠. 사람들은 유선통신을 연구하며 진동수가 많을수록 더 많은 정보가 실린다는 것을 알게 되었고, 이를 유선통신에 이용하려 했습니다. 그런데 문제는 진동수가 많은 만큼 멀리 가지 못한다는 것입니다. 진동이 강한 신호를 멀리 보내려 하면 중간에 끊기거나 제대로 전달되지 않고 손실되기 일쑤였습니다. 그래서 과학자들은 전자기파에 어떻게 하면 정보를 많이 실어 안정적으로 멀리 보낼 것인가 골몰했고, 그 결과 많은 발전이 있었습니다. 빛을 이용한 광섬유는 이 유선통신기술 발전의 정점이라고 할 수 있죠.

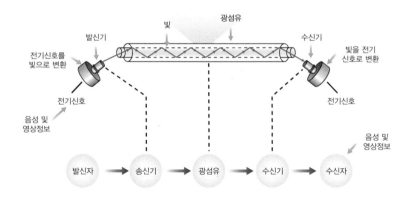

유선통신에 다른 전자기파가 아닌 빛을 이용하려 한 것은 1960년 '레이저(Laser)'의 발명 덕택이었습니다. 레이저가 개발되면서 강한 진동수를 가진 빛을 좁은 범위에 집중적으로 증폭시킬 수 있게 됐죠. 빛의 전반사의 원리를 이용하는 광섬유는 보통 유리나 플라스틱 재질로 만들어집니다. 유리를 가는 섬유처럼 만들어서 그 속으로 빛이 통하게 합니다. 그리고 유리 내외부의 굴절차를 이용해 빛이 반사되면서 앞으로 나아가게 하죠. 이 빛은 정보를 보내는 편에서 전기신호를 변환해 쏜 것입니다. 수신하는 측에서는 이 빛을 감지해 다시 전기신호로 변환해 받아들입니다. 빛이 기존의 전파보다 더 강력한 파동으로 움직이는 만큼 신호를 안정적으로 주고받을 수 있는 것이죠.

광섬유가 처음으로 고안된 것은 1966년 중국계 미국인 과학자였던 '찰스 가오'가 쓴 논문에서였습니다. 그는 이 논문으로 2009년 노벨물리학상을 받기도 했는데요. 이후 광섬유에 대한 연구가 본격적으로 이뤄지고, 여러 영역에서 상용화되기 시작했습니다. 우리가 흔히 들어본 광케이블도 광섬유를 모아 만든 것인데요. 전기신호를 통하게 하는 기존의 구리선에 비해 빠른 속도의 신호전송이 가능하고, 또 전기신호가 일으키는 자기장의 방해를 받을 일도 없어 보다 정확하게 신호전달을 할 수 있다고 합니다. 현재 광섬유는 해저에 깔려 대양을 횡단하는 해저 케이블, 환자의 신체 내부나 사람이 들어갈 수 없는 좁은 구역을 탐사하는 내시경 등으로 다양하게 활용되고 있습니다.

## 화산 · 지진부터 고래 노래까지, 진보하는 광섬유 모니터링

광섬유를 단순한 케이블이 아닌, 광섬유가 전달하는 빛의 신호를 분석함으로써 화산활동이나 해저의 지각변동, 심지어 도로 교통량이나 고래 노랫소리 등을 관측하는 연구가 진행되고 있다. 지진학자이자 스위스 취리히 연방 공과대학교 교수인 안드레아스 피츠너 박사는 광섬유로 자연현상을 포착하는 연구를 진행하고 있다. 그는 "분산형 음향 계측시스템을 사용하면 마치 지구의 고동을 느낄 수 있어 다양한 사건을 감지할 수 있다"고 말했다. 피츠너 박사 연구팀은 현재 분화 조짐을 보이는 화산인 아이슬란드 그림스뵈튼을 감시하는 연구를 진행하고 있다. 그림스뵈튼 화산은 아이슬란드 최대 빙하 바트나이외쿠틀에 위치한 해발 1,725m의 화산으로 폭발 시 빙하를 녹여 홍수로 이어지는 대표적인 빙저화산이다. 연구팀은 "가령 차가 달리거나 지진이 발생하거나 지각변동이 일어나면 광섬유가 흔들린다. 이런 흔들림에 의해 반사광 신호가 변화하기 때문에 케이블의 어느 부분이 어떻게 되었는지 등의 정보를 얻을 수 있는 것"이라고 설명했다.

출처 : 데일리포스트/일부인용

상식UP! Quiz 　　　　　　 ⊗ Q

↳ 문제 광섬유는 무선통신기술의 혁신을 이끌었다. 　　　　 ○ / ×

↳ 해설 빛과 레이저 기술을 이용한 광섬유는 유선통신기술 발전의 정점이라고 할 수 있다.

답 ×

# 말랑말랑, 스스로 고쳐요!

고장 난 전자제품을 가지고 서비스센터에 가본 일이 누구나 한 번쯤은 있을 겁니다. 번호표를 뽑고 세월아 네월아 기다린 적도 있을 텐데요. 그때마다 '알아서 고쳐지면 얼마나 좋을까!' 하는 생각이 들기도 합니다. 자가치유기술은 이러한 불편함을 해소할 수 있는 혁신적인 기술입니다. 바로 스스로 손상을 복구하는 신소재를 개발하는 것인데요. 이러한 시도는 생각보다 일찍 이뤄져 왔고 이미 상용화돼 다양한 곳에 쓰이고 있습니다.

2001년 미국 일리노이대학교의 베크만 연구소에서 머리카락 굵기 만한 아주 작은 캡슐을 만들었습니다. 이 캡슐에는 액체 화합물이 담겨 있었는데요. 플라스틱 안에 캡슐을 넣어 굳히고 균열이 가게 했습니다. 그러자 캡슐이 터지면서 안에 들어 있던 액체가 흘러나오더니 플라스틱의 균열을 메우기 시작했습니다. 스스로 형태를 복구하게 된 것이죠. 이렇듯 자가치유 개발 초창기에는 캡슐을 이용하는 방식을 사용했는데, 방식의 특성상 치유가 한 번만 가능하다는 단점이 있었습니다. 그리고 과학자들은 이러한 한계를 극복하고자 다양한 방면으로 연구를 거듭했는데요. 물질에 스스로 복구할 수 있는 치유제를 계속적으로 공급할 수 있는 방법을 찾기도 했고, 아예 물질 자체를 스스로 복구가 가능하도록 만드는 연구도 진행했습니다.

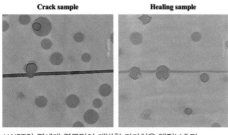

Crack sample  Healing sample

KAIST와 연세대 연구팀이 개발한 자가치유 액정보호막

자가치유 신소재 개발의 핵심은 '고분자 화학'이라고 할 수 있는데요. 고분자(Polymer)는 말 그대로 분자 구조가 매우 큰 물질을 말합니다. 단순한 한 묶음의 분자들이 결합되고, 또 결합된 물질로 액체와 고체로 존재하며, 안정적이라는 특징을 갖고 있죠. 안정적이라는 것은 외부의 화학물질에 잘 반응하지 않는다는 것을

의미합니다. 외부의 다른 물질이 방해를 해도 묵묵히 자기 일을 할 수 있는 것이죠. 액체와 고체로 존재한다는 사실도 고분자 물질이 자가치유기술의 핵심이 되는 이유 중 하나입니다. 현재 자기치유 소재로 개발된 물질들은 대개 젤리처럼 말랑한 것들이 많은데요. 위에서 캡슐 안의 액체 화합물이 흘러나와 손상을 메운다고 했었죠? 이처럼 손상을 복구하기 위해서는 액체로 흐르며 손상된 부분을 메워야 하지만 액체 상태만으로는 이를 제품에 적용하기 힘듭니다. 또 고체로 만들면 치유기능을 실현시키기 어렵죠. 그래서 액체와 고체의 특성을 동시에 가진 고분자 물질이 자가치유 소재 개발에 안성맞춤인 것입니다.

자가치유는 현재 상술한 캡슐형과 외부의 충격을 감지하여 스스로 원상태로 복구하는 기술개발이 함께 진행되고 있는데요. 스스로 균열을 메우는 아스팔트와 콘크리트에 사용되고 있고, 이 밖에도 액정보호필름, 접고 펴는 폴더블 디스플레이, 구멍이 나도 원상복구되는 의류 등 다양한 분야에 적용되고 있습니다. 또 이에 대한 기술특허도 활발하게 출원되는 중입니다.

# 물리적 손상과 촉각 스스로 복원하는 '자가치유 전자피부' 개발

물리적 손상과 촉각을 스스로 복원할 수 있는 자가치유 전자피부가 개발돼 차세대 웨어러블 디스플레이 및 로봇 피부로의 응용이 기대된다. 한양대학교에 따르면 화학공학과 김도환 교수, 충남대 이경진 교수, 중국과학원 영우빈 교수 공동 연구팀이 사람 피부처럼 늘어나고 자율적으로 상처를 치유하며 미세한 촉각기능도 복원시킬 수 있는 고신축, 초감도 이온트로닉 전자피부를 개발했다. 로봇 피부 및 웨어러블 헬스케어 분야에 활용 가능한 전자피부 개발을 위해서는 사람 피부와 같이 강한 외부 충격에도 스스로 복원되며 사용자 주변 환경을 실시간으로 감지할 수 있는 전지피부 소재 기술개발이 필수적이다. 하지만 그동안 상온에서 상처가 자율적으로 빠르게 치유되며 동시에 고감도 촉감인지가 자가복원되는 소재를 구현하는 데 어려움이 있었다. 이에 연구팀은 실제 사람 피부의 자가치유 기능과 촉각세포의 기계적 자극에 따른 생체이온 신호전달 메커니즘에서 아이디어를 얻었다.

출처 : 메디컬투데이/일부인용

---

상식UP! Quiz 🔍

↳ 문제 **자가치유 신소재 개발의 핵심은 고분자 화학이라고 할 수 있다.**  ○ / ×

↳ 해설 고분자는 분자들이 결합되고, 또 결합된 물질로 액체와 고체로 존재하며, 안정적이라는 특징을 갖고 있어 자가치유 신소재 개발의 핵심이 된다.

답 ○

# 바코드를 뛰어넘는 차세대 인식기술의 등장

우리가 마트에 들러 물건을 구입하고 계산을 할 때 흔히 보게 되는 바코드는 컴퓨터가 정보를 읽기 쉽도록 하기 위해 문자나 숫자를 막대기호와 조합해 코드화한 것입니다. 광학식 마크판독장치로 자동판독되는 바코드는 상품의 포장에 인쇄되어 판매될 제품의 목록과 가격 등의 판매정보를 바로 수집할 수 있게 합니다. 그런데 최근 이러한 바코드를 위협할 만한 차세대 인식기술이 주목받고 있습니다. 바로 RFID(Radio Frequency Identification)입니다.

RFID는 IC칩을 내장해 무선으로 다양한 정보를 관리할 수 있는 차세대 인식기술을 의미합니다. 생산에서 판매에 이르는 전 과정의 정보를 극소형 IC칩에 내장시켜 이를 무선 주파수로 추적할 수 있도록 했습니다. 실시간으로 사물의 정보와 유통경로, 재고현황까지 무선으로 파악할 수 있으며, 바코드보다 저장용량이 크기 때문에 바코드를 대체할 차세대 인식기술로 꼽힙니다. 그러나 RFID는 물건을 구매할 때 구매이력이 남게 되고, 위치추적도 가능해져 사생활 침해라는 위험성을 지니고 있습니다.

버린 만큼 내는 RFID 가구별 쓰레기 종량기

사실 우리가 잘 알지 못하는 사이 우리 주변에는 RFID가 밀접하게 자리 잡고 있습니다. 도서관에서 도서를 파악하는 판독기나 특정 건물에 입장할 때 필요한 이름표, 애완동물 추적시스템 등에 RFID 기술이 사용되고 있습니다. 대형 할인점의 계산이나 도서관의 도서 출납관리, 대중교통 요금 징수시스템 등 활용범위가 매우 다양하기 때문에 앞으로 여러 분야로 확산될 것으로 보입니다.

## 제조공정의 RFID '지속적 개선 위한 필수요소'

전 세계적으로 제조공정을 개선하기 위한 노력을 하고 있고, 그 방법론 또한 다양하다. 린(Lean), 식스 시그마(Six Sigma), 카이젠(Kaizen) 등의 방법론이 공통적으로 요구하고 있는 한 가지는 개선을 위한 행동으로 이어질 수 있는 데이터. 그렇다면 행동으로 이어질 수 있는 데이터를 어떻게 손에 넣을 수 있을까? 모든 데이터의 시작은 원본 데이터다. 행동으로 이어질 수 있는 데이터를 생산하기 위해서는 원본 데이터를 가공해야 한다. 다행스럽게도 이러한 과정을 자동화하는 데 도움을 주는 기기들이 존재한다. 바코드와 RFID 기술이 포함된 자동 데이터수집 장비는 공정에 대한 가시성을 제공한다. RFID는 진화를 거듭해 보다 진보된 데이터수집 방법으로 자리 잡았다. RFID에는 바코드 기술과 같이 데이터를 저장할 중앙화된 데이터베이스가 필요하지 않기 때문이다. RFID는 데이터를 공정상의 제품 또는 팔레트에 직접 저장함으로써 훨씬 더 깊이 있는 데이터 수집을 할 수 있다.

출처 : 산업일보/일부인용

상식UP! Quiz

↳ 문제 각종 물품에 소형 칩을 부착해 무선주파수로 정보를 전송 · 처리하는 무선 전자태그를 무엇이라 하는가?

① 와이브로
② 블루투스
③ IrDA
④ RFID

↳ 해설 RFID는 IC칩을 내장해 무선으로 정보를 관리하는 차세대 인식기술이다.

답 ④

# 거품인가, 혁신인가

데이터 위·변조 방지기술인 블록체인은 현재 사람들이 IT를 이야기할 때 가장 많이 꺼내는 단골 소재입니다. 블록체인 기술은 비트코인을 만든 암호학자 사토시 나카모토가 창시했는데 블록체인은 비트코인과 함께 세계 경제시장과 IT 업계에 큰 파장을 끼치고 있습니다. '대체불가토큰', 이른바 NFT 또한 그중 하나입니다.

NFT는 가상화폐와 같은 일종의 가상자산입니다. 그러나 보통의 가상화폐와는 달리 상호교환이 불가능하죠. 각각의 NFT가 저마다 고유한 가치를 가지고 있어 서로 대체할 수 없기 때문에 대체불가토큰이라는 이름이 붙었습니다. 블록체인 기술에 바탕을 둔 이 NFT는 삭제나 수정을 하는 등의 위·변조를 할 수 없고 모든 거래내역이 저장되어 누구나 투명하게 이 기록들을 열람할 수 있습니다. 이러한 NFT를 다른 디지털 재화 또는 자산에 부여하면 해당 재화·자산에 대한 희소성을 인정받게 되죠. 동시에 무단복제도 불가능해 원본이 가진 고유한 가치를 보장받을 수 있습니다. 다시 말해 NFT는 디지털 재화를 온전히 나만 소유하고 있다는 공식 인증서가 되는 셈입니다. 가령 레오나르도 다빈치의 걸작 〈모나리자〉의 사진을 찍은 후 이를 컴퓨터에 넣어 디지털 파일로 변환하고 NFT를 부여하면 그 '모나리자 사진'은 고스란히 나의 소유가 되죠. 물론 〈모나리자〉의 진품은 아니지만 적어도 내가 찍은 사진이 진품임을 인정받고 시장에 넘겨 수익을 얻을 수 있습니다.

NFT는 대부분 온라인 경매로 거래되는데 주로 디지털 아트나 게임 아이템, 한정 상품 거래를 중심으로 시장이 성장했습니다. 특히 예술품은 NFT로 변환하기 여러모로 용이한데, 희소성 있는 진품임을 인정받기 수월하고 실물과 달리 보관하기도 편하며 온라인으로 거래가 이루어진다는 점에서 자유롭죠. 이러한 특수성 때문에

NFT로 거래될 수 있는 디지털 재화는 무궁무진합니다. '트위터'의 창업자 잭 도시는 자신이 최초로 트윗한 한 줄의 문장을 NFT 경매에 올렸는데 그 가격이 무려 28억원까지 치솟았습니다. 그런가 하면 미국의 한 영화감독은 자신의 방귀 소리를 녹음한 파일에 NFT를 붙여 시장에 내놓았는데, 이 또한 10만원에 낙찰됐죠. 한편으론 이런 점 때문에 가상화폐처럼 NFT의 거품도 심하다는 지적이 있고, 단순히 고유·희소성만 인정받았다고 해서 가치가 치솟는 것에 대한 회의적인 시선도 존재합니다. 그래서 NFT 상품의 질과 가치에 대한 실질적 고민도 필요해 보입니다.

## "NFT, 富의 기득권 바꾸는 기폭제 될 것"

"소수 인원이 호가를 부르던 예술품·자산 경매시장이 NFT의 등장으로 수백만명이 참여하는 시장으로 바뀌고 있습니다. NFT는 앞으로 부의 기득권을 바꾸는 기폭제가 될 겁니다." '한경 글로벌마켓 콘퍼런스 NYC'엔 세계 NFT 대가들이 한자리에 모였다. 세계에서 가장 큰 NFT 프로젝트를 이끄는 기업 외에 세계 최대 블록체인 전문 매체, 글로벌 미술품 경매회사 인사들이 NFT 미래에 대해 열띤 토론을 벌였다. 이들은 "NFT가 미술품 투자뿐만 아니라 부동산 거래 등 실물경제에 광범위하게 영향을 미쳐 사람들의 일상생활을 바꿔놓을 것"이라고 예상했다. 앞으로 시장 상황이 어려워도 독창성과 탄탄한 스토리텔링으로 무장한 NFT는 빛을 발하게 될 것이라는 점에 의견을 같이했다.

출처 : 한국경제/일부인용

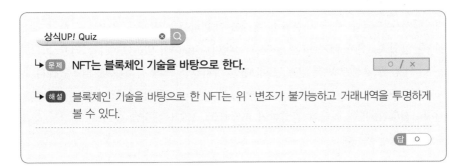

상식UP! Quiz

↳ 문제 NFT는 블록체인 기술을 바탕으로 한다.                    ○ / ×

↳ 해설 블록체인 기술을 바탕으로 한 NFT는 위·변조가 불가능하고 거래내역을 투명하게 볼 수 있다.

답 ○

# 슬기로운 가상생활

메타버스(Metaverse)라는 용어는 미국의 작가 닐 스티븐슨이 1992년 출간한 소설 〈스노 크래시(Snow Crash)〉에서 처음 등장했습니다. 가상·초월을 뜻하는 메타(Meta)와 현실세계를 뜻하는 유니버스(Universe)를 더한 말인데요. 이 소설에서 우리가 흔히 알고 있는 '아바타(Avata)'라는 용어도 처음 사용됐습니다. 이러한 메타버스는 가상현실 속에 개인이 가상 캐릭터인 아바타의 모습으로 접속해 타인과 다양한 방식으로 소통하고 유희·경제 활동을 하는 무대를 말하죠. 사실 이러한 유형의 가상공간이 근래에서야 나타난 것은 아닙니다. 2000년대 우리나라를 주름 잡았던 마이크로 블로그 '싸이월드'는 나만의 캐릭터인 미니미를 개성 있게 꾸며 타인과 소통하고, 가상화폐인 도토리를 사용해 필요한 아이템을 구매할 수 있었죠. NC소프트가 개발한 온라인 게임 '리니지'도 가상의 3차원 공간에서 캐릭터를 성장시키면서 타인과 소통하고 거래도 하는 등 현재 논의되는 메타버스의 작동방식과 크게 다르지 않습니다. 그런데 왜 근래에 들어 메타버스가 이토록 각광을 받게 된 것일까요?

2015년 증강현실(AR) 게임 '포켓몬GO'가 발매되자 한동안 전 세계가 열광했습니다. 당시 핸드폰을 보면서 천천히 거리를 배회하는 사람들을 우리는 심심치 않게 볼 수 있었죠. 실제 내가 사는 공간을 돌아다니며 숨어 있는 포켓몬스터를 포획하는 이 게임은 낯설게 느껴졌던 AR에 대한 거리감을 크게 좁히는 데 일조했습니다. AR의 상용화와 함께 고글을 쓰고 눈앞에서 생생한 3차원 세계를 체험할 수 있는 가상현실(VR) 또한 잇달아 관심받기 시작했고, VR을 체험할 수 있는 공간도 쉽게 찾을 수 있게 됐는데요.

이전에는 낯설었던 기술들이 점차 사람들의 손에 익숙해지고 또 즐기게 되면서 '상호작용하는 가상공간', 즉 메타버스에 대한 의미도 구체화되고 재정립되기 시작했습니다. 현재 메타버스로 분류되는 유형에는 VR과 AR, SNS 같은 라이프 로깅

(Life Logging), 구글지도 따위의 거울 세계(Mirror World)가 있는데, 최근의 메타버스는 이러한 네 가지 유형이 서로 조합되고 영역을 넓히는 식으로 발전하고 있습니다.

로블록스

코로나19가 이끈 비대면 트렌드도 메타버스를 떠오르게 한 요인 중 하납니다. 코로나19의 유행과 맞물려 성장하게 된 것 중 하나가 게임 플랫폼인 '로블록스(Roblox)'인데요. 2004년 탄생한 이 플랫폼은 2010년대 말부터 폭발적으로 성장하기 시작했습니다. 로블록스는 스스로 게임을 제작하고 이를 유저들과 공유하며 함께 플레이하도록 운영되고 있죠. 로블록스의 게임 제작 시스템은 직관적이고 손쉽게 다룰 수 있도록 디자인되어 콘텐츠 제작의 장벽을 크게 낮췄습니다. 그만큼 다양한 게임 콘텐츠 제작이 가능하고, 아울러 제작한 게임을 통해 가상화폐로 수익을 올릴 수도 있습니다. 이렇듯 시대성과 감합한 로블록스는 게임과 가상현실, 경제시스템과 SNS를 넘나드는 메타버스의 총체로서 향후 메타버스가 나아가야 할 방향을 제시한 일례라고 볼 수 있을 것입니다.

이렇듯 그 의미가 구체화되고 비대면시스템이 보편화되면서 우리의 생활반경에도 메타버스를 폭넓게 적용할 여지가 생겼습니다. 학교에서는 메타버스 수업이 이뤄지고 있고, 많은 기업들이 메타버스를 활용한 채용설명회를 열며, 재택근무가 활성화되어 메타버스에 접속해 근무를 하거나 회의를 진행하고 있습니다. 메타버스를 이용한 비대면 업무가 효율에서 나쁘지 않다는 것을 깨닫게 된 것이죠. 그래픽 기술이 발전하고 VR의 인터페이스 장비가 개발되기 시작하면서 현재 메타버스의 한계로 지적되는 부족한 현실감을 보완하기 위한 노력도 계속되고 있습니다.

## 기재차관 "가상융합기술, 메타버스와 연계해 새 시장 창출"

정부가 가상현실(VR), 증강현실(AR) 등을 포괄하는 가상융합기술(XR)을 3차원 가상세계인 메타버스와 연계해 새 비즈니스 모델과 신 시장 창출로 이어지도록 지원한다. 2021년 9월 이억원 기획재정부 1차관은 서울 상암동 한국가상증강현실콤플렉스(KoVAC)를 현장방문해 간담회를 열고 이같이 밝혔다. KoVAC은 실감콘텐츠 개발부터 사업화 단계까지 전 주기 지원을 위한 기능을 집적한 VR·AR 산업육성 종합거점이다. 이 차관은 "올해 4,000억원 규모 예산투입을 통해 XR 플래그십 프로젝트 추진·XR펀드 신규조성(400억원 규모) 등 XR기술 확산과 킬러콘텐츠 개발을 지원할 계획이다"라고 밝혔다. 특히 "XR이 기술에 그치지 않고 MZ세대를 중심으로 빠르게 성장하고 있는 메타버스 등과 연계해 새 비즈니스 모델과 신 시장 창출로 이어지도록 하겠다"고 말했다. 정부는 범정부 차원 태스크포스(TF)를 통해 XR과 실감콘텐츠 산업의 경쟁력을 확보하고, 서비스산업의 고부가가치화와 양질의 일자리 마련을 위한 대책을 발표할 예정이다.

출처 : 뉴스1/일부인용

---

상식UP! Quiz

↳ **문제** 소설 〈스노 크래시〉에서 등장한 개념으로 사회·경제적 교류를 하는 가상세계를 뜻하는 말은?

① 메타버스
② 버츄얼리티
③ 레디유니버스
④ 논월드

↳ **해설** 메타버스는 '가상·초월'을 뜻하는 메타(Meta)와 '세계'를 의미하는 유니버스(Univese)를 합친 말로 1992년 닐 스티븐슨이 발표한 소설 〈스노 크래시〉에서 등장했다.

**답** ①

# 문화재를 가상공간에서 만난다

서울 한복판에 우뚝 자리 잡은 경복궁. 서울의 대표적인 유적지이자 관광코스이기도 합니다. 서울시민이라면 누구나 한 번쯤은 경복궁에 가봤을 텐데요. 그런데 이 경복궁이 본래의 완전한 모습이 아니라는 것을 알고 있나요? 경복궁은 수많은 전각으로 이뤄져 있고 일제강점기에 훼철되어 사라진 전각들이 많습니다. 경복궁은 현재도 계속해서 복원 중이죠. 1990년부터 제대로 시작된 경복궁의 복원사업은 2045년까지 계획돼 있습니다. 당연히 건축물의 실물을 복원하는 것은 시간도 오래 걸리고 무엇보다 예산이 많이 드는데요. 이 같은 어려움을 덜 수 있는 방법 중 하나가 바로 디지털 복원입니다.

디지털 복원은 첨단 과학기술을 이용하여 문화재의 원형을 복원하는 것인데요. 문화재의 세세한 형상을 컴퓨터에 저장되는 데이터로 기록하고 고증자료를 통해 복원한 뒤 가상공간에서 구현할 수 있도록 하는 것입니다. 디지털 복원이 가능한 문화재는 매우 다양한데요. 건축물과 회화부터 장신구나 공예품 같은 작은 유물까지 내·외부 형상의 데이터를 스캔하고 고증할 자료가 있다면 복원이 가능합니다. 심지어는 무용처럼 형태가 없는 문화재도 복원할 수 있죠.

디지털 복원은 해당 문화재가 어떤 상태냐에 따라 복원과정도 다릅니다. 문화재가 현존하는 경우 정밀 3D 스캔기술로 문화재 구석구석을 촬영한 뒤에 이 데이터 조각들을 한 데 모아 문화재 전체의 3D 형상을 완성합니다. 오랜 풍파를 겪은 문화재들은 대개 훼손되고 손실된 부분이 있기 마련인데요. 이때에는 고증자료를 수집해 훼손된 부분을 따로 떼어 모델링을 진행합니다. 그리고 온전한 다른 부분들과 비교하여 제 모습을 갖게 만들죠. 시간이 흐르며 칠이 벗겨지거나 변색된 부분들을 보정할 수도 있습니다. 복원된 문화재는 디지털 공간에서 이미지의 형태로 저장돼 사람들과 만납니다.

증강현실로 구현한 신라 최대 사찰인 경주 황룡사

아예 흔적조차 찾을 수 없이 완전히 소실된 문화재들은 문헌과 기록 등에 의존할 수밖에 없습니다. 지난 2020년 국립문화재연구소는 고려시대에 몽골의 침입으로 불타 사라졌던 신라 최대의 사찰인 황룡사의 일부를 디지털 공간에 복원하는 데 성공했습니다. 목조건물이었던 황룡사는 현재 터만이 존재하고 있는데요. 연구소에서는 황룡사의 소실 전 모습과 당시의 건축양식에 관한 고증기록을 바탕으로 중문과 남쪽 회랑 영역을 복원했습니다. 복원된 황룡사의 모습은 증강현실(AR)을 통해 볼 수 있었는데요. 절터에 방문한 사람들이 태블릿PC로 복원된 건축물을 살펴보며 거닐고 황룡사를 배경으로 사진촬영도 할 수 있게 한다는 계획을 내놨습니다. 향후 메타버스를 비롯한 첨단 IT기술이 보편화될수록 디지털로 복원된 문화재를 만날 기회도 늘어날 것으로 보입니다.

디지털 복원은 현존하는 문화재보다는 고대건축물 같은 상당 부분 소실된 문화재 복원에 적용하는 편이 더 합리적이라는 의견이 있는데요. 손실된 지 오래된 문화재들은 고증자료가 적어 아무래도 정확한 복원이 어렵습니다. 이 때문에 실물로 복원할 경우 이후 기존 내용을 뒤엎는 고증이 나오게 되면 복원한 부분을 철거하고 재복원해야 하는데, 아무래도 시간과 비용이 많이 소비되겠죠. 그러나 디지털 복원은 그럴 우려가 없습니다. 쉽게 새로운 고증으로 수정할 수 있다는 것이죠. 또한 문화재를 현재 고증대로 실물 복원했을 때 문제점이나 잘못된 점은 없는지 사전에 파악할 수 있게 합니다.

# 잠든 문화유산에 디지털 숨결을 불어넣다.
## 디지털문화재복원전문가

지난 2008년, 당시 국보 1호였던 숭례문에 화재가 일어나 전부 불타는 사건이 발생했다. 전 국민이 충격과 슬픔에 빠진 와중에 숭례문 복원 및 복구에 대한 이슈가 뜨겁게 떠올랐다. 그런데 불행 중 다행으로 화재사건이 있기 6년 전 숭례문 전체를 '3D 레이저 스캔'으로 기록한 적이 있었다. 스캐너를 이용한 3차원 촬영을 하면 건축물의 3D 입체 도면이 제작되는데, 이 기술 덕분에 숭례문의 완벽한 복원에 많은 도움이 되었다고 한다. 이전에 수기로 작성된 도면은 불완전한 기록이 많았기 때문이다. 문화재청은 그 이후로 주요 문화재의 3차원 촬영을 진행했다. 디지털 문화재 복원에 대한 개념이 국내에 잘 알려지게 된 것도 이때부터다. 디지털문화재복원전문가는 유·무형의 문화재를 디지털 기술을 통해 가상공간에 복원해내는 일을 한다. 디지털 영상기술 3차원 스캔기술이 발전하면서 이를 문화재에 적용한 것이다.

출처 : 한겨레/일부인용

---

상식UP! Quiz

↳ 문제 소실된 지 오래된 문화재는 디지털 복원을 적용하기에 적합하지 않다.

O / X

↳ 해설 디지털 복원은 현존하는 문화재보다는 고대건축물 같은 상당 부분 소실된 문화재 복원에 적용하는 편이 더 합리적이다.

답 X

# 신비하고 광활한 알고리즘의 세계

알고리즘이란 어떤 문제를 해결하기 위한 절차나 방법, 명령을 모아둔 것을 말합니다. 알고리즘은 일정한 규칙을 가지고 문제를 해결하는 절차이기 때문에 컴퓨터 프로그래밍에서도 핵심적으로 쓰이죠. 현재 우리나라에서 열풍이 불고 있는 '코딩'도 이 알고리즘을 기초로 한 것입니다. 우리는 흔히 웹 검색이나 유튜브, SNS를 이용하며 알고리즘을 체감할 수 있습니다. 인터넷 검색창에 검색어를 입력하면 내가 원하는 정보를 출력해주고, 자동으로 콘텐츠를 추천받을 수 있습니다. 그렇다면 이러한 시스템에서 알고리즘은 어떻게 작동하는 것일까요?

명실상부 세계 최대 동영상 플랫폼인 유튜브의 알고리즘이 어떻게 작동하는지는 구체적으로 밝혀지지 않았지만, 현재도 꾸준히 변화하는 것으로 알려져 있습니다. 그래서 이를 두고 추측도 많았는데, 미국 퓨리서치센터(Pew Research Center)가 일정 구독자수 이상을 보유한 1만개 이상의 영어권 유튜브 채널을 선정해 분석한 결과 상대적으로 더 긴 러닝타임의 동영상이 추천되는 것으로 알려졌습니다. 어떤 주제의 동영상을 시청하든 다음 추천 동영상으로 넘어갈수록 더욱 긴 영상이 알고리즘으로 추천됐죠. 점점 짧은 동영상 콘텐츠가 각광을 받는 최근 트렌드로 비춰볼 때 의외의 결과라고 할 수 있는데, 이는 유튜브의 알고리즘이 단순히 조회수가 아닌 동영상 시청시간 자체를 더 중요하게 여긴다는 방증이 됩니다.

영상의 광고가 주 수익원인 유튜브는 이용자가 더 오래 영상을 시청할수록 수익이 느는 데다가 자극적인 썸네일이나 문구로 조회수만 노린 영상보다는 이용자가 더 오래 체류한 영상이 양질의 콘텐츠임을 파악하고 추천한다는 것입니다. 현재는 시청시간과 러닝타임 외에도 설문지나 추천·반대수 등의 지표를 통해 이용자의 만족도를 헤아려 반영하고 있는 것으로도 전해졌습니다.

한편 검색포털인 구글은 입력된 키워드의 검색결과를 도출하기 위해 '페이지 랭크(Page Rank)'라는 기술을 활용했습니다. 이 기술은 구글의 창립자 '래리 페이지(Larry Page)'의 이름을 딴 검색 알고리즘인데요. 기존의 검색엔진은 전 세계에서 만들어지는 모든 웹페이지의 정보를 긁어모아 저장고에 저장합니다. 그리고 이용자가 검색창에 키워드를 입력하면 그 키워드를 많이 포함하고 있는 순서대로 웹페이지를 정렬해 보여줍니다. 그러나 이러한 방식은 이용자가 원하지 않는 쓸데없는 검색결과를 상위에 올릴 가능성이 있죠. 해당 키워드를 한가득 도배한 웹페이지가 있다면 검색엔진은 그 페이지를 상위에 띄울 것이기 때문입니다.

그러나 페이지 랭크는 빈도수가 아닌 '링크'에 주목합니다. 다시 말해 키워드를 포함한 웹페이지가 다른 웹페이지에 링크가 되었는지를 따져보고 점수를 매기는 것이죠. 내가 만든 웹페이지를 누군가가 링크를 복사해 자기 웹페이지에 걸어두었다면 점수가 올라갑니다. 링크가 많이 될수록 점수도 올라가는데, 링크를 복사해 간 웹페이지가 유명 블로그나 대형 웹 사이트라면 점수는 더 크게 오릅니다. 페이지 링크는 이러한 알고리즘 방식으로 중요도를 산출해 이용자에게 보여주고, 이용자는 자신이 원하는 중요도 높은 검색결과를 빠르게 얻어낼 수 있습니다.

알고리즘은 이밖에도 SNS 등 여러 IT 분야에서 다양한 형태로 활용돼 이용자들을 끌어 모으고 있습니다. 이용자의 활동 성향과 취향을 파악해 콘텐츠를 추천하고, 반사회적인 콘텐츠는 걸러내는 일련의 작업들이 알고리즘으로 이뤄지고 있죠. 이처럼 알고리즘은 더 효과적으로 활용하기 위해 꾸준히 개선되고 있습니다.

## '카카오 블루'만 잡히는 이유 있었네 …
## 은밀한 알고리즘 조작에 '과징금'

'카카오T' 앱에서 일반택시보다 가맹택시가 우선 콜을 잡을 수 있도록 알고리즘을 조작한 카카오모빌리티에 공정거래위원회(공정위)가 200억원이 넘는 과징금을 물렸다. 공정위는 카카오모빌리티가 배차 알고리즘을 은밀히 조작해 자사 가맹택시에 콜을 몰아준 행위에 대해 시정명령과 과징금 257억원(잠정)을 부과한다고 밝혔다. 공정위에 따르면 카카오모빌리티는 가맹택시인 '카카오T 블루' 숫자를 늘리기 위해 일반호출에서 가맹택시 기사를 우선 배차하는 알고리즘을 적용했다. 이 알고리즘은 비가맹택시가 더 가까이 있더라도 가맹기사에게 일반호출을 우선 배차하고, 수익성이 낮은 1km 미만 단거리 배차는 가맹택시 배차를 제외·축소하는 식으로 작동됐다. 그 결과 손님이 적은 시간대에도 가맹기사들은 손쉽게 승객을 확보할 수 있었고, 비가맹기사에 비해 높은 수익을 올렸다.

출처 : KBS/일부인용

상식UP! Quiz

↳ **문제** 구글은 자사의 검색엔진에 '페이지 랭크'라는 알고리즘 기술을 활용한다.

ㅇ / X

↳ **해설** 구글은 검색엔진에 '페이지 랭크'라는 기술을 활용한다. 구글의 창립자 '래리 페이지'의 이름을 딴 검색 알고리즘이다.

답  ㅇ

# 사람이 점점 더 편해지는 세상

사물인터넷(IoT)은 영어 명칭인 'Internet of Things'에서 알 수 있듯이 사물(Things)들이 서로 네트워크로 연결(Internet)된 시스템을 의미합니다. 컴퓨터 이외의 것들에 인터넷을 연결하는 기술이 이제 막 등장한 것은 아닙니다. 인터넷이 등장하면서부터 물건에 인터넷을 연결시키려는 시도는 꾸준히 있어왔죠. 본격적으로 IoT라는 용어가 정립된 것은 미국 메사추세츠공대(MIT)의 '캐빈 애쉬튼' 교수가 미국 P&G사와 상품공급망 문제를 해결하던 과정에서 공식화하면서부터였는데요. 그는 생산된 상품에 마이크로칩을 장착하자는 아이디어를 냈고, 임직원들에게 이를 설명하던 도중 'Internet of Things'이라는 명칭을 만들어냈습니다.

'사물인터넷'이라는 용어는 퍽 미래적이고 거창하게 느껴지지만, 실은 이미 상용화되어 우리 곁에 존재합니다. 가장 비근한 예는 GPS의 활용인데요. 스마트폰에 장착된 GPS 센서는 실시간으로 위성과 통신하며 길잡이가 돼줍니다. 자동차 자체가 인터넷에 연결되는 '커넥티드 카' 또한 흔히 접할 수 있는 사례 중 하나입니다. 원격으로 자동차의 시동을 걸고, 내비게이션이나 에어컨을 작동시키는 등 차량 내부 환경을 간단하게 조작할 수 있죠. 글로벌 전자상거래기업 '아마존'이 문을 연 세계 최초 무인매장 '아마존 고'도 IoT를 이용했습니다. 매장 입구에서 애플리케이션을 스캔하고 원하는 상품을 담은 뒤 '그냥' 나오면 됩니다. 하지만 걱정할 필요 없습니다. 5분 뒤에 스마트폰으로 영수증이 정확히 날아오죠. 이는 인터넷에 연결된 매장 내 카메라와 센서가 해당 고객이 어떤 물건을 골랐는지 하나하나 파악하고 있기 때문입니다.

IoT가 빚어낸 자동화의 물결은 산업현장에서 거세게 흐르고 있습니다. 사실상 IoT 시장매출 대부분이 비즈니스 지원으로 나오고 있죠. IoT가 접목되는 산업현장과 일상에는 대개 '스마트'라는 단어가 붙습니다. '스마트공장'에서는 제품을 만드는 설비와 레인에 센서가 부착되어 제품의 생산현황과 얼마나 더 생산해야 하는지, 또

농작물의 상태를 파악해 생육환경을 조절하는 스마트농장

불량제품은 없는지 확인해 총체적으로 보여줍니다. '스마트농장'에서는 센서가 농작물의 생육상태를 파악해 시설의 습도와 일조량을 자동으로 조절합니다. 생산·제조과정에서 사람의 손을 되도록 타지 않는 방향으로 진화하고 있는 것인데요. 이 같은 자동화 물결은 산업현장을 넘어 생활반경 전체를 자동적으로 통제하는 '스마트도시' 시스템으로도 세를 넓히고 있습니다.

그러나 인터넷에 연결되어 있다는 점은 곧 해킹의 위험도 존재한다는 것인데요. 실제로 지난 2021년 10월 국내 한 아파트의 스마트홈 네트워크인 '월패드'가 해킹되는 사건이 벌어졌습니다. 월패드는 거실에 인터폰처럼 부착되어 가전제품을 제어하고, 출입을 통제할 수 있는 장치인데요. 이 장치가 해킹 공격을 받아 집 안에 있는 주민들의 모습이 월패드의 카메라에 찍혀 고스란히 유출됐습니다. 그리고 해킹을 당한 아파트들의 리스트가 인터넷에 떠도는 일까지 벌어졌죠. 이처럼 보안위험은 사물인터넷이 극복하고 해결해야 할 대표적 과제 중 하나로 지적돼 왔습니다. 다만 다행인 건 이와 맞물려 IoT의 보안시장과 보안에 대한 투자도 점차 커지고 있는 추세라는 것입니다.

보안문제와 더불어서 IoT 통신기술의 표준화 또한 하루빨리 이뤄져야 할 과제로 지목됩니다. 통신기술의 기준이 정해져야 스마트기기를 만드는 업체들도 인터넷에 문제없이 접속할 수 있도록 알맞게 제품을 개발하기 때문입니다. 전력공급문제도 아직 넘어야 할 산인데요. 냉장고나 에어컨 같은 대형가전제품들이야 고정된 위치에서 콘센트에 연결해 사용하니 문제가 없겠지만, 그보다 더 작은, 가령 의자나 드라이기, 작은 탁자 같은 물건들은 인터넷에 연결되도록 개발한다 해도 현재로선 무선으로 전력을 공급할 방법이 사실상 없습니다. 건전지나 충전기 같은 공급원은 임시방편일 뿐 근본적인 해결책이 될 수 없고 안정적인 전력공급도 어렵습니다. 이 같은 문제들을 극복하게 된다면 IoT는 머지않아 더 큰 도약을 이루게 될 것입니다.

# 사물인터넷으로 위급한 생명을 지키다

상주시 모동면 덕곡리에 홀로 거주 중인 80대 A씨는 갑작스러운 기력저하와 온몸의 심한 떨림 현상으로 SOS버튼을 눌러 위급상황을 알렸다. 이 상황은 담당자 핸드폰으로 즉시 위급상황이 전달됐고, 담당자는 이장, 반장과 함께 현장에 5분 안에 도착해 A씨의 상황을 살피고 119를 불렀다. 이 위급상황에 즉시 대처할 수 있었던 것은 2022년 하반기 모동면 지역사회보장협의체에서 취약한 복지사각 대상자 가정에 사물인터넷(IoT) 기기를 설치한 덕분이다. 이 사업은 건강, 안전, 사회적관계망 등이 취약한 어르신 가구에 IoT 기기를 설치해 어르신의 생활패턴을 시간 주기별로 설정해 스마트 플러그의 데이터에 아무 변화가 없을 시 보호자나 관리자에게 앱으로 메시지를 전달해 위험상황을 감지해 선제적으로 신속하게 대응하도록 한다. 또 SOS버튼 호출 시 연결된 사람에게 호출이 가는 시스템이다.

출처 : 경북신문/일부인용

---

상식UP! Quiz

**문제** 제품 생산시스템에 정보통신기술(ICT)를 결합해 생산성을 향상시킨 공장은?

① 스마트공장
② IoT공장
③ 디지털공장
④ ICT공장

**해설** 스마트공장은 설계 및 개발, 제조, 물류 등의 제품 생산과정에 정보통신기술을 적용해 디지털 자동화 작업이 가능한 지능형 생산공장을 말한다.

답 ①

# 보이지 않는 기계의 눈

앞서 사물인터넷에 대해 이야기했는데요. 어찌 보면 이 사물인터넷의 핵심적인 기술은 바로 누차 언급했던 '센서(Sensor)'라고 할 수 있습니다. 센서를 우리말로 번역하면 '감지기'라고 할 수 있는데요. 우리 일상의 다양한 부분에서 사용되는 센서의 원리는 무엇일까요?

센서는 기계의 눈과 귀, 코와 피부를 비롯한 모든 감각기관이라고 볼 수 있습니다. 그래서 센서에도 여러 종류와 역할이 있는데요. 움직임을 포착하는 센서, 온도를 재는 센서, 무게를 측정하는 센서, 거리나 높이처럼 위치를 파악하는 센서 등 매우 다양합니다. 센서가 이러한 물리량을 감지하는 원리는 생각보다 간단합니다. 먼저 일상에서 흔히 만날 수 있는 센서의 작동원리를 떠올려보죠.

첫 번째로 집 현관문 앞에 서면 자동으로 전등이 켜지게 하는 센서를 생각해봅시다. 센서는 문 앞에 누가 있는지 없는지 어떻게 알 수 있을까요? 앞의 양자역학에서 '어떤 물체를 눈으로 본다는 것은 물체에서 나온 빛을 우리 눈의 시신경이 인식해 상(像)을 만드는 것'이라는 내용, 기억하고 있나요? 센서도 마찬가지입니다. 문 앞에 누가 있는지 보려면 물체에서 나온 빛을 봐야 하죠. 그런데 이 빛은 우리 눈에 보이는 가시광선이 아닌 적외선입니다. 가시광선보다 에너지가 작고 파장이 긴 적외선은 사람이든 사물이든 열을 내는 것이라면 어디에서든 방출돼 나옵니다. 열을

열화상카메라로 본 축구 경기장의 응원열기

주로 전달하기 때문에 열선이라고도 불리죠. 그래서 현관문 센서는 사람이 방출하는 적외선을 감지해 전등을 켭니다. 적외선 센서는 이미 다양한 영역에 쓰이고 있는데요. 일례로 핸드폰에 전화가 걸려와 귀에 가져다 대면

자동으로 액정화면이 꺼지죠? 이 또한 핸드폰에 내장된 센서가 우리 몸의 적외선을 감지한 것입니다. 온도에 따라서 방출되는 적외선의 양도 다르기 때문에 이를 이용한 열화상 카메라나 온도측정 장치를 만들어 쓰기도 하죠.

그러면 거리는 어떻게 잴까요? 요즘 출시되는 자동차들은 대개 전후방 감지센서가 내장되어 있습니다. 차량의 앞뒤 가까이에 사물이 있다면 이를 감지해서 운전자에게 알려주는데요. 여기에서도 전파가 사용됩니다. 전후방센서의 경우 사람뿐 아니라 벽이나 다른 차량 같은 사물도 감지해내야 하기 때문에 적외선을 이용하긴 어렵죠. 그래서 보통 초음파를 대신 쏴서 사람이나 사물에 맞고 튕겨져 되돌아오는 시간을 계산해 거리를 잽니다. 이것은 시력이 거의 없는 야생의 박쥐도 주변을 보기 위해 사용하는 방법이죠.

또 최근에는 전자 체중계·저울이 대부분 쓰이고 있는데요. 무게를 감지하기 위해서는 보통 전기저항을 이용합니다. 전기저항이란 '전기가 흐르지 않는 정도'라고 할 수 있는데요. 전자저울의 무게를 재는 센서는 전도체가 물리적인 힘을 받아 변형되면 저항도 달라지는 원리를 이용하는 것이죠. 대표적인 방법으로는 '로드셀'이라고 하는 전기소자를 사용하는 방법이 있습니다. 또한 압력을 감지하는 압력센서 또한 이와 유사한 원리로 작동하게 됩니다.

# 악어 피부 닮은 압력센서 개발 …
## 신축성 높아 로봇 등에 활용

포항공대는 화학공학과 조길원 교수, 이기원 · 손종현 박사 연구팀이 울산대 화학과 이승구 교수 연구팀과 함께 마이크로돔 구조와 주름진 표면 구조를 도입한 압력센서를 개발했다고 밝혔다. 악어는 물결의 작은 움직임을 고도로 발달하고 민감한 피부 감각으로 인식해 먹이가 움직이는 방향을 찾아간다. 악어 피부 감각기관은 압력을 감지할 수 있는 규칙적인 반구 형태의 감각 돌기와 그 사이에 주름이 있는 접힘 부위로 구성돼 있다. 이 덕분에 악어가 몸을 움직여도 돌기 사이에 있는 접힘 부분만 변형되고 돌기 위 감각 감지부는 변형에 영향을 받지 않는다. 연구팀은 이런 악어 피부 감각기관을 구조적 · 기능적으로 모사해 미세주름과 반구형 구조를 지닌 고분자 탄성체로 구성된 압력센서를 구현했다. 지금까지 나온 압력센서는 기계적 변형이 없을 때는 높은 민감도를 보이지만 센서가 변형되면 압력에 대한 민감도가 급격하게 떨어지는 경향을 보였다. 반면 이번에 개발된 센서는 늘어나더라도 압력에 대한 높은 민감도를 유지했다.

출처 : 경북신문/일부인용

상식UP! Quiz

↳ 문제 현관문 앞에서 사람을 감지해 전등을 켜는 센서는 사람이 방출하는 자외선을 포착한다.

○ / ×

↳ 해설 현관문의 전등 센서는 사람이 내뿜는 적외선을 감지해 전등을 켠다.

답 ×

# 이제는 5G를 넘어 6G의 시대!?

통신기술 발전의 핵심은 누가 뭐라 해도 '속도'입니다. 누구보다 빠르게 더욱 많은 양의 정보를 주고받는 것. 이것이 통신기술을 진일보하게 하는 궁극적 목적이자 원동력이죠. 세대를 거듭할수록 무선통신기술은 이전보다 '몇 배 빠르게, 몇 배 많이'를 자랑하며 발전해왔습니다. 이것은 단순히 우리가 카카오톡으로 대용량 파일을 불과 몇 초 안에 송수신하고 유튜브로 고화질 영상을 막힘없이 감상하기 위한 것만은 아닙니다. 무선통신기술의 발전은 현재 우리가 누리고 있는 기술의 차원에서 벗어나 미래의 가시적인, 또는 아직은 멀게만 느껴지는 첨단기술들을 가능케 하는 촉매제가 됩니다. 현재 우리나라를 비롯한 세계 주요국은 2030년 이내 상용화를 목표로 6세대 이동통신, 즉 6G 연구개발에 몰입하고 있습니다. 하지만 한편으론 5G 서비스도 원활히 이루어지고 있지 않은 상황에서 6G 개발에 허겁지겁 뛰어드는 것은 시기상조라는 의견도 존재합니다.

1970년대 후반 1세대 이동통신이 등장했을 때 모바일 단말기로 주고받을 수 있었던 것은 단 몇 줄의 텍스트에 불과했죠. 우리가 손안에서 자유로이 인터넷에 접속하고 멀티미디어를 감상하게 된 것은 그로부터 약 30년이 지난 2000년대 중반에 3세대 이동통신이 등장하면서부터입니다. 이렇듯 송수신하는 정보가 다양화·고급화될 수 있었던 것은 통신기술의 진보에 따른 결과이기도 하지만, 더 세밀히 들어가면 그 중심에 주파수가 있죠.

무선통신에서는 데이터를 전파로 변조해 송출하고 이를 수신하는 측에서 복조해 원래의 데이터로 되살립니다. 주파수는 이 전파가 초당 진동하는 정도를 말하고 진동수가 많을수록, 다시 말해 주파수가 높을수록 더 많은 정보를 더 빠르게 전달할 수 있습니다. 다만 빠르게 진동하는 만큼 그 파장이 짧아 멀리 갈 수 없고, 직진성이 높아져 장애물에 쉽게 방해를 받습니다. 현재 5G는 밀리미터파(주파수가 20~100GHz)를 사용하고, 향후 6G는 그보다 더 빠른 테라헤르츠(100GHz~10THz)

대역을 활용합니다. 따라서 고주파일수록 더 많은 기지국이 촘촘하게 설치돼야 안정적인 통화품질을 유지할 수 있죠.

가용주파수 범위가 테라비트에 도달하면서 이론적으로 6G는 5G보다 50배나 빠른 전송이 가능할 것으로 전망됩니다. 용량이 20GB(기가바이트)인 영화 한 편을 0.16초에 내려 받을 수 있는 것이죠. 뿐만 아니라 송수신 지연시간도 10배가량 단축될 것이라 알려졌습니다. 즉, 막대한 양의 데이터를 더욱 지체 없이 안정적으로 송수신할 수 있게 되죠. 이 같은 속도의 향상과 안정성은 특히 자율주행이나 로봇을 이용한 원격치료와 같이 즉각적인 데이터 송수신을 전제로 하는 첨단기술 분야의 발전을 앞당길 것이라 예상됩니다.

그러나 국내에서는 아직 기존 5G의 망 구축도 제대로 되지 않은 상황에서 6G 개발은 그저 뜬구름 잡는 논의에 불과하다는 의견도 있습니다. 현재 상용화된 5G의 통화품질에 대한 여론은 여전히 좋지 못한데요. 앞서 5G가 상용화될 당시 우리나라 통신 3사는 주파수를 할당받으며 2021년까지 총 4만 5,000개의 기지국을 구축하겠다고 약속했습니다. 그러나 2021년 11월 말 기준으로 통신 3사의 약속 이행률은 0.7%에 그쳤죠. 5G의 네트워크도 완벽히 구축하지 못한 상황에서 한층 수준 높은 기술력이 필요한 6G를 온전히 감당할 수 있을지 물음표가 떠오릅니다. 게다가 애초 5G가 상용화될 때 기업과 정부가 이야기했던 첨단미래기술도 현재로서는 가시적인 성과를 보이지 못했습니다. 당시에도 자율주행, 로봇, 드론 등 5G가 이뤄낼 신세계 같은 기술들이 홍보됐으나, 망 구축도 제대로 되지 않은 상황에서 여전히 국민들이 체감할 만한 변화는 가져오지 못했는데요. 때문에 고가의 5G 서비스가 그저 기업의 돈벌이 수단에 그친 것이 아니냐는 비판도 나오는 중입니다.

# 삼성 압도하는 유럽·중국 통신장비 … 6G 패권전쟁 가열

스페인 바르셀로나에서 개막한 모바일월드콩그레스(MWC) 2023은 첫날부터 통신의 미래를 엿볼 수 있는 전 세계 빅테크 기업들의 신기술 경연으로 후끈 달아올랐다. 노키아는 업계 최초로 관련 안테나 장비를 부스에 직접 설치하고 6G 네트워크를 실제로 구현해 보였다. 화면을 통해 가상으로 이동하던 차량이 현실 속 보행자 위치를 실시간으로 감지하고 충돌을 피하기 위해 이동을 멈추는 형태로 시연했다. 노키아 관계자는 "네트워크가 사물 위치를 정밀하게 감지해 직접 반응하는 것이 6G의 핵심"이라고 말했다. '세계 최초 달 통신사업자'로서의 비전도 소개했다. 현재 노키아는 미 항공우주국(NASA) 파트너로서 달 표면에 4G LTE망을 구축하는 작업을 진행하고 있다. 달에 착륙할 로봇이 주변 환경을 파악하기 위해 데이터를 수집·처리하는 데 활용될 전망이다.

출처 : 매일경제/일부인용

---

상식UP! Quiz

↳ 문제 모바일로 인터넷에 접속하고 멀티미디어를 감상하게 된 것은 2세대 이동통신이 등장하면서부터다.

↳ 해설 2000년대 중반 3세대 이동통신이 등장하면서부터 모바일상에서 자유로운 인터넷 접속과 음악, 영상 등 멀티미디어를 감상할 수 있게 됐다.

# 세상을 보는 거대한 눈

우리가 평상시 영위하는 모든 것과 우리의 행보, 마지막으론 우리 그 자체가 정보가 됩니다. 그리고 기업이나 정부 같은 누군가는 이렇게 기록된 우리의 데이터를 모아 분석하고 활용하는데요. 온라인상에서 이루어지는 거래와 사회활동이 활발해지면서 우리가 생성하는 데이터의 양도 폭발적으로 증가하고 있습니다. 그 데이터에는 단순한 거래기록 같은 정형적 데이터도 있겠지만, 사진이나 음성, 영상처럼 비정형적인 것들도 있죠. 데이터의 총량뿐 아니라 유형도 다양해지면서 기존의 단순한 방식으로는 데이터를 다루기 힘들어졌습니다. 그래서 사람들은 이 다루기 버거운 '빅데이터'에 주목하기 시작했는데요. 다루기는 어려워도 그것이 분명히 이곳저곳에 쓸모가 많다는 것을 깨달았기 때문입니다.

빅데이터는 이른바 '5V'라는 다섯 가지 특징을 가지고 있습니다. 규모(Volume), 다양성(Variety), 속도(Velocity)와 함께 최근에는 정확성(Veracity)과 가치(Value)가 거론됩니다. 일단 총량이 커야 하고, 다양한 유형으로 이루어져야 하며, 데이터를 수집하는 속도도 거의 실시간으로 이루어져야 하죠. 또한 데이터가 정확하게 현실을 반영해야 하고, 이용할 만한 가치가 있어야 합니다.

이러한 빅데이터는 주로 기업들의 비즈니스 모델 구축과 마케팅에 이용되고 있는데요. 빅데이터를 새로운 유전이라고 부르는 것은 한계를 모르고 진화하는 정보화 사회에서 기업 간 경쟁에서 살아남기 위해 필수불가결한 요소이기 때문입니다. 고객들의 정보가 넘쳐 흐르는 빅데이터는 기업들이 보석을 캐내는 광산이자 중대한 도전과제가 됐습니다. 빅데이터는 단순히 그 크기가 중요한 것이 아니라 상술한 정형·비정형 등 모든 유형의 정보를 이용하는 것이 핵심이죠. 고객을 끌어들이기 위해 빅데이터 안에 수록된 갖가지 정보를 분석하는 것입니다. 실제로 기업들은 빅데이터를 분석해 고객의 성향을 파악하고 마케팅에 활용하기 위한 다양한 용도로 사용하고 있습니다.

## 100만명분 빅데이터 구축 … AI 접목해 혁신 선도

정부가 의료현장에서 빅데이터를 적극 활용하고 관련 산업을 집중 육성한다는 청사진을 발표했다. 의료 데이터, 정보통신기술을 도입해 맞춤화된 의료·건강·돌봄 서비스를 제공하는 헬스케어 생태계를 구축한다는 방침이다. 인공지능 기술을 바탕으로 중증 장애인과 의료 취약 계층에 대한 지원도 강화할 방침이다. 국민 100만명이 참여하는 데이터로 '바이오 빅데이터'를 구축해 연구자에게 개방하고 의료 혁신을 선도한다는 구상도 마련했다. 2023년 2월 보건복지부는 윤석열 대통령에게 보고한 '바이오헬스 신시장 창출 전략'에서 이 같은 계획을 공개했다. 보건의료 데이터를 기반으로 의료·건강·돌봄 서비스를 혁신해나갈 방침이다. 먼저 의료기관에 축적된 데이터를 활용하는 '데이터 중심병원'을 늘릴 예정이다. 2020년부터 40개 의료기관이 참여하고 있는 7개의 컨소시엄을 데이터 규모와 연구 역량 등을 고려해 확대·운영할 계획이다.

출처 : 서울경제/일부인용

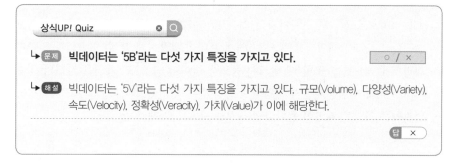

상식UP! Quiz                                                        ⊗ 🔍

↳ **문제** 빅데이터는 '5B'라는 다섯 가지 특징을 가지고 있다.                    ○ / ×

↳ **해설** 빅데이터는 '5V'라는 다섯 가지 특징을 가지고 있다. 규모(Volume), 다양성(Variety), 속도(Velocity), 정확성(Veracity), 가치(Value)가 이에 해당한다.

답   ×

# 개인정보는 개인의 것!

앞서 빅데이터에 이어 개인정보에 대한 이야기를 하고 있는데요. 지난 2022년 1월 개인정보 보호법 개정안을 포함한 이른바 '데이터 3법'이 전면 시행되면서 '마이데 이터(Mydata)'가 IT와 금융업계의 화두로 떠올랐습니다. 현재는 은행권과 기업에 서 앞 다투어 마이데이터 서비스를 제공하고 있는데요. 이 마이데이터란 정확히 무 엇이고, 정말 우리의 개인정보를 보호해줄 수 있는 걸까요?

마이데이터란 개인정보를 관리하고 활용하는 권한이 정보의 주체인 나 자신에게 있음을 강조하는 개인정보 관리체계입니다. 나의 개인정보가 활용되는 장소나 방 식을 스스로 결정할 수 있도록 하는 것이죠. 마이데이터는 이러한 개인정보자기결 정권을 바탕으로 합니다. 몇 가지 원칙을 알아볼까요? 개인은 자유롭게 개인정보 에 접근할 수 있고, 개인정보를 제3자에게 보내어 활용하게 할 수 있습니다. 제3자 는 개인에게 정보를 요구할 때 반드시 동의를 받아야 하죠. 또 개인은 자신의 정보 가 어디서 어떻게 활용되는지 투명하게 확인할 수 있어야 합니다. 그리고 개인정보 를 넘겨받은 사람은 개인이 원한다면 정보를 즉시 삭제해야 합니다.

우리가 갖고 있는 개인정보는 매우 다양한데요. 이를 테면 금융, 의료, 통신, 교통, 인터넷 등 서비스를 이용한 흔적들이 모두 개인정보가 됩니다. 마이데이터는 다양 한 영역에 흩어진 정보들을 한데 모아 생활·소비패턴과 재무현황 등을 종합적으 로 보여줍니다. 개인은 여러 서비스 플랫폼, 그중에서도 특히 은행 같은 금융플랫 폼이 개인정보를 활용하도록 해 개인에게 특화된 금융서비스를 제공받을 수 있죠. 또한 나의 주민등록등본이나 증명서 같은 행정정보를 기업·기관 등에 전송해야 할 때 필요한 정보만을 골라 묶어서 제출할 수 있는 공공 마이데이터 서비스도 시 작됐습니다.

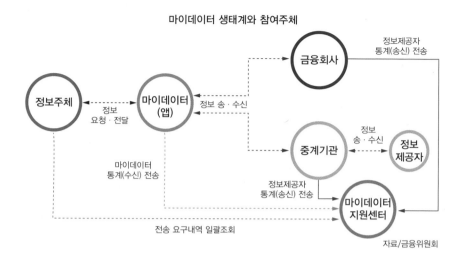

마이데이터 생태계와 참여주체

자료/금융위원회

마이데이터로 개인에게 기업이 맞춤서비스를 제공하는 트렌드는 점차 확대되고 있는데요. 마이데이터는 현재 주로 적용되고 있는 금융뿐 아니라 쇼핑, 의료, 통신 등 다양한 분야에도 응용될 수 있어 전망이 밝습니다. 물론 밝은 면만 있는 것은 아닙니다. 개인정보가 전달되던 도중 유출이 일어났던 사례도 있고, 또 디지털에 취약한 소외계층을 도외시하는 정책이라는 비판도 있는데요. 개인정보의 권한을 개인이 갖게 됐다고는 하지만, 이를 기업·기관이 이용할 길도 크게 열린 만큼 개인정보를 어떻게 더욱 철저히 보호할 것이냐에 대해서도 고민이 필요해 보입니다.

# 생체인증에 스텔스까지, 마이데이터 해킹과의 전쟁

메신저부터 SNS·포털·은행·OTT·구독 서비스까지 현대인은 자신의 개인정보를 온라인 세상 이곳저곳에 뿌리며 살고 있다. 그 수가 워낙 많은 탓에 어디에 어떤 개인정보가 담겨 있는지 일일이 확인하기가 어렵다. 이 때문에 '자신의 정보'인데도 스스로 관리하는 게 여간 어려운 일이 아니다. 이런 문제를 해결하기 위해 도입된 사업이 '마이데이터(MyData)'다. '정보 주체인 개인이 본인의 정보를 적극적으로 관리·통제하고 개인 생활에 능동적으로 활용하는 과정'이 마이데이터의 공식적인 정의다. '기업'이 아닌 '개인'에게 개인정보를 활용할 수 있는 주도권이 주어진다고 생각하면 이해가 쉽다. 그러나 마이데이터가 짊어져야 할 리스크도 꽤 크다. 가장 걱정해야 할 문제는 '개인정보 유출'이다. 다양한 정보를 한데 모으는 마이데이터 서비스는 개인정보를 원하는 사이버 범죄자들에게 매력적인 '곳간'이나 다름없다. 이곳만 제대로 털면 개인의 모든 정보를 한번에 얻을 수 있기 때문이다.

출처 : 더스쿠프/일부인용

---

상식UP! Quiz

↳ 문제 **여러 금융회사에 흩어진 개인의 금융정보를 통합 관리하는 산업은?**

① 데이터경제산업

② 오픈뱅킹산업

③ 빅데이터산업

④ 마이데이터산업

↳ 해설 마이데이터(Mydata)산업은 일명 신용정보관리업으로 금융데이터의 주인을 금융회사가 아니라 개인으로 정의해 각종 기관과 기업에 산재하는 신용정보 등 개인정보를 직접 관리하고 활용할 수 있는 서비스다.

답 ④

# 인간을 뛰어넘는 기계의 두뇌

인공지능은 로봇이 아닌 사람의 지적 능력을 컴퓨터 프로그램으로 구현해놓은 것을 말합니다. 그러니까 주어진 데이터를 학습하고 거기에서 논리적인 연관성을 발견하여 학습한 내용을 바탕으로 새롭게 주어진 과제를 컴퓨터가 스스로 해결하는 것입니다. 마치 아기가 어른들의 행동양식을 보고 배워서 자신을 둘러싼 사물·사건의 본질을 깨닫는 것과 같은 이치인데요.

1950년대부터 개념이 정립됐던 인공지능은 컴퓨터 공학이 발달하고 컴퓨터가 대응할 수 있는 데이터의 총량이 폭발적으로 증가하기 시작하면서 발전을 거듭해왔습니다. 결국 인공지능의 본질은 학습이라고 할 수 있는데, 이 인공지능의 학습에 이용되는 주된 알고리즘 기술 중 하나가 '머신러닝(기계학습)'입니다. 이 머신러닝 기술의 발전이 사실상 인공지능의 진화를 이끌어내는 열쇠라고 할 수 있죠.

일반적인 컴퓨터 프로그램은 인간이 설계해둔 일정한 알고리즘을 바탕으로 작동합니다. 조건을 달아두고 이에 부합하면 특정한 결괏값을 내도록 미리 설계하는 것이죠. 반면 인공지능은 데이터를 받아들이고 이에 대한 패턴을 스스로 파악해 데이터를 분류합니다. 이것이 머신러닝의 원리인데, 인공지능은 데이터만 주어지면 그것의 특징 및 정보를 스스로 파악하여 일정한 기준으로 분류합니다. 예를 들어볼까요? 인공지능에게 사과의 이미지와 함께 이름과 외형 등 외적인 정보를 제공합니다. 그러면 인공지능은 사과를 포함한 갖가지 과일에 관한 데이터 안에서 '빨간색', '둥근 것', '꼭지'라는 사과 고유의 특성들을 파악하고 전체 과일 데이터 안에서 사과의 이미지를 분류해냅니다. 이렇듯 데이터를 특정 조건에 의해 분류하는 것은 매우 중요한데요. 위와 같은 일련의 작업은 '경험'으로 작용하여 인공지능이 다양한 사건을 스스로 판단하고 적절하게 대응하는 능력의 기초가 되기 때문입니다.

머신러닝에는 지도학습과 비지도학습이 있는데, 앞서 설명한 사과의 예가 지도학습의 패턴이라고 할 수 있습니다. 반면 비지도학습은 '사과' 자체의 정보를 주지 않죠. 다시 말해 데이터에 라벨을 붙이지 않은 채 과일 전체의 데이터만 부여합니다. 인공지능은 과일이 무엇인지 모르므로 각각의 과일 데이터에 무엇이라 라벨을 붙일 수 없죠. 대신 각 과일에 대한 특성과 정보를 파악해 스스로 분류하고 군집화합니다. 지도학습은 추천 알고리즘이나 데이터 안에서 특정한 것들을 검색하는 기능에 사용됩니다. 비지도학습은 데이터를 이루는 거시적 성향이나 성질을 분석하는데 쓰이고요. 이러한 머신러닝 알고리즘은 현재도 끊임없는 발전을 거치고 있는데,

2016년에는 구글 딥마인드가 개발한 바둑 프로그램 '알파고'가 아직은 불가능할 것이라 여겨졌던 인간 프로기사와의 대국에서 압승하며 세계를 놀라게 했었습니다.

인공지능은 '강 인공지능'과 '약 인공지능'으로 분류되기도 합니다. 우리가 일상에서 흔하게 만날 수 있는 인공지능은 약 인공지능인데요. 약 인공지능은 어떤 특정한 목적을 부여받고 임무를 수행하는 인공지능을 말하죠. 약 인공지능은 특정 임무만을 수행하기 위해 개발되었기 때문에 사람의 지능을 완벽히 갖추지는 못 했지만, 데이터를 학습하고 이를 계산해 판단하는 능력은 사람보다 월등합니다.

반면 강 인공지능은 그야말로 인간을 완벽히 모방한 인공지능을 말합니다. 물론 아직 언제 개발될 수 있을지, 또 개발이 가능한 것인지도 의견이 분분합니다. 그러나 강 인공지능이 실제로 개발될 경우 훨씬 더 다양한 일을 할 수 있으리라 생각되는데요. 예를 들어 인공지능의 도움으로 쇼핑을 할 때 약 인공지능은 사람들이 많이 구입한 상품을 산출하고 이를 추천해주는 데 그치지만, 강 인공지능은 인간의 명령을 받아 온라인 쇼핑을 대행하거나 마트에 찾아가 최적의 상품을 구입하는 수준에까지 도달하게 될 것입니다.

# 챗GPT 신드롬

인공지능(AI) 시장과 AI 챗봇(Chat Bot)인 챗GPT 시장이 급성장하고 있다. 챗GPT 사용자는 지난 1월 월간 활성 사용자 수 기준 1억명을 돌파했다. 이는 오픈AI가 챗GPT를 출시한 지 2개월 만의 기록이다. 이 같은 기록은 다른 소셜네트워크서비스보다 훨씬 빠르다. 챗GPT에 대한 관심이 고조되면서 AI시장이 급성장할 전망이다. 글로벌 시장조사 업체 마켓앤드마켓은 세계 AI시장 규모가 2027년까지 연평균 36.2% 증가할 것으로 예상했다. 현재 869억달러(약 107조원) 규모인 AI시장은 4년 후인 2027년에 4,070억달러(약 501조원)로 약 5배 커질 것이란 전망이다. AI시장과 챗GPT 시장이 가장 유망한 분야로 급부상하고 있다.

출처 : 에너지경제/일부인용

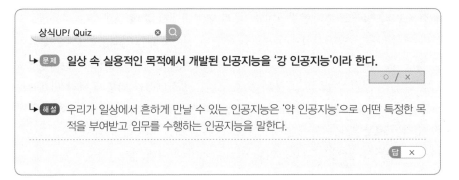

상식UP! Quiz

↳ **문제** 일상 속 실용적인 목적에서 개발된 인공지능을 '강 인공지능'이라 한다.

○ / X

↳ **해설** 우리가 일상에서 흔하게 만날 수 있는 인공지능은 '약 인공지능'으로 어떤 특정한 목적을 부여받고 임무를 수행하는 인공지능을 말한다.

답 X

# 두 발로 걷는 게 중요할까?

로봇(Robot)이라는 용어는 1920년 체코슬로바키아의 극작가 '카렐 차페크'가 쓴 〈로섬의 유니버설 로봇〉이라는 희곡에서 처음 등장했습니다. 여기서 로봇은 노역을 뜻하는 체코어 'robota'에서 유래되었다고 하는데요. 인간의 명령을 맹목적으로 따르는 노예라는 의미가 있다고 합니다. 현재도 로봇은 사람의 손을 대신해 명령을 수행하고 있죠.

로봇의 종류는 매우 다양하고 우리 생활과 산업 전반에서 두루 사용되고 있습니다. 용도에 따라 형태도 천차만별인데요. 우리가 가정에서 흔히 사용하는 로봇청소기부터 도서관 같은 공공시설에서 시민들을 안내하는 로봇도 있고, 재난현장에 들어가 생존자를 탐색하는 로봇도 있죠. 지구 너머 화성을 누빈 미 항공우주국(NASA)의 탐사차 '퍼서비어런스'도 로봇의 일종입니다. 공장에서는 명령에 따라 기계팔로 작업공정을 반복해 수행하는 로봇이 이미 오래전부터 쓰이고 있습니다. 하지만 사실 우리는 로봇이라고 하면 흔히 인간을 닮은 로봇을 떠올리게 되는데요. 그래서 여기에서는 인간을 닮은 '휴머노이드(Humanoid)'에 대해 이야기하고자 합니다.

세계에서 휴머노이드 로봇 개발을 주도했던 대표적 국가에는 일본이 있습니다. 1973년 일본 와세다대학 연구팀에서 개발한 최초의 2족보행 로봇인 '와봇

한국과학기술원(KAIST)이 개발한 인간형 로봇 휴보

1(WABOT-1)'이 등장했죠. 그러나 이 로봇은 그저 몇 걸음을 떼는 정도에 불과했고 움직임 또한 부자연스러웠습니다. 그러나 시간이 흐르면서 기술력을 쌓은 일본은 점차 깜짝 놀랄 만한 성과를 보여주었는데요. 2000

년에 일본의 자동차 기업 '혼다'가 개발한 '아시모(ASIMO)'는 사람의 외모와 음성을 인식하고 평면과 계단까지 비교적 자유롭게 걸어 다니는 모습을 보여줬죠. 우리나라도 2004년에 한국과학기술원(KAIST)에서 개발한 '휴보(HUBO)'가 공개됐는데요. 분당 65걸음을 움직이고 장애물을 피해 다니며, 다섯 손가락의 자유로운 움직임을 구현해냈습니다.

이런 사실로 미뤄보아 휴머노이드는 다른 로봇에 비해 연구개발에 더 많은 비용과 시간이 필요할 수밖에 없습니다. 스스로 상황판단이 가능한 인공지능이 탑재되어야 하고, 무엇보다 자유로운 동작이 이뤄지려면 관절을 역학적으로 제어해야 하기 때문이죠. 사실 우리가 로봇을 노동에 이용하기 위해 꼭 사람의 형태로 만들 필요는 없습니다. 지금도 다양한 형태의 로봇들이 우리의 일을 돕고 있으니까요. 그런데 휴머노이드의 가장 주요한 목표는 역시 '인간처럼 자유롭게 움직인다'는 것입니다. 이건 어떤 의미가 있는 걸까요?

개선된 휴머노이드가 주로 활동할 무대는 재해구조현장으로 전망됩니다. 왜냐하면 인명을 구조하는 현장이 대개 인간의 신체구조·생활환경에 알맞게 설계되어 있기 때문이죠. 가령 주택의 화재현장에서도 인명을 탐색·구조하기 위해서는 바퀴 달린 차량형 로봇보다 인간형 로봇이 훨씬 효과적입니다. 현장에 진입해 문을 열고 밸브를 잠그고 인명을 데리고 나오는 것이 가능하죠. 실제로 2015년 미국 국방고등연구계획국(DARPA)이 개최한 '로보틱스 챌린지'에서 우리나라의 휴보가 재난대응 로봇코스 1위를 차지했는데요. 코스를 살펴보면 로봇이 직접 운전을 하고, 장애물을 극복하며, 문을 열고 사다리를 올라야 합니다. 심지어 소방호스를 연결하고 밸브를 잠그기까지 해야 하는데요. 이는 휴머노이드가 아니면 수행하기 어렵죠.

보스턴 다이내믹스가 개발한 아틀라스

휴머노이드는 현재도 계속해서 발전하고 있습니다. 미국의 로봇공학기업 '보스턴 다이내믹스'는 유튜브 채널에 자사의 2족보행 로봇인 '아틀라스'를 공개하며 사람들에게 큰 충격을 줬는데요. 놀랄 만큼 자연스러운 뜀박질에 장애물을 뛰어넘고 공중재비까지 도는 모습을 보여주면서 화제가 됐습니다. 2021년에는 그 가능성을 주목한 현대자동차그룹이 보스턴 다이내믹스를 인수하면서 기대감을 모으기도 했습니다.

## "소셜 로봇, 학습장애 아동 집중력 향상에 도움"

로봇이 학습장애를 겪고 있는 아동의 집중력 향상에 도움을 준다는 연구결과가 나왔다. 캐나다 워털루대학 전기 및 컴퓨터공학과 커스틴 다우텐한 교수팀은 밴쿠버 학습장애 협회 전문가들과 공동으로 학습장애를 겪고 있는 학생들을 대상으로 소셜 휴머노이드 로봇 'QT'의 학습효과를 테스트한 결과 로봇의 도움을 받은 학생들이 그렇지 않은 학생 보다 학습효과가 높은 것으로 조사됐다. 워털루대 연구팀은 학습장애를 갖고 있는 아동 들을 대상으로 소셜 로봇 실험을 진행하기로 했다. 다우텐한 교수는 "로봇과 함께 학습을 했던 학생들은 로봇의 도움을 받지 않은 학생들에 비해 학습과정에 보다 적극적으로 참여하고, 더 높은 비율로 학습과정을 완료했다"고 말했다. 그는 "공교육시스템에서 로봇을 사용할 수 있는 잠재력이 분명히 있다. 전반적으로 이번 연구결과는 로봇이 학생들에게 긍정적인 영향을 미친다는 것을 암시한다"고 덧붙였다.

출처 : 로봇신문/일부인용

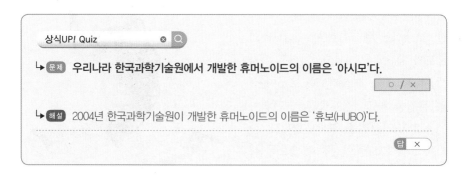

상식UP! Quiz

↳ 문제 **우리나라 한국과학기술원에서 개발한 휴머노이드의 이름은 '아시모'다.**

○ / ✕

↳ 해설 2004년 한국과학기술원이 개발한 휴머노이드의 이름은 '휴보(HUBO)'다.

답 ✕

# 소프트웨어도 구독하는 시대!

현재 국내외 IT 기업에서는 클라우드 서비스 하나쯤은 기본으로 장착하고 있습니다. 인터넷만 연결된다면 어떤 데이터든 자유로이 편집하고 저장할 수 있게 됐죠. 기업들은 고객에게 내어줄 거대한 서버를 마련하고, 고객이 저장한 데이터를 철통같이 보안하고 있습니다. 그러니까 따지고 보면 나의 데이터를 남의 컴퓨터에 대신 보관하는 셈입니다. 클라우드 컴퓨팅이 각광을 받게 된 것은 역시나 안전과 편리함 때문입니다. 가령 기존에는 문서 작성을 위해 PC에 워드 프로세서를 설치하고 문서를 작성한 후 PC에 저장하거나 보조 저장장치를 이용해야 했죠. 그러나 예기치 못한 사고로 작업물이 날아가거나 저장장치를 잃어버린 경험을 누구든 한 번쯤은 해봤을 것입니다. 클라우드 컴퓨팅은 이러한 우려를 단번에 해소시키죠.

클라우드의 바람은 소프트웨어 기업들도 피해가지 못했습니다. '포토샵'과 '아크로뱃'으로 유명한 어도비는 2013년부터 자사 제품의 라이선스를 '팔지' 않고 있습니다. 이전에는 이용자가 돈을 내고 제품을 다운로드 받아 영구적으로 제품을 소유할 수 있었는데요. 그러나 사업 전환 후에는 무료로 다운받는 대신 구독서비스에 가입해 매달 이용료를 내게 됐습니다. 이용료를 낼 때마다 가입할 때 얻은 상품 키 (key)를 인증하면 되는데요. 어도비의 이러한 구독서비스의 방식을 SaaS (Software as a Service)라고 합니다. 소프트웨어를 클라우드로 빌려주는 서비스를 하는 것이죠. 처음 이런 방식의 사업 전환에 대해 소비자들은 발끈했지만, 결국 어도비의 수익은 크게 상승했습니다. 그것은 이런 사업 전략이 결과적으로 소비자들에게 편리와 이득을 주었기 때문입니다. 일단 지속적인 업데이트가 가능하고, 작업물을 클라우드에 저장할 수 있어 언제 어디서든 열람과 편집이 가능해졌습니다. 제품의 불법복제가 억제된 것은 덤이었죠. 이러한 SaaS 방식은 마이크로소프트 등 이미 여러 IT 기업들에 널리 보편화돼 있습니다.

데이터센터의 서버

클라우드 컴퓨팅을 이용하는 것은 기업도 마찬가지입니다. 인터넷 서비스나 플랫폼을 운영하는 기업들은 기본적으로 서버가 필요한데요. 서버는 클라이언트인 기업을 위해 네트워크를 관리해주고 데이터베이스를 구동합니다. 그러나 서버를 운영하는 것은 쉬운 일이 아닌데 구축하는 비용도 많이 들뿐더러 만약 자사 데이터의 규모가 커지면 증설해야 하고, 온도조절 등 관리에도 손이 많이 가죠. 기업들의 이런 부담을 덜어주기 위해, 일례로 아마존은 '아마존 웹 서비스(AWS)'를 운영하고 있습니다. 아마존 같은 공룡기업들은 순환되는 데이터도 어마어마하기 때문에 대규모 데이터센터를 구축해 서버를 관리하죠. 아마존은 사업운영에 있어 서버가 필요한 기업에게 이를 대여해줍니다. 아마존의 데이터센터가 클라우드의 역할을 하는 것이죠. 기업은 트래픽 등 네트워크 관리나 데이터 보관을 클라우드에 맡기고, 자신의 서비스 운영에만 신경을 쓸 수 있습니다. 이러한 방식의 클라우드 컴퓨팅을 IaaS(Infrastructure as a Service)라고 부릅니다.

물론 클라우드 컴퓨팅은 인터넷 연결이 불가하다면 무용지물이라는 단점도 있긴 합니다. 특정 서버를 빌려 쓰는 기업이 많은 경우 만약 그 서버에 문제가 생긴다면 해당 서버를 사용 중인 모든 기업들의 서비스가 일순간 마비될 수도 있죠. 이렇듯 클라우드의 허점이 없는 것은 아니지만, 사람이든 사물이든 관계없이 모든 것이 연결된 초연결사회에서 클라우드는 결코 비켜갈 수 없는 물결이 되고 있습니다. 다만 클라우드 컴퓨팅으로 발생할 수 있는 예기치 않은, 혹은 의도된 사고들을 방지하기 위한 기술 및 대책도 세워야 할 것으로 보입니다.

# 국내 클라우드 시장 5조원 육박 …
## SaaS 기업 1,000개 돌파

국내 클라우드 시장 규모가 5조원에 육박했다. 서비스형소프트웨어(SaaS) 기업이 1,000 개를 넘어서며 클라우드 시장의 성장세가 두드러진다. 과학기술정보통신부와 정보통신 산업진흥원에 따르면 2021년 기준 국내 클라우드 시장 규모는 4조 9,250억원으로 2020 년 4조 200억원에서 약 9,000억원(23%) 커졌다. 팬데믹에 따른 비대면·원격근무(교육) 증가와 사회 전반에 걸친 디지털전환 가속이 클라우드 시장 성장세를 견인했다. 또한 소프트웨어 패러다임이 '구축'이나 '구매'가 아닌 '구독'으로 이동하면서 SaaS의 중요성 이 부각되고 있다. 글로벌 클라우드 시장에서도 SaaS 기업의 비중이 가장 크다.

출처 : 전자신문/일부인용

---

상식UP! Quiz

↳ 문제 인터넷 플랫폼이 자사의 서비스를 운영하기 위해 서버를 외부에서 대여해 사용하 는 클라우드 시스템을 SaaS라고 한다.　　　　　　　　　　　　ㅇ / ✕

↳ 해설 기업이 트래픽 등 네트워크 관리나 데이터 보관을 클라우드에 맡기고, 자신의 서비 스 운영에만 신경을 쓰는 방식의 클라우드 컴퓨팅을 IaaS라고 한다.

답 ✕

# 그냥 인공위성과는 달라!

한국항공우주연구원에 따르면 2020년을 기준으로 우주에서 지구를 돌고 있는 전 세계의 인공위성은 2,666개라고 합니다. 뿐만 아니라 매년 150기가 넘는 위성들이 우주로 나가고 있죠. 인공위성은 지구의 자기장이나 기상을 관측하는 과학 연구용으로 쓰이기도 하고, 군사정보를 수집하는 역할도 합니다. 또한 전자통신을 주목적으로 하는 위성들도 있는데요. 사실 기존에 운용되던 위성통신은 이용하려면 가격도 비싸고 속도도 빠르지 않으며 망을 구축하는 데도 큰 비용이 소요됐습니다. 우선 인공위성을 하나 쏘아 올리는 데만도 어마어마한 돈이 들어가니까요.

이러한 단점을 보완하는 것이 저궤도 위성통신입니다. 말 그대로 지상에서 200~2,000km인 지구의 저궤도를 도는 위성인데요. 낮은 궤도를 도는 만큼 데이터를 송수신하는 시간도 짧아지고, 지구를 더 빠르게 돌 수 있으며 통신망 운용에 소요되는 비용도 내려갑니다. 또 기지국이 하늘에 있어 어디서나 데이터 중계가 가능한데요. 다만 위성을 더 촘촘하게, 더 많이 배치해야 한다는 단점이 있긴 하죠.

스타링크 위성의 지구궤도 배치 장면

그런데 '일론 머스크'가 설립한 미국의 우주기업 '스페이스X'는 2020년대 말까지 무려 4만 2,000개에 달하는 군집위성을 궤도에 올려 통신망을 구축한다는 계획을 내놓았습니다. '스타링크(STARLINK)'라고 불리는 이 사업을 진행하면서 스페이스X는 실제로 2022년 1월까지 약 1,800개의 저궤도 위성을 쏘아 올렸고, 미국을 비롯한 일부 국가에서 이미 통신서비스를 제공하고 있습니다. 이들은 획기적인 방법으로 무수한 위성을 발사시키고도 비용을 절감할 수 있었는데요. 바로 재사용이 가능한 발사체를 개발한 덕분입니다.

통상 인공위성이든 탐사선이든 발사체, 즉 로켓에 실려 우주로 나아가야 합니다. 기존의 로켓은 위성을 분리한 뒤 버려졌지만, 스페이스X가 개발한 로켓 '팰컨9(Falcon 9)'은 발사되어 위성을 궤도에 올린 후 다시 지구로 착륙할 수 있습니다. 무려 수직착륙이 가능하다고 하는데요. 이 기술로 위성발사에 따르는 비용을 절감할 수 있었죠. 스페이스X는 앞으로도 꾸준히 저궤도 위성을 올려 전 세계 어디서든 1Gbps의 통신속도가 가능하도록 한다는 계획입니다. 한편 저궤도 위성통신이 향후 통신기술의 첨단화를 가능케 한다는 전망에 세계의 여러 기업들도 경쟁에 뛰어들고 있습니다.

## 중국 우주정거장, 미국 스타링크 위성과 부딪힐 뻔

중국 우주정거장이 스페이스X의 스타링크 위성과 충돌을 피하려고 회피기동한 사실이 알려지면서 중국에서 일론 머스크에 대한 비난이 쏟아졌다고 로이터통신이 보도했다. 중국 측은 당시 안전상의 이유로 우주정거장이 예방적 충돌회피 제어를 수행했다고 밝혔다. 중국 네티즌들은 스타링크 위성을 미국의 우주무기라고 맹비난하며, 머스크의 우주사업으로 대가를 치르게 될 것이라고 주장했다. 머스크도 당시 충돌 가능성을 줄이기 위해 스타링크 위성의 궤도를 조정했다고 밝혔다. 스페이스X의 스타링크 위성 인터넷 사업은 저궤도 소형위성들을 쏘아 올려 지구 전역에서 이용 가능한 초고속 인터넷 서비스를 구축하는 사업이다. 스페이스X는 '셸(Shell)'로 불리는 5개의 궤도 위성망을 단계적으로 구축해 1단계 위성 인터넷 사업을 2027년 3월까지 완수한다는 구상이다.

출처 : 연합뉴스/일부인용

---

상식UP! Quiz            ⊗ Q

↳ 문제  저궤도 위성통신망은 앞으로 6세대 이동통신 기술의 핵심으로 평가받는다.

〇 / ✕

↳ 해설  5세대 이동통신보다 수십배 더 빠를 것이라 알려진 6세대 이동통신은 그 데이터 이동량과 속도를 감당하기 위해서는 저궤도 위성통신망 구축이 필요하다.

답 〇

# 디스플레이는 어디까지 발전할까?

2019년 삼성전자에서 접고 펼 수 있는 스마트폰이 출시되면서 우리가 상상으로만 꿈꿔왔던 종이처럼 접고 말 수 있는 '크기 조절이 가능'한 스마트폰 시대가 본격적으로 열리게 됐습니다. 이 기술의 관건은 역시나 스마트폰의 액정화면, 곧 디스플레이가 '어떻게 무리 없이 구부러지고 출력 이미지를 깨뜨리지 않는가'라는 과제를 해결하는 것이었습니다. 구부러지고 접히는 플렉서블 디스플레이는 어떻게 탄생하게 된 것일까요?

LG가 CES 2022에서 공개한 휘어지는 OLED

플렉서블 디스플레이 기술은 우리가 많이 들어본 OLED(Organic Light Emitting Diodes, 유기발광다이오드)와 관련이 깊습니다. 현재 시장 점유율이 높은 LCD(Liquid Crystal Display, 액정 디스플레이)의 경우 이미지를 출력하기 위해 액정 뒤에 빛을 쏘는 백라이트가 설치돼야 합니다. LCD의 액정은 신호에 따라 빛을 차단하고 투과하면서 이미지를 출력합니다. 그러나 이 백라이트의 존재 때문에 디스플레이를 유연하게 만들기 매우 어렵죠. 반면 스스로 빛을 내는 OLED는 이런 장애물을 넘어섭니다. OLED는 2겹의 전극 사이에 얇은 유기박막이 층층이 쌓인 구조로 이뤄져 있어 이 박막층 사이로 전하가 오고가고 결합하면서 빛을 냅니다. 얇고 가볍다는 특성 때문에 OLED는 플렉서블 디스플레이에 활용될 수 있죠.

다만 또 하나 넘어야 할 장벽이 있는데요. 바로 유리기판입니다. 보통 우리가 흔히 접하는 TV나 스마트폰의 디스플레이는 겉면이 단단한 평면인데요. 이것은 하부에

깔리는 기판을 단단한 유리소재로 쓰기 때문입니다. 그래서 현재 플렉서블 디스플레이에서는 유리 대신 '폴리이미드(PL, Polyimid)'라는 플라스틱 소재를 사용합니다. 유연한 소재이기 때문에 구부러지고 접는 것이 가능하죠.

플렉서블 디스플레이를 위한 휘는 트랜지스터

현재 상용화된 플렉서블 디스플레이 디바이스는 고정된 곡면 형태나 한 번에서 두 번 구부리고 접을 수 있는 형태로 출시되고 있습니다. 스마트폰의 경우 접히는 부분에 힌지가 있어 접고 펼 수 있는 구조로 되어 있죠. 물론 아직까지는 실제 종이처럼 꼬깃꼬깃 접는 것은 불가능합니다. 여기엔 커다란 기술적 한계가 존재하는데요. 이게 가능하려면 디스플레이 제품 안에 들어가는 통신장비와 배터리, CPU 등의 부품도 구부리고 접을 수 있는 기술이 필요하기 때문입니다. 그래서 업계에는 이를 실현할 신소재 개발에 열을 올리고 있죠.

앞으로 플렉서블 디스플레이는 어떤 방향으로 진화하게 될까요? 플렉서블 디스플레이 기술에는 4단계가 있다고 합니다. 1단계는 떨어뜨려도 부서지지 않는 '언브레이커블(Unbreakable)', 2단계는 휘어지고 구부러지는 '벤더블(Bendable)', 3단계 둘둘 말 수 있는 '롤러블(Rollable)', 마지막 4단계가 접을 수 있는 '폴더블(Foldable)'이라고 하는데요. 여기에 디스플레이의 크기를 자유롭게 늘렸다 줄였다 할 수 있는 '스트레쳐블(Stretchable)' 단계로 발전할 것으로 예상됩니다.

# 플렉서블 디스플레이 생산비용 절감 박막트랜지스터 개발

포스텍 화학공학과 정대성 교수 연구팀은 무기입자를 고분자에 공유결합으로 연결해 유기-무기 하이브리드 유전층의 고효율 가교방법을 제안했다. 이후 연구를 통해 아자이드 작용기를 가진 아세틸아세토네이트를 사용해 조밀하고 결함이 없는 박막 형태의 유-무기 하이브리드 트랜지스터를 개발했다고 밝혔다. 연구팀이 개발한 방법에 따르면 누설 전류를 감소시켜 저전력으로도 구동이 가능해졌으며, 우수한 물성의 유전체를 손쉬운 공정방법인 용액공정을 통해 제조할 수 있어 박막트랜지스터의 제조비용을 줄일 수 있을 뿐만 아니라 저온 열처리가 가능하므로 유연성이 있는 기판 위에서 제조도 가능하게 됐다. 정 교수는 "효율적이고 안정적인 박막트랜지스터의 개발로 플렉서블 디스플레이, 웨어러블 디바이스와 같은 차세대 플렉서블 전자소자의 구현이 가능해졌다"라며 "신규 산화물 반도체 소재를 이용해 메모리, 디스플레이 등 다양한 산업의 기반 기술 개발에 기여할 수 있을 것으로 기대한다"라고 말했다.

출처 : 대경일보/일부인용

---

상식UP! Quiz

↳ 문제  플렉서블 디스플레이에서는 '폴리이미드'라는 소재로 된 기판을 사용한다.

○ / ×

↳ 해설  플렉서블 디스플레이에서는 유리기판 대신 '폴리이미드(PL, Polyimid)'라는 유연한 플라스틱 소재를 사용한다.

답  ○

# 지적유희에서 범죄로

해킹(Hacking)이란 다른 사람의 컴퓨터나 네트워크에 침입해 보관된 데이터에 접근할 권한을 얻는 행위를 말합니다. 가령 누군가 인터넷에 연결된 내 개인용 컴퓨터의 비밀번호를 알아내 컴퓨터에 들어 있는 개인정보와 파일들을 다룰 수 있게 되는 것입니다. 또 프로그램을 작동시키는 알고리즘을 파고들어 자기 입맛대로 작동방식을 고치거나 작동방식 자체를 가져오는 것도 해킹의 일종입니다. 하지만 이러한 해킹 행위 자체가 범죄는 아닌데요. 해킹이라는 기술을 악용했을 때에 범죄가되고, 이를 크래킹(Cracking)이라 부르기도 합니다. 그래서 해킹을 공익적으로 행하는 해커들을 '화이트 해커'라고 구분하려는 목소리도 있죠.

개인용 컴퓨터 보급이 거의 이루어지지 않았던 과거에 해킹이라는 행위는 컴퓨터 전문가들이 순수한 지적 호기심을 갖고 탐닉하던 행위였습니다. 그러나 1980년대부터 본격적으로 국가를 넘어 전 세계로 전산망이 구축되고, 컴퓨터 보급률이 높아지면서 이러한 해킹을 악용하는 사례가 나타났습니다. 1983년 미국 밀워키에서는 '141 gang'이라는 10~20대 해커그룹이 60여 대의 컴퓨터에 침입한 혐의로 체포됐죠. 또 1988년에는 미국 코넬대 대학원생이었던 '로버트 모리슨'이 '모리슨 웜'이라는 일종의 바이러스를 개발했는데, 그가 네트워크에 풀어놓은 모리슨 웜은 네트워크를 타고 들어가 6,000대에 이르는 컴퓨터를 굼뜨게 만들고 네트워크를 마비시켰습니다. 다만 그가 이런 행위를 벌인 것은 나쁜 목적은 아니었고, 네트워크에 연결된 컴퓨터가 얼마나 될까 알아보기 위함이었죠.

원래 이전에도 해킹은 국가 간에 정치·군사적 목적으로 은밀히 이뤄졌습니다. 그러나 해킹이 나쁜 쪽으로 쓸모가 있다는 것을 깨닫게 된 일부 해커들이 돈을 목적으로 네트워크에 침입하고 프로그램을 조작하며 바이러스를 심기 시작했는데요. 1990년 미 연방수사국(FBI)의 데이터베이스를 해킹한 혐의로 수배 중이던 '케빈 폴슨'이라는 해커는 동료들과 함께 라디오 방송국의 전화선을 해킹해 경품으로 주던

고가의 자동차와 상금을 탈취하기도 했습니다. 1994년에는 최초의 웹브라우저인 '넷스케이프'가 개발되면서 다양한 종류의 해킹도구가 등장하기 시작했고, 우리가 흔히 들어본 '트로이목마' 따위의 악성코드들도 90년대 이후 속속 등장했습니다.

해킹은 먼저 네트워크의 취약한 부분을 알아내는 데서 시작됩니다. 이를 '취약점 검사(Vulnerability Scanner)'라고 부르는데, 기본적으로 네트워크에는 침입을 막기 위한 방화벽이 존재하지만 능숙한 해커들은 이를 우회해서 약점을 찾아냅니다. 이러한 방식으로 국가기관이나 다국적 인터넷 서비스의 보안망을 뚫어낸 해커들은 그들의 은밀한 집단 내에서 영웅으로 칭송받기도 하죠. 해커들은 거대하고 복잡한 유명 보안망을 표적으로 삼고, 금전이나 혹은 명예를 위해 시스템에 잠입해 마비시킵니다.

최근에도 이 같은 사례가 이어지고 있습니다. 2021년 10월에는 '페이스북(현 메타)'과 '인스타그램'의 접속이 먹통이 되는 사건이 있었는데, 이것이 페이스북에 반감을 가진 해커의 소행이라 지목된 바 있죠. 또 근래 보고된 북한의 사례처럼 국가가 손수 해커를 육성해서 다른 국가의 정보기관에 침투시키기도 합니다. 사실 별일이 없다면 우리와 같은 일반인들은 해커의 직접공격의 대상이 되지는 않습니다. 하지만 해커들이 인터넷 여기저기 심어놓은 악성코드 지뢰가 우리를 위협하고 있고, 그 수법도 나날이 치밀해지고 있는데요. 인터넷 서비스에서 탈취한 고객정보를 이용해 수상한 링크를 메일과 문자메시지에 숨겨 '한 명만 걸려라'는 식으로 뿌리기도 합니다. 결국 손해를 보지 않으려면 스스로 조심하는 수밖엔 없습니다. 뭔가 수상하다 싶으면 다운받지도 접속해보지도 말아야 하는 것이죠.

## 과기정통부, 산하기관 해킹 면역력 키운다 … 정보보안 강화 논의

과학기술정보통신부(과기정통부)가 최근 소속·산하기관 대상 사이버공격 증가, 중국 해커 집단의 국내 학술단체 공격 등 급변하는 글로벌 사이버안보 환경에 적극 대응하고, 해킹으로부터 우수한 과학기술 연구성과를 보호하기 위해 정부출연연 및 민간 보안 전문기업과 지속적인 소통과 협력을 강화해 나가기로 했다. 과기정통부는 소속·산하기관의 사이버보안 역량 강화를 위해서 '2023년 과기정통부 사이버공격 모의훈련 계획'을 수립했다. 한국과학기술정보연구원이 훈련 주관기관으로써 중심이 돼 계획을 추진 중이다.

출처 : 뉴시스/일부인용

---

상식UP! Quiz

↳ **문제** 악성코드에 감염된 다수의 좀비PC를 이용하여 대량의 트래픽을 특정 시스템에 전송함으로써 장애를 일으키는 사이버 공격은?

① 해킹
② 스푸핑
③ 디도스
④ 크래킹

↳ **해설** 디도스는 여러 대의 컴퓨터가 일제히 공격해 대량 접속이 일어나게 함으로써 해당 컴퓨터의 기능이 마비시키는 것이다. 자신도 모르는 사이에 악성코드에 감염돼 특정 사이트를 공격하는 PC로 쓰일 수 있는데, 이러한 컴퓨터를 좀비PC라고 한다.

 **답** ③

# 최첨단 디지털 부검 수사

디지털 포렌식은 주로 범죄수사에 적용되는 디지털 수사 기법입니다. 디지털 증거를 수집·보존·처리하는 과학적·기술적 방법이라 할 수 있는데요. '포렌식(Forensic)'은 '법의학적인', '범죄 과학수사의', '재판에 관한' 등의 의미를 갖고 있습니다. 법정에서 범죄의 증거로 사용되려면 증거능력(Admissibility)이 있어야 하는데, 이를 위해 증거가 법정에 제출될 때까지 변조 혹은 오염되지 않는 온전한 상태(Integrity)를 유지하는 일련의 절차 내지 과정을 디지털 포렌식이라 부릅니다. 디지털 포렌식에서 다루는 증거물은 매우 다양한데요, 초기에는 개인이 사용했던 컴퓨터나 하드디스크를 중심으로 증거를 수집했지만, 현재는 이메일부터 전자결재, 메신저와 통화 기록, 네트워크의 트래픽, 데이터베이스는 물론이고, 스마트폰이나 태블릿PC 등의 모바일 기기까지 디지털 포렌식의 대상이 되고 있습니다. 범죄 혐의점을 찾기 위해서 모든 기록 매체와 통로를 파헤치는 것이죠.

디지털 포렌식이 시작되면 마치 시신을 부검하듯이 디지털 기록 매체에 삭제된 부분들을 복원하고 암호를 해독하며 숨겨진 범죄의 증거를 찾게 되는데요. 먼저 저장 매체 안에 묻힌 정보들을 추출하여 이것이 변조되거나 손상되지 않도록 무결성을 유지합니다. 그리고 찾아낸 정보 중 수사에 도움이 될 증거를 분석하고 도출합니다. 이 과정에서 암호를 해독하고 데이터를 복원하는 수순을 밟습니다. 그리고 마지막으로 증거들을 분석한 과정과 결과를 종합적인 보고서로 작성해 제출하는 것이죠.

디지털 기술이 발달하고 기기가 다양화되면서 디지털 포렌식의 영역도 확장되고 있습니다. 아울러 디지털 범죄는 물론이고 갖가지 다양한 유형의 범죄수사에 디지털 포렌식을 활용할 여지도 늘어나고 있는데요. 이에 따라 포렌식 전문가에 대한 인력 수요도 점차 늘어나고 있고, 디지털 기술 발전에 대응할 진보된 수사기법도 연구를 거듭하고 있는 추세입니다.

# 근로감독관도 '디지털 포렌식' 교육

한국고용노동교육원은 고용노동부 근로감독관의 수사역량과 전문성을 키우는 '근로감독 행정 전문 과정 교육'을 시행했다고 밝혔다. 근로감독관은 사법경찰직무법에 정한 사법경찰관으로 노동관계법을 위반한 사건을 수사하고 검찰에 송치할 권한이 있다. 교육은 근로감독 3년 이상 경력자 가운데 업무성과가 우수한 20여 명의 근로감독관을 대상으로 진행한다. 강제수사와 디지털 포렌식 등 수사역량 강화에 중점을 뒀다고 교육원은 설명했다. 이 밖에 개별적 근로관계법과 집단적 노사관계법, 형법 등 법률지식 등의 실무 운영 사례를 함께 다룬다. 노광표 원장은 "노동환경의 변화와 새로운 고용 형태의 증가 등으로 근로감독관의 대응 역량이 더욱 중요해졌는데, 이번 교육이 근로감독관의 노동법률 지식향상과 수사 실무역량 강화를 통한 현장문제 해결에 도움이 되길 바란다"고 말했다.

출처 : 한겨레/일부인용

---

상식UP! Quiz

↳ 문제 **디지털 기록과 정보를 범죄 단서를 찾는 데 활용하는 수사기법은?**

① 다크웹
② 디가우징
③ 디지털 포렌식
④ 디지털디바이드

↳ 해설 ① 다크웹(Dark Web) : 특정 환경의 인터넷 브라우저에서만 접속되는 비밀 웹사이트
② 디가우징(Degaussing) : 자기장으로 하드디스크를 물리적으로 복구가 불가능하게 지우는 것
④ 디지털디바이드(Digital Divide) : 디지털 기기의 소유 유무에 따라 정보접근 격차가 커지는 현상

답 ③

## **041** 웨어러블

# 미래를 입는다 '웨어러블 컴퓨터'

웨어러블 컴퓨터는 옷이나 시계, 안경처럼 자유롭게 몸에 착용하고 다닐 수 있는 컴퓨터로 소형화·경량화를 비롯해 음성·동작 인식 등 다양한 기술에 적용됩니다. 구글이 내놓은 스마트 안경인 구글 글라스, 말하는 신발(Talking Shoes), 애플과 삼성이 각각 개발한 스마트 워치인 애플워치, 갤럭시워치 등은 모두 웨어러블 컴퓨터의 일종이라 할 수 있습니다. 웨어러블 컴퓨터들은 스스로 제어·판단을 한 뒤 사용자에게 맞춤형 기능들을 제공할 것으로 예견되고 있습니다.

웨어러블 컴퓨터의 구상은 1960년대부터 시작됐으며 당시엔 시계나 신발에 계산기나 카메라를 부착하는 등 단순히 전자기기를 의류에 부착하는 것을 웨어러블 컴퓨터로 보았습니다. 1980년대 들어 컴퓨터를 착용하고 손이나 발에 달린 입력장치를 이용해 결과를 출력하는 형태의 프로토타입이 등장했으며, 1990년대 들어 컴퓨터가 경량화되면서 군사 및 산업에 적용되기 시작했습니다.

재활치료를 위한 핸드 웨어러블 기기

전문가들은 스마트폰이 '컴퓨팅 기기 혁명'을 초래했다면 웨어러블 컴퓨터는 '생활혁명'을 가져올 것이라고 말합니다. 컴퓨터를 신체에 장착함으로써 두 손이 자유로워질 뿐만 아니라 24시간 동안 몸이 인터넷과 연결되기 때문입니다. 또 웨어러블 컴퓨터는 정보기술산업뿐만 아니라 전통적인 산업에도 상상을 초월한 변화를 가져올 것으로 예견되고 있습니다. 이외에도 웨어러블 컴퓨터는 위치정보뿐만 아니라 행동정보까지 활용 가능하기 때문에 센서만 장착하면 체온, 혈압 등의 인체정보까지 수집할 수 있는데, 이렇게 수집된 개인정보를 활용해 의료, 건강 관리, 엔터테인먼트 등 개인 활동과 밀접한 산업 분야 간에 융합이 활발히 이루어질 것이라는 기대도 있습니다.

# KIST, 실 모양 트랜지스터 개발

한국과학기술연구원(KIST) 임정아 박사팀이 전극을 꼬아 긴 실 구조를 만든 뒤 이 위를 절연막으로 코팅하는 방법으로 새 트랜지스터를 개발했다. 이 트랜지스터는 실의 길이 등을 조절해 전류를 조절할 수 있다. 연구진은 실 트랜지스터를 옷감에 넣어 LED(발광다이오드)를 켤 수 있음을 확인했다. 실 트랜지스터가 적용된 밴드를 차면 심전도 신호를 증폭해 측정하는 것도 가능했다. 연구진에 따르면 실 트랜지스터를 1,000번 이상 구부리거나 돌돌 말아도 성능은 80% 이상 유지된다. 옷처럼 물에 세제를 넣고 세탁하는 것도 가능했다. 임정아 박사는 "웨어러블 컴퓨터나 인체 신호 모니터링 기능을 가진 스마트 의류 등 차세대 웨어러블 제품을 개발하는 데 이번 연구성과를 응용할 수 있을 것"이라고 밝혔다. 연구결과는 국제학술지 '어드밴스드 머티리얼스(Advanced Materials)' 온라인판에 실렸다.

출처 : 연합뉴스/일부인용

상식UP! Quiz

↳ 문제 **컨버터블(Convertible) 컴퓨터는 옷이나 시계, 안경처럼 자유롭게 몸에 착용하고 다닐 수 있는 컴퓨터다.**

O / X

↳ 해설 옷이나 시계, 안경처럼 자유롭게 몸에 착용하고 다닐 수 있는 컴퓨터는 '웨어러블' 컴퓨터다. 웨어러블 컴퓨터들은 생활 속에서 스스로 제어·판단을 한 뒤 사용자에게 맞춤형 기능들을 제공할 것으로 예측되고 있다.

답 X

# 드론의 한계는 끝이 없어요!

군사적 목적으로 개발된 무인항공기 기술은 장난감류로 발전하여 마침내 드론이 됐습니다. 드론은 센서와 컴퓨터의 계산능력이 무게중심을 맞춰주어 매우 안정적이면서도 편리한 조작방식으로 비행할 수 있는 게 특징이죠.

드론에 탑재되는 기술은 나날이 발전하고 있습니다. 특히 비행환경 파악을 위해 드론에 장착되는 센서는 작동방식과 종류가 정말 다양하지요. 기본적인 위치정보와 이동정보를 파악하기 위한 방위와 가속도 · 관성 센서가 있으며 추가적으로 GPS와 기압 센서, 초음파나 레이저를 이용한 거리 계산 센서, 비디오를 촬영해 장애물의 유무를 판단하는 비전 센서 등이 있습니다. 센서의 다양한 기능은 드론이 인간을 대신해 무슨 일까지 할 수 있는지를 가늠하게 하는 척도이기도 합니다.

드론은 다양하게 활용되고 있습니다. 2011년 후쿠시마 원전 폭발사고가 일어났을 당시 미국은 원전의 상태를 살피기 위해 무인기를 급파했습니다. 방사능 오염이 심각한 지역은 인간 파일럿이 도저히 들어갈 수 없었지만 무인기는 큰 영향 없이 불이 붙은 원전과 그 일대의 피해정보를 파악할 수 있었다고 하네요. 아프리카의 탄자니아와 르완다에서는 몇 년 전부터 드론을 활용해 HIV, 말라리아 약품 및 긴급 백신 등을 수송하고 있습니다.

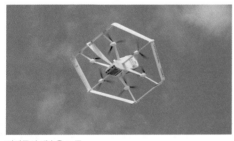

아마존의 배송용 드론

또한 세계적인 온라인 상거래, 물류 · 배송 회사 아마존이 드론을 이용한 배송혁신을 목표로 한다는 건 이제 널리 알려진 사실입니다. 이미 아마존 창고 내부에서는 수많은 드론들이 물건들을 정리 · 출고하고 있지요. 2017년 초부터는 소비자에게 드론으로 물건을 배송하는 '프라임 에어'는 영국 케임브리지시와 미국 캘리포니아주에서 상용화된 것을 시작으로 서구권 곳곳에 퍼지고 있다고 합니다. 아마존에 이어 알리바바, 구글, 월마트와 같은 세계적인 기업들이 드론을 통한 사업에 속속 뛰어들고 있습니다.

## 러 "우크라 드론 대규모 동원, 모스크바 이어 크림반도 공격"

러시아 국방부는 러시아 수도 모스크바 외곽에서 드론 공격이 시도된 이튿날 우크라이나군이 크림반도를 겨냥해 또다시 드론 공격을 실시했다고 주장했다. 로이터통신에 따르면 러시아 국방부는 성명에서 "지난 24시간 동안 우크라이나가 크림반도의 목표물에 대해 대규모 드론 공격을 가했으나 모두 물리쳤다"고 밝혔다. 또 "드론 6대는 방공망에 격추됐고, 4대는 전자전으로 무력화됐다"며 "사상자 등 피해는 없다"고 덧붙였다. 국방부는 이날 우크라이나 동부 도네츠크와 루한스크 지역에서 우크라이나 드론 15대를 격추했다고 밝혔다. 전날 모스크바에서 동남쪽으로 약 110km 떨어진 콜롬나, 크림반도 인근의 남부 크라스노다르와 아디게야 등지에서 드론 공격이 시도됐다. 러시아는 이들 시도를 물리쳤다고 했지만, 크라스노다르 지역의 유류 저장고에서 드론 공격에 따른 것으로 추정되는 화재가 발생했다.

출처 : 중앙일보/일부인용

---

상식UP! Quiz  ⊗ Q

↳ 문제  드론을 활용해 소비자에게 물건을 전달하는 아마존의 배송방식은?

↳ 해설  온라인 상거래 기업 아마존은 드론을 활용해 창고 내의 물건을 정리하는 한편 허가를 받은 일부 도시에서 드론으로 소비자에게 상품을 전달하는 '프라임 에어' 사업을 실시하고 있다.

답  프라임 에어

# 융합으로 이루는 변화

세계경제포럼(WEF ; World Economic Forum)에서 향후 세계가 직면할 화두로 '4차 산업혁명'을 제시한 이후 우리의 일상에서뿐만 아니라 전 세계적으로 4차 산업혁명이 크게 이슈화됐습니다. 무엇을 하더라도 4차 산업혁명이 꼭 붙었지요. ICT가 눈부신 속도로 발전함에 따라 전에 경험하지 못했던 새로운 기술들이 속속 등장하면서 우리가 직접적으로 느낄 수 있게 해주고 있습니다. 인공지능 바둑 프로그램인 '알파고(AlphaGo)'와 '딥젠고(DeepZenGo)', 인공지능 비서 '알렉사'와 '빅스비', 그리고 증강현실게임 '포켓몬고'에 혁신적 챗봇인 '챗GPT'까지 다양한 형태로 우리를 놀라게 한 것입니다.

4차 산업혁명을 제시한 클라우스 슈밥 세계경제포럼 회장

이렇듯 4차 산업혁명은 기존의 생산설비에 정보통신기술(ICT)을 융합시켜 경쟁력을 제고시키는 차세대 산업으로의 변화라고 할 수 있습니다. 증기기관차의 발명으로 시작된 1차 산업혁명은 기계화, 2차 산업혁명은 대량생산, 3차 산업혁명은 정보화 및 자동화라는 특징을 가집니다. 4차 산업혁명은 기존의 산업에 정보통신기술(ICT)을 융합시켜 능동성을 갖춘다는 점을 특징으로 합니다. 이전의 산업혁명과 다르게 인간과 사물을 포함한 모든 것들이 연결되고, 현실과 가상이 융합되는 패러다임의 모습을 보입니다. 또한 완전히 새로운 것이라기보다는 기존의 것들을 연결함으로써 창출된 효과라는 것입니다.

이러한 4차 산업혁명은 '지능적 가상물리시스템'이 핵심 키워드라 할 수 있습니다. 우리나라에서 '제조업 혁신 3.0 전략'이라는 것이 같은 선상의 개념이고, 미국에서는 'AMI(Advanced Manufacturing Initiative)'라고 부르며, 독일과 중국에서는 '인더스트리(Industry)4.0'으로 부르고 있습니다.

# 4차 산업혁명 특허 쏟아지지만, 국제영향력 미미

우리나라가 4차 산업혁명 관련 특허를 쏟아내고 있지만, 특허당 인용 횟수가 적어 국제적 영향력은 미미한 수준이라는 평가가 나왔다. 한국과학기술기획평가원(KISTEP)이 최근 내놓은 과학기술혁신역량 분석 보고서를 보면 2010년부터 2019년까지 우리나라의 미국 등록 특허는 총 18만 8,160건으로 평가 대상 44개국 중 미국, 일본에 이어 세 번째로 많다. 분야별로는 클라우드 분야 특허가 1만 6,176건으로 가장 많았고 빅 데이터(1만 5,642건), 사물인터넷(1만 2,874건)이 뒤를 이었다. 같은 기간 우리나라의 미국등록 특허가 피인용된 횟수는 53만 3,005회로 특허 수와 동일하게 조사 대상국 중 3위를 차지했다. 하지만 특허당 피인용수(CPP)는 2.8건에 불과해 20위에 그쳤다. CPP는 해당 특허가 국가, 기업의 기술혁신 활동에 어느 정도 영향을 미쳤는지 보여주는 대표적 지표다. KISTEP은 이번 분석에 대해 "이는 산출되는 특허의 수는 많으나 고품질 특허는 전체 특허 규모 수준에 미치지 못했다고 볼 수 있는 것"이라고 지적했다. KISTEP은 "4차 산업혁명 핵심 기술은 향후 한국의 경제적 성과에 크게 중요한 요소"라며 "전체 특허 수 이외에 주요 기술 분야에 대한 특허지표를 꾸준히 확인해나가야 할 것"이라고 조언했다.

출처 : 연합뉴스/일부인용

---

상식UP! Quiz

 다음 중 4차 산업혁명과 직접적인 관련이 없는 것은?

① 인공지능
② 빅데이터
③ 엔트로피
④ 인더스트리4.0

 엔트로피는 물리에서 열의 이동과 더불어 유효하게 이용할 수 있는 에너지의 감소 정도를 나타내는 것으로 4차 산업혁명과는 직접적인 관련이 없다.

답 ③

# 첨단산업계의 비타민, 누가 많이 갖고 있나?

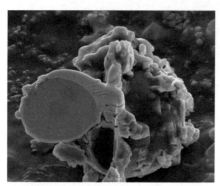

미세먼지 속에서 발견된 희토류 원소

희토류는 첨단산업의 비타민으로 불리는 비철금속 광물입니다. 자연계에 매우 드물게 존재하는 금속원소라는 뜻에서 희토류라는 이름이 붙었는데, 화학적으로 안정적인 데다가 열을 잘 전달하기 때문에 반도체나 2차전지 등 전자제품에 필수로 들어가는 재료입니다. LCD, LED, 스마트폰, 카메라, 컴퓨터 등의 제품에 필수적일 뿐만 아니라 원자로의 제어제로도 널리 사용됩니다. 물리·화학적 성질이 비슷한 원소 17종을 통틀어서 희토류라고 부르는데 스칸튬·이트륨·란타넘·세륨·프라세오디뮴·네오디뮴·프로메튬·사마륨·유로퓸·가돌리늄·터븀·디스프로슘·홀뮴·어븀·툴륨·이터븀·루테튬 등이 있습니다.

희토류는 희소성과 자원으로서의 중요성 때문에 외교관계에서 자원무기화되는 양상을 보이고 있습니다. 전 세계에서 이 희토류를 가장 많이 생산하고 있는 국가인 중국은 자국 내 희토류 생산량을 제한하고, 수출량을 감축하는 등 정부 통제하에 희토류를 무기화하려는 모습도 보이고 있죠.

또 중국은 지난 2009년 희토류 저가 대량 수출을 저지하기 위해 환경 및 자원보호를 이유로 수출쿼터와 20% 이상의 수출세를 부과했습니다. 이후 희토류 가격이 최고 7배 급등했고, 미국과 일본, 유럽연합(EU) 등이 세계무역기구(WTO)에 협정 위반을 이유로 중국을 제소한 바 있죠. 심의·조정 결과 2014년 해당 WTO 분쟁조절패널은 미국 등의 손을 들어 폐지를 권고하는 판결을 내렸습니다. 이에 중국은 2015년 희토류 수출쿼터 및 관세를 모두 없앴고, 수출쿼터의 폐지 후 희토류의 국제가격은 급락했습니다.

# 흑연 · 니켈 부족 심각, 반도체 이어 배터리 공급망 붕괴 올 수도

2022년 반도체 수급난이 완성차 업계의 대규모 생산 차질을 불러일으켰다면 2023년에는 2차전지 · 전기모터 원자재가 공급망 문제를 야기할 것이라는 전망이 나왔다. 한국자동차연구원은 '주목할 글로벌 차 산업 5대 트렌드' 보고서를 통해 "자원 부국의 원자재 수출 통제로 인한 수급 불안 및 유럽 내 에너지 위기 가능성이 제기된다"고 밝혔다. 연구원은 "전기차 배터리의 음극재 원료인 흑연 수요가 급증하면서 최대 생산지인 중국을 중심으로 공급 부족이 심각해지는 등 흑연의 편재(偏在) 리스크가 현실화되는 추세"라고 설명했다. 전기차 모터의 핵심 소재인 '희토류' 역시 중국이 칼자루를 쥐고 있다. 연구원은 "중국 정부가 희토류 생산 기업과 연구기관 5곳을 통합해 '중국 희토류 그룹'을 출범시키며 세계 희토류 공급망에 대한 통제 · 주도권을 강화하려는 의지를 표명했다"고 전했다.

출처 : 서울경제/일부인용

---

상식UP! Quiz

↳ 문제  다음 중 희토류에 대한 설명으로 틀린 것은?

① 미국이 전 세계 공급량의 대부분을 점유하고 있다.
② 빛에 민감하며 자성을 띠고 있다.
③ 17개의 원소를 총칭하며 산업의 비타민이라고 불린다.
④ 열과 전류를 잘 전달한다.

↳ 해설  희토류는 중국이 전 세계 전체 매장량의 58%, 전 세계 공급량의 95%를 점유한다.

답 ①

# 꿈의 신소재가 떴다!

'꿈의 나노물질'이라 불리는 그래핀(Graphene)은 탄소원자들로 이루어진 아주 얇은 막으로 활용도가 매우 뛰어납니다. 탄소섬유의 소재로 잘 알려져 있으며, 탄소를 육각형의 벌집 모양으로 층층이 쌓아올린 구조로 이루어져 있지요. 흑연에서 스카치테이프를 붙였다 떼면 접착력으로 그래핀을 떼어낼 수 있다고 합니다. 이러한 그래핀은 구리보다 100배 이상으로 전기가 잘 통하고 실리콘보다 100배 이상 전자를 빠르게 이동시킵니다. 또한 강도는 강철보다 200배 이상 강하고, 열전도성은 다이아몬드보다 2배 이상 높죠. 탄성 역시 매우 뛰어나서 늘리거나 구부려도 고유의 성질을 잃지 않아 활용도가 아주 높습니다.

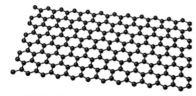

그래핀의 분자구조

2010년 '안드레 가임' 교수와 '콘스탄틴 노보셀로프' 교수가 '2차원 물질 그래핀에 대한 물리적 박리법'으로 노벨물리학상을 수상한 바 있습니다. 그만큼 그래핀은 뛰어난 신소재로 꼽히고 있으며 그 연구는 매우 큰 의미를 지닌다고 볼 수 있죠. 그래핀의 가장 큰 장점은 늘이거나 접어도 전기 전도성을 잃지 않는다는 것입니다. 따라서 그래핀을 이용하면 휘어지는 액정화면을 구현하는 것은 물론, 손목시계 모양의 휴대전화를 만드는 등 다방면에서 활용할 수 있습니다.

그래핀과 함께 탄소원자를 엮어 원통형으로 만든 탄소나노튜브도 주목을 받고 있는데요. 끌어당기는 힘을 견디는 인장 강도가 지금까지 발견된 물질 중 가장 강한 것으로 알려졌습니다. 탄소를 뿌리로 한 물질인 만큼 무게도 가볍고 열전도율도 뛰어나죠. 이 탄소나노튜브도 산업 현장에서 다양한 소재들과 합성되어 성질을 강화시키는 역할을 하고 있습니다.

## '꿈의 신소재' 그래핀으로 조리가전 만든 그래핀스퀘어

'꿈의 신소재'로 불리는 그래핀 양산체제를 구축한 국내 스타트업 그래핀스퀘어가 세계 최대 가전·IT 전시회 'CES'에 참여해 그래핀 소재로 만든 조리기기를 선보였다. 미국 라스베이거스 베네치아 엑스포의 포스텍 전시관에서 김동진 그래핀스퀘어 연구개발2팀장은 유리 사이에 그래핀을 넣은 조리기기 '그래핀 키친 스타일러'로 토스트를 굽는 모습을 보여줬다. 90초면 온도 250℃에 도달하는 조리기는 1~2분 만에 식빵을 구워냈다. 그래핀은 흑연에서 벗겨낸 한 겹의 탄소 원자막이다. 강철의 200배에 이르는 강도와 높은 열전도성, 얇은 두께와 탄성 등이 뛰어나지만 대량 확보가 어렵다. 그래핀스퀘어는 그 숙제를 풀고 특허를 낸 뒤 2021년 10월 포항으로 본사를 이전해 그래핀을 활용한 전자제품 생산라인을 구축했다. 그래핀을 사용한 조리기기는 제품 위·아래가 투명해 토스트가 익는 정도를 실시간으로 알 수 있다. 그래핀은 고온에서 안정적인 특성을 가져 250℃에서도 투명하게 만들 수 있다.

출처 : 경향신문/일부인용

---

상식UP! Quiz

 **다음에서 설명하는 것은 무엇인가?**

- 구리보다 100배 이상 전기가 잘 통한다.
- 강철보다 200배 이상 단단하다.
- 늘리거나 구부려도 전기적 성질을 잃지 않는다.

① 시그마
② 리튬
③ 베크렐
④ 그래핀

**해설** 그래핀은 구리보다 100배 이상 전기가 잘 통하고, 실리콘보다 100배 이상 전자이동성이 빠르다. 강도는 강철보다 200배 이상 강하며, 다이아몬드보다 2배 이상 열전도성이 높다.

답 ④

## 046 차세대배터리

# 안전과 효율, 두 마리 토끼를 잡아라!

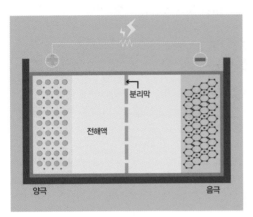

리튬이온배터리의 내부 구조

바야흐로 배터리의 시대입니다. 배터리 경쟁에서 이겨야 향후 경제와 산업의 주도권을 잡게 될 것이라는 전망이 팽배하면서 세계 각국은 더 뛰어난 저장성과 효율을 가진 배터리를 개발하기 위해 사력을 다하고 있습니다. 현재 우리가 사용하는 스마트폰이나 전기차, 전기자전거에 주로 쓰이는 배터리는 2차 배터리인데요. 2차 배터리는 화학배터리의 일종으로 배터리 내부의 화학반응을 이용합니다. 우리가 앞서 봤던 '볼타전지'가 화학배터리의 시조가 되겠네요.

2차 배터리는 방전된 후 충전하여 재사용이 가능하도록 만들어졌습니다. 이 2차 배터리 가운데서도 주로 사용되는 것은 '리튬이온배터리'인데요. 리튬이온이 전지의 양(+)극과 음(−)극을 이동하면서 일어나는 화학반응을 이용해 전기를 방출하고 충전하게 됩니다. 양극에서 음극으로 이동하면 충전되고 그 반대가 될 때 방출되면서 외부에 에너지를 공급하죠. 리튬은 금속원소 가운데 가장 가볍고 전압발생효율이 좋아 현재까지 애용되고 있습니다.

그런데 리튬이온배터리는 꾸준히 안전성에 대한 지적을 받아왔습니다. 그간 미디어에도 보도됐다시피 휴대폰에 탑재된 리튬이온배터리가 폭발하는 사고가 종종 있었죠. 최근에는 전기자동차도 배터리에 화재가 발생하는 사건이 잇따르면서 안전성에 관한 문제가 도마에 올랐습니다. 배터리의 어떤 부분이 문제인지 정확한 화재 원인을 규명하는 데도 어려움을 겪었죠. 설상가상 2022년 10월 카카오톡 먹통 대란의 원인으로 지목된 판교 SK C&C 데이터센터의 화재 또한 리튬이온배터리에서 유발된 화재 때문이라는 분석결과가 나오면서 우려는 더 커졌습니다.

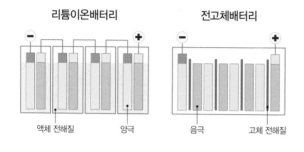

**리튬이온배터리** 액체 전해질 양극 **전고체배터리** 음극 고체 전해질

이 때문에 리튬이온배터리를 대체할 차세대배터리에 관한 개발논의에도 불이 붙었는데요. 그 가운데 거론되는 것이 '전고체배터리'입니다. 전고체배터리는 배터리 내부에 차 있는 전해질을 액체 대신 고체로 만드는 것인데요. 전해질은 배터리 내부에서 이온이 양쪽 극으로 수월하게 이동하도록 돕는 역할을 하는데, 기존의 액체 전해질은 배터리가 외부의 압력이나 열을 받으면 부풀고 폭발할 가능성이 있기 때문에 비교적 위험했습니다. 하지만 전해질이 고체일 경우 구조적으로 좀 더 안정되기 때문에 훼손되더라도 그 형태를 유지할 수 있죠. 다만 이온이 이동하기에는 고체보다는 액체를 타는 편이 더 유리하기 때문에 '이온을 저장하는 양극의 소재와 방출하는 음극의 소재를 어떻게 개선하느냐'가 또 하나의 숙제로 지목되고 있습니다.

물론 안전성만이 전고체배터리 개발 목적의 전부는 아닙니다. 현재 차세대배터리는 시장을 한창 넓혀가고 있는 전기자동차의 핵심이기 때문에 경쟁력을 위해서는 저장용량을 늘리는 것 또한 매우 중요한데요. 전고체배터리는 기존 리튬이온배터리보다 크기가 작기 때문에 에너지 밀도를 높일 수 있고, 결과적으로는 자동차의 출력도 증가시킬 수 있습니다.

# 차세대 전기차 배터리 내구성 3배 올렸다

국내 연구팀이 리튬메탈전지의 내구성을 3배 향상시키는 기술을 개발했다. 리튬메탈전지는 현재 전기차 배터리로 쓰이는 리튬이온전지보다 이론상 10배 높은 용량을 갖고 있어 차세대배터리로 주목받는다. 이성호 한국과학기술연구원(KIST) 전북 분원 복합소재기술연구소 탄소융합소재연구센터장 연구팀은 리튬메탈전지의 내구성을 대폭 끌어올렸다고 밝혔다. 리튬메탈전지는 차세대 전기차 배터리로 주목받고 있지만 충·방전 중 리튬 표면에 결정돌기가 생성되면서 분리막을 찢는 현상이 일어난다. 분리막은 배터리 내부의 양극과 음극이 접촉하지 않도록 하는 절연 소재의 얇은 막으로 배터리 안전성과 직결된다. 연구팀은 결정돌기가 생성되는 현상을 잡았다. 리튬메탈전지의 음극소재로 쓰이는 구리 박막을 얇은 탄소섬유로 대체했다. 탄소섬유는 종잇장 같은 형태로 탄소 단섬유 위에 무기 나노입자인 비결정질 탄소와 탄산나트륨으로 표면 처리를 한 것이다. 연구팀은 "리튬 친화적인 특성을 갖는 동시에 리튬의 수지상 결정이 뾰족하게 성장하지 못하도록 한 것"이라고 말했다.

출처 : 동아사이언스/일부인용

---

상식UP! Quiz

↳ 문제 **전고체배터리는 배터리 내부에 차 있는 전해질을 고체로 만드는 것이다.**

◯ / ✕

↳ 해설 전고체배터리는 배터리 내부의 전해질을 액체 대신 고체로 만드는 것이다. 액체 전해질에 비해 안정적이고 폭발 위험이 적다.

답 ◯

# 그녀의 놀랄 만한 정체!

2021년 7월 국내의 한 금융사 광고에 등장한 모델이 큰 화제를 모았습니다. 모델의 이름은 '로지'. 그러나 로지는 사람이 아니었죠. 그는 한 기획사의 스튜디오에서 컴퓨터 그래픽과 인공지능으로 제작한 가상인간이었습니다. 이러한 사실이 알려지자 사람들은 놀라워했는데요. 로지의 외모와 표정, 춤사위가 실제 사람처럼 자연스러웠기 때문입니다. 이런 가상인간들을 우리는 이제 흔하게 접할 수 있습니다. 많은 기업들이 마케팅을 위해 이 가상인간들을 적극적으로 기획·개발하는 중이죠. 가상인간 제작업체에서는 이들의 SNS계정을 개설해 실제 사람처럼 꾸민 일상을 게시합니다. 그래서 가상인간들은 '가상 인플루언서'로도 활동하고 있는데, 게시물을 구독하는 사람들의 숫자도 만만치 않습니다.

가상인간의 외형은 3D 모델링을 통해 만들어집니다. 단순히 얼굴과 신체의 겉면을 만드는 것이 아니라 골격부터 근육, 피부까지 섬세하고 조직적으로 빚어냅니다. 또한 실제 사람의 몸동작과 표정을 캡처하고 반영해서 조잡한 로봇의 움직임이 아니라 자연스럽게 동작하도록 만드는데요. 물론 신체의 모든 부분이나 의상, 그 질감까지 구현하기 위해서는 엄청난 비용이 들기 때문에 얼굴 부분만 제작하고 실제 사람의 이미지에 덧씌우는 경우도 있습니다. 3D 모델링 기술이 진보하고 사람과 어설프게 닮아 거부감을 일으키는 소위 '불쾌한 골짜기'를 벗어나게 되면서 가상인간들은 놀라울 만큼 사람과 비슷한 외모를 갖게 됐죠. 여기에 인공지능이 주입돼 스스로의 목소리를 갖고 감정을 내보이게까지 됐습니다.

이들 가상인간들은 마케팅 대행과 기업의 광고모델로서 주로 활약하고 있는데요. 기업들이 가상인간을 모델로 선호하는 이유는 무엇보다 리스크가 적기 때문입니다. 실제 사람을 모델로 기용할 경우 모델이 사고를 일으키거나 사회적 물의를 빚게 되면 광고주인 기업 입장에서도 난처할 수밖에 없죠. 그런 면에서 사회적 분란을 일으킬 염려가 없는 가상인간은 기업에겐 매력적인 존재입니다. 미디어 속에 한

정되긴 하지만 활동에 시공간적인 제약이 없다는 것도 장점이고요. 또 언제든지 외모를 재설정하는 것이 가능해 기업의 이미지를 알맞게 표현할 수 있다는 것도 특기할 만 합니다.

릴 미켈라

물론 아직까지 가상인간의 한계는 존재합니다. 가상인간의 뒤에는 진짜 인간인 기획자들이 SNS에 게시할 사진을 합성하고, 인터뷰 내용을 작성하고 있죠. 미국의 가상 인플루언서 '릴 미켈라'에게는 그녀의 일상을 만들어주는 작가들이 있습니다. 미켈라는 작가의 이야기에 따라 남자친구와 결별하기도 하고, 자신이 '가상인간'이라는 점을 깨닫고 정체성에 혼란을 느끼기도 합니다.

다만 이렇게 만들어진 활동들이 정말 사람들의 공감을 얻을 수 있을지에 대해선 아직 물음표가 붙습니다. 이들을 광고 콘텐츠로 활용하는 데 여러모로 용이한 것은 사실입니다. 그러나 현재 대부분의 가상인간들은 인간이 아닌 캐릭터일 뿐 독자적인 감정표현이 불가능하고, 사람이 정해놓은 대로 꼭두각시처럼 행동하고 있죠. 결국 가상인간이 진짜 인간이 되려면 자기 목소리를 낼 수 있어야 할 것입니다.

## 가상인간 로지가 반겨주는 미래형 편의점

편의점 GS25가 말부터 잇달아 선보이는 '주류 강화형', '첨단 테크', '지역 특화형', '식품 강화형' 등 특정한 콘셉트의 플래그십스토어가 고객들의 주목을 받으며 성장하고 있다. 회사가 이 같은 매장을 확대하는 것은 최근 전자상거래 시장이 커지고 있지만, 여전히 오프라인에서 고객들 본인 스스로 체험하면서 재미를 느낄 때 오프라인의 가치도 함께 커질 수 있음을 알리기 위해서다. 실제로 주요 GS25 플래그십스토어 매출은 일반 점포 대비 2배 이상으로 색다른 고객 경험이 매출 증대로 이어진다는 것을 확인하고 있다. 서울 역삼동으로 출근하는 한 30대 직장인은 GS25의 미래형 점포인 DX LAB점을 자주 찾는다. 그는 이곳에서 자신의 사진으로 커피 위에 디자인하는 라테아트를 제공하는 카페25 기기를 애용하고 있다. 그는 자신의 SNS에 "기존 편의점과는 다른 외관의 편의점인 것도 눈에 띄는데, 뉴스에서만 보던 가상인간 로지까지 나타나는 디지털 벽면도 인상적"이라고 게시물을 올렸다.

출처 : 매일경제/일부인용

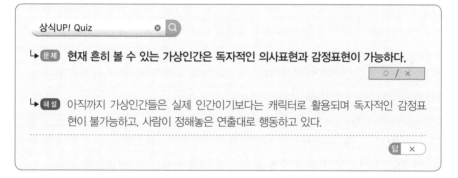

상식UP! Quiz

↳ 문제 현재 흔히 볼 수 있는 가상인간은 독자적인 의사표현과 감정표현이 가능하다.

O / X

↳ 해설 아직까지 가상인간들은 실제 인간이기보다는 캐릭터로 활용되며 독자적인 감정표현이 불가능하고, 사람이 정해놓은 연출대로 행동하고 있다.

답 X

# 딸깍 딸깍, 분자의 퍼즐을 끼워 맞추다!

기본적으로 화학자들은 과학 분야 중 화학에 대해 깊이 공부하고 탐구하는 사람들이지만, 화학을 연구하면서 새로운 물질을 발견해내고 또 만들어내기도 합니다. 이 물질들이 인류의 삶을 더 윤택하게 만들어줄 수 있기 때문이죠. 그러나 그렇게 간단한 문제가 아닙니다. 원하는 물질로 합치기 위해서는 여러 조건도 필요하고, 결합을 이끌어낸 이후에 손봐야 하는 과정도 매우 복잡하기 때문입니다.

2022년 노벨화학상의 주인공인 '클릭화학(Click Chemistry)'은 이러한 어려움을 획기적으로 해결했습니다. 여기서 '클릭'이란 화학결합에 마우스의 클릭을 이용한다는 의미는 아닙니다. 손가락을 까딱이는 것만큼 간단하다는 뜻이죠. 미국의 '배리 K. 샤플리스' 교수와 덴마크의 '모르덴 멜달' 교수는 서로 다른 분자를 군더더기 없이 효율적으로 결합시키는 방법을 고안했습니다. 클릭화학의 요점은 분자도 장난감 블록을 결합하듯 군더더기 없이 원하는 물질로 합성해내는 것입니다. 두 교수는 질소원자 3개가 결합된 '아자이드(Azide)'라는 분자와 탄소가 삼중결합된 '알카인(Alkyne)' 분자를 결합하려 했는데요. 이 과정에서 촉매제인 '구리'를 첨가해 두 분자를 '고리'처럼 만들어 엮어냈습니다. 본래 천연분자를 결합시키다 보면 원하는 물질 외에도 부산물이 생성되기 마련인데요. 주객이 전도되어 부산물이 본래 원했던 생성물보다 더 큰 작용과 반응을 일으킬 수 있습니다. 클릭화학은 이러한 부산물 없이 분자들이 결합되었을 때 생성되리라 예측되는 물질을 정확히 만들어낼 수 있죠.

클릭화학의 주요한 특징에는 두 가지가 있습니다. 첫째, 범용성이 있어야 합니다. 블록으로 다양한 것들을 조립하고 만들어낼 수 있듯이 클릭화학도 여러 가지 분자들을 결합시킬 때 폭 넓게 쓰일 수 있어야 합니다. 둘째, '수율'이 높아야 합니다. 수율이란 두 가지 분자를 합쳤을 때 생산되는 물질양의 비율을 말하는데, 부산물을 제외하고 당초 원했던 생성물의 비율이 높아야 한다는 것이죠.

클릭화학은 생명에 이용될 때 더욱 빛이 납니다. 클릭화학 이전의 방식으로 분자를 합성할 때에는 부산물을 걷어내고 합성된 분자구조를 재조정하여 쓸모 있는 물질로 만들어야 하는데, 세포처럼 살아 있는 생체분자에 적용하기에는 위험부담이 컸습니다. 그런데 클릭화학의 탄생으로 이러한 부담 없이 생체에 주입할 새로운 물질을 만들수 있게 됐죠. 미국의 '캐럴린 버토지' 교수가 이를 실현한 주인공입니다. 그는 '생체직교화학(Bioorthogonal Chemistry)'이라는 용어를 창안했는데, 세포 안에서도 분자들을 특정한 생성물로 깔끔하게 합성시키는 데 성공했습니다. 그의 업적은 예상된 생체반응을 이끌어내야 하는 신약품의 개발에도 공을 세웠죠.

## '노벨상' 클릭화학, '성능 20배' 차세대 반도체 개발

국내 연구진이 2022년 노벨화학상을 받은 '클릭화학' 기술을 이용해 차세대 고성능 반도체 기술을 개발하는 데 성공했다. 한국화학연구원은 임보규 · 정서현 박사 연구팀이 노용영 포항공대 교수 연구팀과 함께 꿈의 신소재로 불리는 탄소나노튜브 반도체를 이용해 높은 재현성과 안정성을 갖는 트랜지스터를 개발했다고 밝혔다. 탄소나노튜브의 밀도가 균일하지 않고 튜브 간의 연결성이 불규칙하기 때문에 동일한 조건으로 제작된 탄소나노튜브 트랜지스터 간에도 성능 편차가 크고 재현성이 낮은 문제점을 가지고 있다. 또 이를 이용한 바이오센서 제작 시 세척 과정 중에서 필름이 탈착돼 소자 간의 민감도 차이가 크게 발생할 가능성도 있다. 연구팀은 이러한 한계를 극복해 반응시간을 조절하면서도 필름 내에 밀도를 쉽게 조절할 수 있으며 짧은 반응시간으로 고밀도의 탄소나노튜브 필름을 형성하는 기술을 개발했다.

출처 : 아시아경제/일부인용

상식UP! Quiz

↳ 문제 클릭화학은 별도의 촉매제 없이도 분자를 군더더기 없이 합성해낼 수 있다.

○ / ×

↳ 해설 클릭화학을 고안한 과학자들은 두 분자를 결합하는 과정에서 촉매제인 '구리'를 첨가해 두 분자를 '고리'처럼 만들어 엮어냈다.

답 ×

# 서울에서 부산까지 단 20분?!

시속 1,200km. 웬만한 여객기를 압도하는 엄청난 속력인데요. 이 속력으로 갈 수 있는 지상 운송수단이 있을까요? '하이퍼루프(Hyperloop)'가 그 주인공입니다. 2013년 미국 전기차 기업 테슬라의 CEO '일론 머스크'가 제안한 차세대 교통수단이죠. 사실 우리나라의 한국철도기술연구원이 이미 2009년부터 '하이퍼튜브'라는 이름으로 관련 사업을 구상해 진행하고 있었는데요. 머스크가 공개적으로 하이퍼루프의 아이디어를 내놓았고, 각국이 여기에 호응해 개발에 뛰어들면서 마치 대명사처럼 굳어지게 됐습니다.

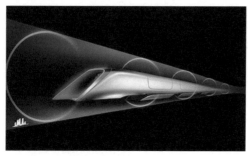

하이퍼루프의 개념을 표현한 디자인

하이퍼루프는 진공튜브(관)에 자기부상으로 살짝 띄운 열차 형태의 캡슐차량을 '발사'하는 방식으로 움직입니다. 캡슐의 추진력은 자기장에서 얻는데요. 캡슐과 튜브의 바닥에 자석을 설치해서 같은 극은 밀어내고, 다른 극은 끌어당기는 원리를 이용해 움직이게 됩니다. 또한 튜브 내부를 진공에 가까운 상태로 만들어 캡슐이 이동할 때 공기의 저항을 거의 받지 않게 하죠. 하이퍼루프는 이론상 시속 1,200km가 넘는 속도를 낼 수 있다고 합니다. 지상에서 초음속 전투기가 움직이는 것과 다름없죠. 이 속력으로는 서울에서 부산까지 20분 정도면 도착할 수 있습니다.

하이퍼루프는 엄청난 속력으로도 주목을 받았지만, 배기가스를 방출시키지 않고 튜브 외부에 태양광 패널을 설치해 태양력으로 전력을 얻는다는 아이디어도 포함돼 이목을 끌었습니다. 또한 기존의 고속철도 건설비용의 절반만으로도 인프라를 구축할 수 있어 경제적이라는 주장이 있었는데요. 다만 이에 반하는 시선 또한 적지 않습니다. 무엇보다 안전에 대한 우려가 나오는데요. 튜브가 거의 진공으로 유지되려면 폐쇄적인 구조로 건설돼야 하는데, 만일 튜브 안이나 캡슐에서 사고가 일어날 경우 자칫 대형사고로 이어질 수 있다는 지적이 있습니다. 밀폐된 환경이다 보니 승객의 폐쇄공포증 발생을 예견하는 목소리도 있죠. 또 캡슐의 구조상 많은 승객을 탑승시키지 못해 사업성이 떨어진다는 의견도 있습니다. 이와 더불어 튜브 외부에 태양광 패널을 부착한다는 아이디어도 최근에는 현실성이 떨어진다는 평가가 나왔죠.

그러나 하이퍼루프에 관한 연구개발은 지속되고 있습니다. 미국, 우리나라를 비롯한 각국에서는 테스트 결과를 앞다투어 내놓고 있는데요. 2020년 11월 우리나라의 한국철도기술연구원에서는 축소한 하이퍼튜브 속도시험을 통해 0.001기압(mmHg)에서 시속 1,019km의 속도를 달성했습니다. 또 정부에서는 2022년부터 시험선로를 테스트할 부지를 공모했고, 향후 하이퍼루프를 운송수단으로 삼을 만한 곳은 어디인지 고르기 시작했습니다. 한편으론 지역 간 거리가 먼 미국과 달리 영토가 좁은 우리나라에서 과연 '하이퍼루프가 필요한가'라는 회의적인 시선이 있는 것도 사실입니다. 분명 획기적인 운송수단임은 분명하지만, 여러 우려도 상존하는 만큼 종합적인 검토와 연구가 이뤄져야 하겠습니다.

## '꿈의 이동수단' 하이퍼루프 … 상용화 시도 잇따라

서울과 부산을 20분 만에 이동한다는 꿈의 이동수단 '하이퍼루프'. 진공튜브 내에 차량을 띄워 마찰을 최소화해 빠른 속도로 이동시킨다는 콘셉트의 기술이다. 2010년대 초반 등장하고 2013년 일론 머스크가 콘셉트를 내놓은 이후 다양한 기업과 프로젝트가 등장했으나 아직 실용화에는 이르지 못하고 있다. 기술적인 완성도를 떠나 철도망을 구축하는 수준의 인프라 투자가 필요하기 때문이다. 하지만 전 세계에서 실용화를 위한 시도가 계속되고 있고 관련 기업이 미국 뉴욕증권거래소에 스팩을 통한 합병을 시도하는 등 산업적인 진전이 이뤄지고 있다. 중국 사우스차이나모닝포스트에 따르면 중국의 국영기업인 항천과공집단은 산시성 다퉁에서 하이퍼루프 테스트를 마쳤다. 210m 길이 구간에서 시속 50km 속도로 3차례 시험운행이 이뤄졌다. 이 프로젝트는 시속 1,000km 이상의 속도로 승객을 이동시킬 수 있는 차량을 만드는 것이 목표다. 테스트가 성공하면서 중국은 하이퍼루프 기술에서 한발 앞서 나가게 됐다고 중국 매체는 전했다.

출처 : 매일경제/일부인용

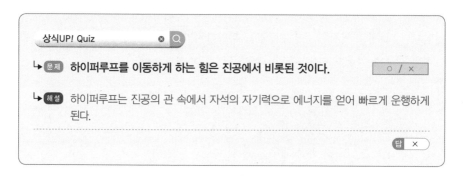

상식UP! Quiz

↳ 문제  하이퍼루프를 이동하게 하는 힘은 진공에서 비롯된 것이다.     ○ / ✕

↳ 해설  하이퍼루프는 진공의 관 속에서 자석의 자기력으로 에너지를 얻어 빠르게 운행하게 된다.

답  ✕

# 언제쯤 혼자서 가는 자동차를 탈 수 있을까?

자율주행의 개념이 처음으로 등장한 것은 1939년 뉴욕에서 열린 세계박람회였습니다. 미국의 자동차기업 '제네럴 모터스'와 산업디자이너 '노먼 벨 게디스'는 미래의 도시모습을 전망해 발표했는데, 그중에는 컴퓨터 시스템을 갖추고 스스로 방향과 속도를 조절해 움직이는 자동차가 묘사돼 있었죠. 이후 꾸준히 연구를 거듭한 끝에 1977년 자율주행 자동차가 처음으로 세상에 모습을 드러냈습니다. 일본의 츠쿠바 기계공학연구소에서 도로 위에 그려진 흰색 선을 감지해 스스로 움직이는 자율주행 시스템을 개발한 것인데요. 이 시스템을 탑재한 자동차는 진로를 따라 시속 30km로 주행하는 데 성공했습니다. 이후 자율주행 기술의 선도는 유럽과 미국으로 넘어갔다. 폭스바겐, 포드, 메르세데스 벤츠 같은 글로벌 자동차 기업은 물론 구글, 애플, 엔비디아 같은 거대 IT 기업들도 자율주행 기술시장에 뛰어들면서 경쟁이 뜨거워지고 있죠.

미국 자동차공학회(SAE)에 따르면 자율주행 기술은 그 단계별로 각각 정의내릴 수 있습니다. 먼저 0단계인 '비자동화'는 사람이 모든 조작에 관여하는 완전 수동운전 단계입니다. 1단계인 '운전자 보조'는 사람이 기본적인 주행조작을 수행하다가 자율주행 시스템이 특정한 주행상황(가령 고속도로)에서 가·감속이나 속도유지, 조향 등에서 한 가지만을 보조하는 단계입니다. 다음의 2단계는 '부분 자동화'로 주행

자율주행 기술 시연

의 주체는 여전히 사람이지만, 속도나 조향 등 두 가지 이상의 자율운행 시스템이 동시에 작동하게 됩니다. 3단계인 '조건부 자동화'에서는 운전자의 개입이 더욱 줄어들죠. 운행 중 돌발상황이 발생했을 때에만 운전자의 개입이 요청되며, 기본적인 조작은 시스템이 담당해 차선을

바꾸고 추월할 수 있습니다. 4단계인 '고도 자동화'는 돌발상황을 맞았을 때도 시스템이 스스로 안전하게 대처해야 하며, 마지막 5단계인 '완전 자동화'는 그야말로 사람의 조작을 필요치 않는 완벽한 자율주행 단계입니다.

자율주행 기술은 현재 5단계 도약을 향해 나아가고 있지만 현실이 녹록치는 않습니다. 자율주행 시스템 구축에 복잡다단한 기술이 필요할 뿐 아니라 탑재된 인공지능이 학습해야 할 데이터의 양도 어마어마하기 때문이죠. 가장 큰 문제는 아직 안전성이 담보되지 않았다는 것입니다. 특히 예측할 수 없는 상황이 산재한 도로에서는 사고 위험성이 있고, 테슬라나 우버 같은 업체들은 실제로 사고 논란을 겪은 일도 있습니다. 때문에 웨이모의 경우 관련 당국에 시범운행 허가를 받을 당시 여러 까다로운 조건들을 달아야만 했죠.

전문가들은 사실상 우리가 완전자율주행(5단계) 자동차를 일상적으로 이용하기 위해서는 향후 20여 년은 더 걸릴 것이라 전망하고 있습니다. 또 업체들이 예상했던 상용화 시기가 미뤄지면서 적자폭도 늘어나고 있는데요. 사실 안전성과 기술보다 자율주행의 가장 큰 쟁점은 바로 사고 시 책임소재를 가리는 법률적인 문제입니다. 인공지능이 움직이는 차량이 사고가 났을 때 이것이 인공지능이 오류가 나도록 설계한 업체의 잘못인지, 차량에 탄 운전자의 부주의 탓인지 불분명하기 때문입니다. 이 문제는 많은 이들의 토론과 사회적 합의가 필요한 부분인 데다가 이후 더 큰 쟁점으로 불거질 가능성이 있어 완전 자율주행 실현에 큰 걸림돌이 되고 있습니다.

## "자율주행으로 130km" … 벤츠, 레벨3 목표

메르세데스-벤츠가 현재 시속 60km 수준인 자율주행 레벨3 최고속도를 궁극적으로 시속 130km로 높이겠다는 목표를 제시했다. 벤츠는 미국 샌프란시스코 북미R&D센터에서 전략 발표회를 열고 "레벨3 조건부 자율주행 기술 개발에 집중하고 있다"며 "운전자가 도로를 주시하는 한 운전대에서 손을 놓고 편안하게 주행할 수 있게 하는 것이 목표"라고 밝혔다. 자율주행 레벨2는 운전자의 개입이 필요하지만, 레벨3는 특정 구간에서 운전자의 개입이 최소화되고 비상시에만 운전자가 대응하는 단계를 뜻한다. 벤츠는 현재 독일에서 최고속도 60km/h의 레벨3 자율주행을 시범운행하며 실증하고 있다. 앞으로는 자율주행 최고속도를 130km/h까지 높여 고객들에게 정체 없는 고속도로에서의 자율주행 경험을 제공하겠다는 전략이다.

출처 : 한국경제TV/일부인용

---

상식UP! Quiz

↳ **문제** 자율주행 기술은 그 수준에 따라 5가지 단계로 나눌 수 있다.

↳ **해설** 자율주행 기술은 1단계 '운전자 보조', 2단계는 '부분 자동화', 3단계 '조건부 자동화', 4단계 '고도 자동화', 마지막 5단계 '완전 자동화'로 나뉘어진다.

답 ○

# 효과만 확실하면 같지 않아도 돼

삼성바이오로직스가 2017년 처음으로 흑자를 달성했다는 보도와 함께 회사의 제품에 이목이 집중됐습니다. 회사에서 생산하는 바이오시밀러(Biosimilar) 제품의 판매 확대와 유럽과 미국에서의 허가 확보가 주된 성장동력으로 평가됐기 때문입니다. 삼성바이오로직스뿐만 아니라 각종 바이오시밀러를 생산하는 업체들도 함께 주목받았습니다.

바이오시밀러는 특허가 만료된 오리지널 바이오의약품을 모방하여 만든 의약품을 말합니다. 사람이나 기타 생물에서 추출한 세포, 조직, 호르몬 등을 이용하여 유전자재결합, 세포배양기술 등의 방법으로 개발한 오리지널 바이오의약품을 모방하여 유사하게 만들지요. 화학 합성의약품 복제약은 화학식을 통해 만드는데, 화학반응은 특별한 예외가 없이 일정하지만 생물의약품은 살아있는 세포 등을 이용하여 만들기 때문에 배양온도 등의 환경에 따라 다르게 반응할수 있고 구조적으로 복잡합니다.

이러한 이유로 오리지널 바이오의약품과 동일하게 만드는 것은 거의 불가능하고, 유사하게만 제조할 뿐이죠. 이 때문에 이름에 '비슷한'이라는 의미의 '시밀러 (Similar)'가 붙은 것입니다. 바이오시밀러는 오리지널 바이오의약품에 비해 상대적으로 저렴하여 전 세계적으로 매우 큰 시장을 가지고 있습니다.

현재 한국 바이오시밀러 산업은 삼성바이오로직스와 셀트리온이 이끌고 있습니다. 삼성바이오로직스는 전 세계 바이오의약품 개발사를 상대로 위탁생산을 해주어 많은 수익을 올리고 있으며, 셀트리온은 '램시마, 허쥬마' 등의 바이오시밀러 상품을 출시하여 전 세계에서 시장 점유율 1위를 기록하고 있죠.

# 글로벌 1위 의약품 매출 '뚝', 바이오시밀러의 위력

글로벌 시장에서 가장 많이 팔리는 의약품 '휴미라'가 국내 시장에서 매출이 큰 폭으로 떨어졌다. 의약품 조사기관 아이큐비아에 따르면 애브비의 자가면역질환치료제 '휴미라'는 지난 2분기 매출이 207억원으로 전년동기대비 19.2% 감소했다. 전 분기 275억원에서 1분기 만에 24.9% 급감했다. 휴미라의 매출 감소의 요인은 바이오시밀러 등장에 따른 약가 인하다. 삼성바이오에피스는 지난 5월 휴미라 바이오시밀러 '아달로체'를 급여 등재하고 국내 시장에 본격 발매했다. 원칙적으로 국내 약가제도에서 바이오시밀러가 등장하면 오리지널 의약품은 특허만료 전보다 상한가 기준이 30% 내려간다. 또 '혁신형 제약기업, 이에 준하는 기업, 국내 제약사-외자사간 공동계약을 체결한 기업이 개발한 품목이나 우리나라가 최초허가국인 품목 또는 국내에서 생산하는 품목'은 오리지널 의약품과 바이오시밀러 모두 특허만료 전 오리지널 제품의 80%까지 보장된다. 삼성바이오에피스는 혁신형 제약기업이 아니기 때문에 휴미라의 약가는 종전의 70% 수준으로 떨어지는 구조다.

출처 : 데일리팜/일부인용

---

상식UP! Quiz

↳ 문제 **특허가 만료된 바이오의약품을 대상으로 비슷한 효능을 내게 만든 복제의약품을 무엇이라 하는가?**

① 개량신약

② 바이오시밀러

③ 바이오베터

④ 램시마

↳ 해설 오리지널 바이오의약품을 모방하여 만든 약품을 바이오시밀러라고 한다.

 답 ②

# DNA를 싹뚝~

2020년 노벨화학상에 주목을 받은 두 여성 과학자들이 있습니다. 바로 에마뉘엘 샤르팡티에 독일 막스플랑크 병원체 연구소장과 제니퍼 다우드나 미국 버클리 캘리포니아대 교수입니다. 이들은 유전자를 정밀하게 교정 또는 편집할 수 있는 유전자가위 기술인 '크리스퍼-카스9(CRISPR-Cas9)'를 개발했습니다. 노벨위원회에서 "이 기술이 생명과학에 혁명적 영향을 미쳤으며, 새로운 암 치료법 개발에 기여하고 유전질환 치료의 꿈을 실현해줄 수 있을 것"이라고 평가했을 정도입니다.

'유전자가위' 기술은 생명정보가 담긴 기본단위인 유전체 염기서열 가운데 특정 부분을 잘라내거나 붙일 수 있는 기술로 유전자가위는 유전자 편집 혹은 유전체 교정에 가장 핵심적인 역할을 담당합니다. 유전체에서 특정 염기서열을 인지하여 해당 부위의 DNA를 정교하게 잘라내기 때문에 동식물에 적용해 품종 개발에 쓰일 수 있으며, 인류 질병 치료 등 의학 분야에 활용될 수 있습니다.

노벨상을 수여받은 크리스퍼-카스9는 1세대 징크핑거 뉴클라아제(ZFNs), 2세대 탈렌(TALENs)에 이어 3세대 유전자가위 기술로 분류됩니다. 유전자가위의 정확성과 효율성 측면에서 제3세대 유전자가위인 크리스퍼 시스템은 현재까지의 유전자가위 중 가장 정확한 기술로 평가받고 있습니다. 식물, 동물, 인간 등 모든 생물체에 대한 유전자 편집 및 조절 작용에 획기적으로 이용 가능합니다. 다만 기술 발전과는 별개로 유전자가위를 사용한 유전자 조작 아기 등의 윤리적 문제가 해결과제로 남아 있습니다.

# 툴젠, UC버클리 · 브로드연구소와 유전자가위 특허 저촉심사 개시

툴젠은 회사의 크리스퍼-카스9(CRISPR-Cas9) 유전자가위 원천기술 미국 특허에 대해 미국특허청(USPTO)이 다른 특허와의 저촉심사를 개시했다고 밝혔다. 저촉심사 대상은 미국의 UC버클리와 브로드연구소다. 미국의 UC버클리와 브로드연구소는 현재까지 두 차례에 걸쳐 저촉심사를 받으며 치열한 특허 경쟁을 이어왔다. UC버클리 특허의 발명자 제니퍼 다우드나와 에마뉘엘 샤르팡티에 박사는 노벨화학상을 수상한 크리스퍼 유전자가위 분야 최고의 권위자들이다. 브로드연구소는 미국에서 크리스퍼 유전자가위의 출원일은 가장 늦지만, 신속심사제도를 통해 가장 먼저 특허를 등록했다. 툴젠은 사람, 동물, 식물 등의 진핵세포에서 크리스퍼 유전자가위를 사용해 유전자교정에 성공한 내용을 담은 특허는 회사가 최초라고 설명했다. 실제 툴젠의 원천특허가 등록된 국가는 특허 출원일을 기준으로 선후관계를 따지는 선출원주의 제도를 따르고 있다. 진핵세포 유전자교정 분야에서 가장 빠르게 출원한 툴젠 특허의 강점이 반영된 결과라는 설명이다.

출처 : 한국경제/일부인용

상식UP! Quiz

↳ 문제 2020년 노벨화학상 수상자들이 개발한 유전자가위 3세대 기술은?
① 징크핑거 뉴클레아제
② 탈렌
③ 크리스퍼-카스9
④ 잔토모나스

↳ 해설 크리스퍼-카스9는 유전자가위 기술 중 3세대 기술이다. 1세대 및 2세대와 달리 복잡한 단백질 구조가 없고 DNA 절단 정도가 더욱 깊다. 크리스퍼-카스9를 통해 수일 이내로 개발이 단축돼 유전자 교정에 획기적인 발전이 이루어졌다.

 답 ③

# 에너지 위기의 대안이 될까?

전 세계에 기후위기가 닥치면서 세계 각국 정상과 지도자들은 머리를 맞대고 해결 방안을 모색해왔습니다. 기후위기의 주범이 탄소라는 사실이 드러나면서 각국은 탄소의 배출량과 흡수량을 같게 만들어 결국 제로(0)로 상쇄하는 '탄소중립'을 실현하기로 약속했는데요. 그 결과 석탄·석유 같은 화석연료를 쓰는 에너지발전을 억제하고, 수소·태양열·풍력 같은 재생에너지로 대체하자는 움직임이 일었습니다. 그러나 재생에너지만으로는 각국의 에너지 수요를 충당할 수 없었죠. 결국 원자력발전에서 벗어나자는 기조에도 불구하고, 많은 나라가 탄소배출이 거의 없고 효율 높은 원자력으로 다시 눈을 돌릴 수밖에 없었습니다. 이런 가운데 등장한 것이 바로 소형모듈원자로(SMR, Small Modular Reactor)인데요.

미국 뉴스케일사의
소형모듈원자로 모델 단면

SMR은 쉽게 말해 작은 규모의 원자력발전소를 말합니다. 앞에서 핵융합에 대해서도 알아봤는데, 현재의 원자력발전은 '핵분열' 에너지를 주로 이용합니다. 핵분열의 원리를 간단히 살펴보면 먼저 우라늄이나 플루토늄 같은 무거운 질량의 원자핵에 중성자를 먹입니다. 그럼 원자핵은 둘로 쪼개지는데 이때 앞서 살펴본 질량결손이 발생하면서 여기에 상응하는 에너지도 함께 방출됩니다(질량-에너지 등가원리). 보통 이 핵분열 반응으로 에너지를 내는 장치를 '원자로'라고 부릅니다. 그러나 핵분열 에너지 자체를 전기로 바꾸는 건 아닙니다. 에너지로 물을 끓여 만든 증기로 터빈을 돌려 전기를 생산하는 방식인데요.

기존의 대형 원전은 이러한 발전과정을 위해서 원자로와 증기발생장치, 냉각제 펌프 등 갖가지 장치가 각각의 설비로서 설치돼야 합니다. '모듈'이라는 단어에서 알 수 있듯이 SMR은 이 장치들을 한 공간에 몰아넣었습니다. 그래서 원전의 크기를 대폭 줄일 수 있죠. 하지만 작은 만큼 발전용량이 300MW(메가와트) 정도로 적은데요(대형 원전은 1,000~15,000MW). 그렇다면 크기도, 발전용량도 작은 SMR이 주목받는 이유는 무엇일까요?

SMR의 장점 중 하나는 대형 원전에 비해 방사능유출 위험이 적다는 것입니다. 원전의 중심에는 핵연료인 방사능물질이 들어가는 '노심'이 있는데요. 방사능물질이 핵분열하며 노심에 많은 열이 발생하는데 이를 냉각제로 식혀주는 게 중요합니다. 노심이 과열되면 결국 녹아내리는 '노심 용융'이 일어나게 되고, 방사능물질이 유출되는 재앙이 터질 수 있죠. 대형 원전에서는 보통 열을 식히기 위해 배관을 설치하고 바닷물을 끌어오는데요. 그런데 이 배관이 파손되면서 방사능이 유출될 위험도 있습니다. 하지만 배관을 쓰지 않는 SMR은 노심이 과열되면 아예 냉각수에 담가버릴 수 있죠. 과열될 만한 설비의 수 자체도 적고, 나아가 원전 크기가 작은 만큼 노심에서 발생하는 열도 낮아 대형 원전에 비해 식히기도 쉽습니다.

또 하나의 장점은 굳이 강물이나 바닷물을 끌어올 필요가 없기 때문에 입지를 자유롭게 고를 수 있다는 겁니다. 우리나라 원전의 위치를 살펴보면 모두 해안가 근처에 있다는 걸 알 수 있죠? 이 또한 냉각수인 바닷물을 쉽게 끌어오기 위함입니다. 반면 냉각수가 비교적 적게 필요한 SMR은 내륙에도 건설할 수 있죠. 또 공산품처럼 모듈 안에 들어갈 각 설비를 공장에서 제조한 다음 건설장소에 옮겨 조립할 수 있어 건설기간이 짧고 비용도 적게 든다고 합니다. 뿐만 아니라 출력조절이 가능해 유연하고 융통성 있는 발전이 가능하다는 것도 SMR의 장점 중 하나입니다.

그러나 SMR에 대한 회의적인 시선도 존재합니다. 무엇보다 안전성, 경제성에 대한 논란이 있는데요. 아무리 작다 해도 원전은 원전이기 때문에 각종 사고와 방사능유출 가능성을 아예 배제할 순 없습니다. 또 발전용량이 적으니 대형 원전과 맞먹으려면 그만큼 많이 지어야 할 텐데, 결국 비용이 추가로 드는 것은 매한가지라는 주장도 있죠. 원전의 크기가 작아진 만큼 건설단가가 높아지는 것도 경제성면에서 유리하다고만 볼 수 없습니다. 게다가 입지선정이 자유롭다고 해도 많은 SMR을 수용하려면 결국엔 한계가 있을지 모릅니다.

우리나라 등 세계 각국은 대체로 SMR 상용화 목표시기를 2025~2030년 사이에 두고 개발에 매진하고 있습니다. 하지만 아직 많은 이들에게 원전은 반감을 사고 있는데요. 일각에서는 SMR의 가장 큰 장점으로 꼽히는 안전성에 대한 의문부호도 따라붙고 있어 SMR이 진정으로 에너지 위기의 대안이 될지는 지켜봐야 합니다. 이와 함께 정말 안전하고 효율 높은 신재생에너지를 개발하는 것도 시급합니다.

## 혁신형 SMR 기술개발 본격시동

정부가 민관합동으로 차세대 원전기술인 혁신형 소형모듈원자로(i-SMR)와 해양용 용융염원자로(MSR) 기술개발을 본격 추진한다고 밝혔다. 2026년까지 SMR 표준설계 신청을 완료하고 최종적으로 2028년 인가를 마무리한다는 계획이다. SMR은 발전규모가 300MW 이하로 원자로와 증기발생기 등이 원자력 압력용기에 함께 담겨 있는 일체형 원전을 말한다. 대형 원전보다 안전하며 건설기간이 짧고 비용도 덜 든다는 이점이 있다. 특히 i-SMR은 중대한 사고의 발생 가능성이 10억년에 1회 미만으로 현재 신형원전 대비 1,000배의 안전성을 목표로 한다. 정부는 SMR 기술확보를 위한 사업단을 설립하고, 기술개발에 따른 기업 투자위험 감소를 위해 민관합작 매칭펀드를 구성한다.

출처 : 매일경제/일부인용

상식UP! Quiz

↳ 문제  다음 중 발전용량 300MW급의 소형 원자로를 뜻하는 용어는?

① RTG
② SMR
③ APR+
④ BWR

↳ 해설  SMR(Small Modular Reactor, 소형모듈원자로)은 발전용량 300MW급의 소형원자로로서 차세대 원전으로 떠오르고 있다. 대형 원전에 비해 크기는 작지만, 그만큼 빠른 건설이 가능하고 효율이 높다.

답 ②

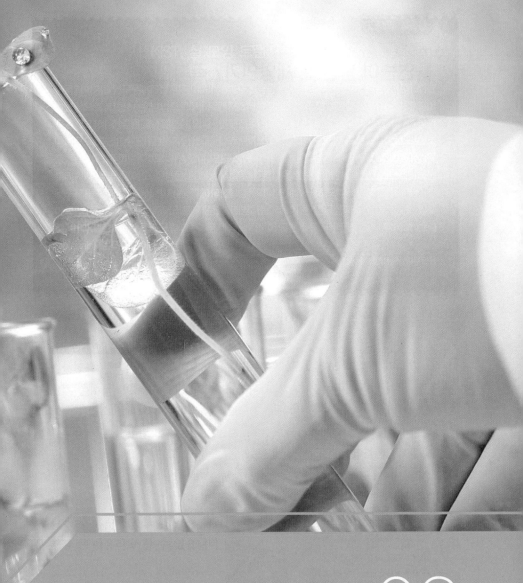

CHAPTER 03

# 환경·보건

# 돌연변이 농산물, 재앙인가? 축복인가?

유전자 변형이란 특정 작물이 갖고 있지 않은 유전자를 인위적으로 결합시켜 새로운 특성의 품종을 개발하는 유전공학적 기술입니다. 즉, 특정 생물이 갖고 있는 유전자 가운데 유리한 유전자만을 취하여 다른 생물에 삽입함으로써 강인한 특성을 지닌 새로운 품종을 만들어내는 것입니다.

그중에 프랑켄푸드(GMO 식품)는 생물체의 유전자 중 필요한 유전자를 변형하여 제초제와 병충해에 대한 내성과 저항력을 갖게 하거나 영양적인 가치와 보존성을 높이기 위해 해당 작물에 다른 동식물이나 미생물 등의 외래 유전자를 주입하여 키운 농산물을 의미합니다.

역사를 거슬러 올라가 보면 1994년 무르지 않는 토마토를 시작으로 유전자 변형 농산물의 본격적인 개발이 시작되었습니다. 그 후 1995년 강력한 독성을 지닌 제초제에도 견딜 수 있는 콩을 개발했고, 스위스에서는 병충해에 내성을 가진 옥수수를 개발하여 판매를 허용했습니다. 현재 다국적 농약회사와 코카콜라, 맥도날드 등 전 세계적으로 유명한 식품회사들은 유전자 변형 농산물을 식품제조에 사용하고 있으며 관련 연구가 활발히 이루어지고 있습니다.

GMO 식품 수입을 반대하는 시위

자연의 섭리를 거슬러 해당 작물에 종을 뛰어넘는 유전자를 주입하는 것에 대한 두려움과 공포 때문에 유럽에서 '프랑켄슈타인' 박사가 만든 괴물에 빗대어 프랑켄푸드라고 부른 것입니다. 유전자 변형 농산물은 농작물의 품질을 향상시킨다는 장점이 있지만, 알레르기를 유발하거나 예기치 않은 독성을 드러내는 등 인체와 환경에 대한 불확실성이 존재하기 때문입니다. 우리나라에서는 소비자들에게 올바른 정보를 제공하기 위해 2001년부터 콩, 옥수수, 콩나물, 감자 등에 대한 '유전자 변형 농산물 표시제(GMO)'를 시행하고 있습니다.

## GMO 옹호하는 목소리도 …
## 그냥 선택하게 하면 안 되나?

로버츠 교수는 GMO를 옹호하는 대표적 학자다. 노벨상 수상자들로 구성된 '친GMO 캠페인'을 이끌고 있다. 그는 100여 명의 노벨상 수상자와 함께 'GMO를 옹호하는 노벨상 수상자 공개서한'을 발표하기도 했다. 이들은 GMO 공포가 '조장'되고 있다는 주장을 하기도 한다. 확인되지 않은 공포를 부추겨 특정 이데올로기를 확산하는 데 활용한다는 주장이다. 실제로 반대론자들은 GMO를 '괴물식품'이란 뜻에서 '프랑켄푸드(프랑켄슈타인+푸드)'라고 부르기도 한다. 사실 이런 논쟁을 알고 나면 GMO를 먹기가 더 꺼림칙해진다. 돈을 더 주고서라도 GMO로부터 안전한 식품을 먹고 싶은 사람도 있을 것이다. 소비자들의 물음은 다시 원점으로 돌아간다. "GMO도 유기농이나 국산. 수입산처럼 표시를 해서 소비자가 선택할 수 있게 하면 안 되나요?"

출처 : 중앙일보/일부인용

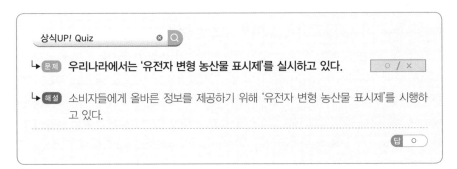

상식UP! Quiz

↳ 문제 **우리나라에서는 '유전자 변형 농산물 표시제'를 실시하고 있다.**　　o / x

↳ 해설 소비자들에게 올바른 정보를 제공하기 위해 '유전자 변형 농산물 표시제'를 시행하고 있다.

답 o

# 미래 세계의 먹거리!

유엔식량농업기구에 따르면 2050년 세계 인구는 97억명에 이른다고 합니다. 그리고 이들이 먹을 충분한 고기를 생산하려면 지구 자원이 모두 고갈될 것이라고 하죠. 상황은 낙관적이지 않습니다만 그래도 단백질은 인간 생존의 필수 요소입니다. 이를 해결하기 위해 '대체 단백질 식품'이 세계 굴지의 식품 기업에 의해 개발되고 있습니다.

식물성 육류를 사용한 햄버거 광고

식물성 육류란 식물을 사용해 고기의 맛과 식감이 나도록 개발한 제품을 말합니다. 식품 회사 '임파서블푸드'는 진짜 고기의 맛과 향, 식감을 재현하는 데 성공했고, 단백질의 함량을 높이고 지방을 낮추는 등 영양도 갖춘 식물성 육류를 개발했다고 하네요. 이를 이용해 패티를 만들면 토양은 95%, 물은 74%나 덜 사용하며 온실가스 배출량은 87%나 줄일 수 있다고 합니다. 이들은 소고기를 분석해 고기 중에서도 단백질 성분인 '헴(유기철분)'이 인간의 입에서 고기 맛을 낸다는 것을 알게 됐고, 콩의 뿌리혹 헤모글로빈 또한 '헴'의 일종이라는 것에 착안해 이를 추출하는 데 성공했습니다. 이후 고기와 정확히 동일한 맛을 낼 수 있는 뿌리혹을 만들기 위해 다양한 기술을 사용했다고 합니다. 하지만 아직 해결되지 않은 문제는 가격입니다. 사실 아직 진짜 고기에 비해 맛이 떨어지는데도 가격은 수배로 비싼 것이죠. 하지만 채식주의자들에게 인기를 얻고 있는 상품이라고 합니다.

식물성 육류에 비하면 초기 수준이지만, 최근에는 배양육도 주목받고 있습니다. 배양육은 소, 돼지, 닭 등에서 추출한 줄기세포를 실험실에서 6주간 배양한 후 고기

색을 입히는 등의 과정을 거친 단백질 식품입니다. 배양육 생산업체 '멤피스미트'에 따르면 닭가슴살에서 추출한 줄기세포를 영양분과 섞어 배양하는 과정에서 물은 전통방식으로 사육할 때의 10분의 1, 토지는 100분의 1만 사용된다고 합니다.

## 롯데푸드, 식물성 대체육류 '엔네이처 제로미트' 첫선

롯데푸드는 고기를 쓰지 않고도 고기 특유의 식감과 풍미를 살린 식물성 대체육류 브랜드 '엔네이처 제로미트'를 출시했다. 식물성 대체육류(Plant-Based Meat Alternatives)는 채소, 콩, 견과류 등에서 추출한 단백질을 이용해 고기와 가까운 맛과 식감을 구현한 식품이다. 이번에 롯데푸드가 내놓은 제품은 닭고기 맛을 살린 '엔네이처 제로미트 너겟', '엔네이처 제로미트 까스' 2종이다. 특히 통밀에서 추출한 순 식물성 단백질을 사용해 콩 단백질을 쓴 제품과 달리 특유의 냄새가 나지 않고 식감이 좋다고 롯데푸드는 설명했다. 신제품 2종 모두 100% 식물 유래 원료를 사용한 점을 한국비건인증원으로부터 인증받기도 했다. 단백질 함량이 높고 콜레스테롤이 없어 건강을 생각하는 소비자에게도 적합하며, '엔네이처 제로미트 너겟' 6조각이면 한 끼 단백질 권장량인 18.3g을 충족할 수 있다고 롯데푸드는 설명했다. 롯데푸드는 스테이크와 햄, 소시지 등 식물성 대체육류 제품을 확대해 '엔네이처 제로미트' 브랜드 매출 50억원을 달성한다는 목표를 세웠다. 조경수 롯데푸드 대표는 "윤리적·환경적 소비의 확산으로 육류 대용품에 대한 수요가 높아지고 있다고 판단했다"며 "지속 가능한 미래를 위해 '엔네이처 제로미트'와 같이 소비자와 환경에 친화적인 제품을 확대해나갈 것"이라고 말했다.

출처 : 연합뉴스/일부인용

상식UP! Quiz

↳  고기가 우리의 입에서 고기 식감을 내는 원인은 단백질의 일종인 '이것' 때문이다. '이것'은 무엇인가?

↳ 해설 푸드테크 개발업체 '임파서블푸드'는 우리가 고기를 먹을 때 고기 식감을 내는 부분은 단백질의 '헴(Heme : 유기철분)'이라고 밝혔다.

답 헴(Heme : 유기철분)

# 고작 1℃가 초래하는 엄청난 변화

지구온난화의 그림자가 점점 더 매섭게 인류를 덮치고 있습니다. 폭염과 가뭄, 산불이 세계를 휩쓰는가 하면 어떤 지역은 유래 없는 한파와 폭설을 겪고, 또 어떤 지역은 폭우에 신음하기도 합니다. 지난 2023년 1월 발생한 유럽의 이상고온현상은 알프스산맥에서 열릴 예정이었던 스키 월드컵 대회마저 취소하게 만들었죠.

2021년 독일 서부를 강타한 100년 만의 폭우

최근에는 지구온난화 대신 기후변화라는 말이 쓰이고 있습니다. 기후변화는 장기간에 걸쳐 일어나는 지구 기후의 변동을 뜻하는데요. 현재 지구에서 벌어지는 이상현상은 지구온난화 외에도 폭우와 폭설, 가뭄, 한파와 폭염 등 다양한 것들을 포함하고 있기 때문입니다. 그러나 이러한 이상기후현상이 지구온난화로 인해 촉발됐다는 점은 부정할 수 없을 겁니다. 지구온난화의 가장 큰 원인으로 지목되는 것은 역시 온실가스입니다. 익히 알려졌다시피 과다배출된 온실가스가 태양열이 지구의 대기 밖으로 빠져나가는 것을 막아 온도를 높이고 있는 것이죠.

해외의 연구자료에 따르면 2022년 12월 기준 지구의 평균온도는 산업화 이전과 비교해 1.21℃ 올랐다고 합니다. 겨우 1.21℃라고 생각할 수 있지만, 이는 우리가 보일러를 틀어서 집 온도를 1.21℃ 올리는 수준이 아닙니다. 지구 자체의 기온이 상승하는 것이기 때문에 인류와 환경에 닥치는 영향은 어마어마하죠. 당장 우리도 체온이 1℃만 오르게 되면 으슬으슬 열 기운을 느끼는데요.

평균을 유지하던 지구의 온도가 오르게 되면 환경을 올바로 작동시키는 메커니즘이 깨지기 때문에 많은 재해가 발생합니다. 일단 지구면적의 70%를 차지하는 바다가 따뜻해지는데요. 그러면 바다의 증발량이 늘어나고 대기에는 더 많은 수증기가 공급돼 강수량도 늘어나게 되죠. 또 앞서 태풍 편에서도 살펴봤지만 따뜻한 수온 때문에 열대성 저기압이 잦아지게 됩니다. 그만큼 집중호우와 홍수를 겪게 될 일이 많아지는 것이죠. 이뿐만이 아닙니다. 빙하나 영구동토층이 녹아내리면서

미국 알래스카 빙하에서 녹아내리는 물

해수면이 상승하게 되는데요. 이미 남태평양의 몰디브 같은 섬나라들은 바다에 잠기는 중입니다. 나아가 지구 온도가 2℃ 오르면 해수면은 7m가 상승하고, 5℃가 오르면 뉴욕이나 런던 같은 대도시도 침수 위험을 겪게 된다고 합니다.

아울러 지구가 더워지니 폭염도 잦아질 것이고요. 원채 강수량이 적은 지역에서는 더 혹독한 가뭄을 겪게 될 것입니다. 특히 최근 우리나라에서도 가뭄이 잦아졌는데요. 이것이 무역풍으로 인해 서태평양의 수온이 상승하고 동태평양은 차가워지는 '라니냐(La Niña)' 현상 때문이라는 추측이 있습니다. 우리나라의 경우 따뜻해진 서태평양이 만들어내는 고기압의 영향권에 들어 비구름이 감소하게 된 것이죠. 그런데 지구온난화로 바닷물이 따뜻해지면 바닷물의 흐름도 달라지기 때문에 라니냐 현상이 더욱 빈번해질 것이라는 분석이 있습니다. 가뭄도 마찬가지겠죠.

여기서 그치지 않고 지구온난화는 역설적이게도 한파를 부르기도 합니다. 몇 년 사이 북반구 각국을 강타한 기록적인 한파는 북극 찬 공기의 영향이 큰데요. 북극의 기온이 오르면서 북극 상공에서 강하게 부는 제트기류도 약해졌죠. 북극상공의 차가운 공기 소용돌이를 붙잡는 이 제트기류의 힘이 약해져 점차 아래로 내려오기 시작한 것입니다.

세계 각국은 이미 당도한 기후변화에 맞서 온도상승을 막기 위해 힘을 다하고 있습니다. 그러나 각 국가마다 기후변화대응 이면에 숨겨진 정치적·경제적 셈법은 조금 복잡하게 돌아가고 있는데요. 이에 대한 내용은 다음 장에서 살펴보겠습니다.

## 기후변화로 서식지 잃은 야생동물의 반격

인간과 야생동물이 한정된 자원을 두고 경쟁하고 있다는 연구결과가 나왔다. 기후변화로 인해 생태계가 파괴되면서 식량과 서식지를 잃은 야생동물이 사람이 사는 곳으로 이동하면서 나타나는 현상이다. 인간과 야생동물의 갈등으로 인명·재산 피해는 물론 코로나19, 조류인플루엔자 같은 감염병 창궐에 대한 우려도 커지고 있다. 브리아나 아브라힘 미국 워싱턴대 교수가 이끄는 연구진은 국제학술지 '네이처 기후변화'에 "기후변화로 한정된 자원을 두고 인간과 동물의 갈등이 늘고 있다"고 밝혔다. 연구진이 예로 든 건 2009년 아프리카 탄자니아다. 킬리만자로산이 있는 탄자니아에 극심한 가뭄이 들었고, 코끼리 떼가 농장을 습격하는 일이 벌어졌다. 가뭄으로 먹이를 찾으러 마을에 내려온 코끼리는 농작물을 먹고, 수도관을 파괴해 농장에 막대한 피해를 안겼다. 마을 주민들은 농작물 피해를 막기 위해 코끼리 여섯 마리를 언덕 위로 몰아냈고, 코끼리들은 모두 추락해 그 자리에서 숨졌다.

출처 : 조선비즈/일부인용

---

상식UP! Quiz

↳ 문제 **무역풍으로 인해 서태평양의 수온이 상승하고 동태평양은 차가워지는 현상은?**

↳ 해설 '라니냐'는 평년보다 해수면 온도가 0.5℃ 이상 낮은 상태가 5개월 이상 지속되는 상태다. 예년과 비교할 때 강한 무역풍이 지속돼 일어나는 기후변동 현상이다.

답 라니냐(La Niña)

# 기후변화는 누구의 책임일까?

**United Nations** Framework
Convention on Climate Change

산업화 이후 지구의 온도변화는 매우 극심하게 나타났습니다. 세계기상기구(WMO) 데이터에 따르면 1850년 이후 지구의 평균온도는 1.1℃ 올랐는데, 2011년부터 2015년 사이에만 0.2℃가 올랐습니다. 기후변화가 매우 가파르게 일어났기 때문에 사태의 심각성을 깨달은 국제사회는 1988년 유엔(UN) 총회에서 WMO와 유엔환경계획(UNEP)에 "기후변화

에 관한 정부간 패널(IPCC)"을 설치했고, 1992년 6월 유엔환경개발회의(UNCED)에서 기후변화협약(UNFCCC)을 채택했습니다. 기후변화협약은 '기후변화에 관한 유엔 기본협약'의 약칭으로 온실가스로 인한 지구온난화를 막고자 하는 국제사회의 약속입니다.

기후변화협약은 1995년 제1차 당사국총회(COP) 이후 매년 당사국들이 만나 총회를 열고 있습니다. 각국 정상들은 현재 기후변화 상황과 당면한 문제를 어떻게 해결할 것인지 논의하는데요. 1997년 일본 교토에서 열린 제3차 당사국총회에서는 감축할 온실가스 여섯 가지와 그 감축목표를 정한 '교토의정서(Kyoto Protocol)'를 채택하면서 구체적 이행방안을 마련했습니다. 감축대상으로 지목된 것은 이산화탄소($CO_2$), 메탄($CH_4$), 아산화질소($N_2O$), 불화탄소(PFC), 수소화불화탄소(HFC), 불화유황($SF_6$)이었죠.

회원국별로 감축해야 할 온실가스의 양도 정했는데요. 특히 OECD와 동유럽 및 유럽경제공동체를 포함한 38개 선진국은 2008년부터 2012년까지 최소 5.2% 이하로 감축해야 했죠. 이 교토의정서는 법적인 구속력을 가지고 있어서 만약 이를 지키지 못하면 비관세 장벽이 허용되고, 2017년까지 추가적으로 더 높은 감축 이행안을 받아들여야 했습니다. 이 교토의정서에는 감축을 초과달성한 국가와 배출 허용범

위를 넘은 국가가 서로 배출권을 거래할 수 있는 제도도 도입됐습니다.

그러나 교토의정서에는 한계점이 있었는데요. 일단 감축 의무국가에 주로 선진국만이 포함됐는데, 목표를 달성하지 못하면 그만큼의 1.3배를 추가로 이행해야 하는 벌칙규정 때문에 가입을 꺼리는 국가가 많았습니다. 또한 중국과 인도 등은 온실가스배출이 많음에도 개발도상국이라는 이유로 의무국에서 제외됐죠. 급기야 설상가상 의무국이었던 미국은 이에 불만을 품고 교토의정서를 2001년 탈퇴해버립니다. 온실가스배출이 많기로 손꼽히는 세 나라가 의무국에서 빠지자 캐나다와 일본·러시아도 잇달아 탈퇴를 선언하게 되죠.

그래서 2015년 파리에서 열린 제21차 당사국총회에서 '파리협정(Paris Agreement)'을 채택합니다. 2020년까지 연장된 교토의정서가 만료될 예정이었고, 또 한계점이 많다는 점에 따라 새로이 약속을 정한 것이죠. 먼저 파리협정은 지구온도가 산업화 이전과 비교해 2℃ 이상 오르지 않게 하자고 의견을 모았습니다. 파리협정은 종료시점을 특정하지 않았고, 선진국 위주가 아니라 모든 회원국(197개국)으로 이행 범위를 넓혔습니다. 또 감축목표도 국가마다 자발적으로 정할 수 있도록 했고요. 교토의정서가 감축에만 집중했던 것과 달리 감축과 감축에 따른 적응, 감축기술이전 등의 내용도 포함했습니다.

미세먼지에 묻힌 인도 뉴델리의 인디아게이트

그런데 선진국뿐 아니라 개발도상국(개도국)에게도 감축의무가 주어지면서 또 다른 갈등양상도 불거졌는데요. 사실 현재의 기후위기는 미국이나 일본 등 선진국들의 과거 발전과정에서 야기된 측면이 있습니다. 선진국들이 발전하며 내뿜었던 온실가스가 결과적으로 현재 개도국들이 겪는 기후위기에 일조했다고도 볼 수 있죠. 게다가 개도국들 입장에선 당장 생존과 산업발전을 위해 화석연료 사용이 불가피한데, 온실가스 감축을 함께 이행하기에는 버겁다는 불만이 터져 나왔습니다.

2021년 총회에서는 2040년까지 석탄사용을 단계적으로 폐지하자는 논의도 나왔는데, 중국 등의 강력한 반대로 폐지가 아닌 '감축'으로 문구를 고치기도 했습니다. 결국 2022년 총회에서는 개도국이 석탄사용을 줄이고, 친환경발전으로 전환하도록 선진국이 지원하겠다는 계획이 나왔는데요. 그러나 개도국들은 선진국이 야기한 기후변화로 입은 피해부터 먼저 보상하라고 요구하고 있습니다.

## "파리협정 충실히 지켜도 2100년까지 빙하 절반 녹을 것"

인류가 **파리협정**에 명시된 탄소배출량 감축 목표와 지구온도 상승제한 목표를 지켜도 이번 세기 말까지 빙하의 절반이 녹을 것이라는 비관적인 연구결과가 발표됐다. 데이비드 라운스 미국 카네기멜론대 도시 및 환경공학과 교수팀은 지구 평균기온 상승을 산업화 이전 수준 대비 2℃ 이내로 제한하자는 파리협정 시나리오하에서도 2100년까지 빙하의 49%가 사라진다는 결론을 국제학술지 '사이언스'에 발표했다. 연구팀은 20년간 위성으로 수집한 정보를 토대로 그린란드와 남극대륙을 제외한 전 세계 21만 5,000개의 빙하를 분석했다. 기후변화에 따른 온도상승 시나리오에 따라 빙하의 용융과 해수면 상승을 예측했다. 시뮬레이션 결과 인류가 파리협정의 목표를 지키는 데 성공해도 2100년까지 전 세계 빙하의 49%가 사라졌다. 평균기온이 2.7℃까지 오르면 전 세계 빙하의 68%가 사라지고 유럽 중부, 캐나다 서부, 미국의 빙하가 모두 녹을 것으로 전망됐다.

출처 : 동아사이언스/일부인용

상식UP! Quiz

↳ 문제 **2015년 열린 제21차 기후변화협약 당사국총회에서 채택한 국제협정은?**

↳ 해설 파리협정은 2015년 제21차 기후변화협약 당사국총회에서 채택됐으며, 지구온도가 산업화 이전과 비교해 2℃ 이상 오르지 않게 하자고 의견을 모았다.

답 파리협정

# 언제쯤 완전히 대체할 수 있을까?

대체에너지는 석유, 석탄, 천연가스 등 화석연료를 대체할 수 있는 에너지를 말합니다. 신재생에너지라고도 불리는데요. 우리나라 신재생에너지법에서는 신에너지와 재생에너지를 구체적으로 구분해놓았습니다. 법에 따르면 신에너지는 '화석연료를 변환시켜 이용하거나 수소, 산소 등의 화학반응을 통해 전기, 열을 이용하는 에너지'를 말하고, 수소와 연료전지, 석탄을 액화·가스화한 에너지 등입니다. 재생에너지는 '재생 가능한 에너지를 변환시켜 이용하는 에너지'로서 태양, 풍력, 지열, 바이오 등이 있죠.

현재 아직까지 우리나라의 신재생에너지 발전비중은 석탄과 원자력을 따라잡지 못하고 있습니다. 그래도 국가적으로 개발·보급에 힘을 쏟으면서 그 비중이 조금씩 높아지고 있는데요. 지난 2021년 우리나라의 에너지별 발전량 비중을 살펴보면 원자력 27.4%, 석탄 34.3%, 가스 29.2%, 신재생은 7.5%로 나타났습니다. 신재생이 2012년도에 2.5%를 차지했던 것을 감안하면 빠르게 성장하고 있는 셈이죠. 신재생에너지별 발전량은 어떨까요? 2020년 한국에너지공단의 통계에 따르면 태양광이 44.8%로 가장 많았고, 바이오 23.1%, 수력 9.0%, 연료전지 8.2%, 풍력 7.3% 등으로 이어졌습니다. 특히나 태양광은 그 비중을 꾸준히 늘려가는 중인데요.

한파에 주변이 얼어붙은 저수지 태양광발전시설

태양광발전은 앞에서 본 '광전효과'를 응용해서 태양광패널에 부딪힌 광자를 직접 전기로 바꾸는 발전방식입니다. 태양열을 받아들여 물을 끓이고 증기로 터빈을 돌리는 태양열발전과는 구분되죠. 태양광발전은 가정에서 직접 설치해 쓰는 경우도 많은데요. 태양빛만 있다면 어디든 설치가 가능하고 유지비용도 거의 들지 않는다는 장점이 있습니다. 오염물질 배출도 없고 원자력이나 화력같이 대형사고를 일으킬 염려도 없습니다. 최근에는 태양광 패널을 저수지나 호수, 바다 위에도 설치하고 있는데요. 지상에 비해 일조량이 넉넉하고, 또 온도가 낮은 수면의 특성상 발전효율을 높일 수 있다는 점에서 주목받고 있죠.

그러나 역시 태양광발전에는 치명적인 단점이 있습니다. 바로 날씨와 계절에 따라 발전량 편차가 크다는 것인데요. 하루 중 시간에 따라서도 일조량의 차이가 있기 때문에 안정적인 전기수급이 어렵죠. 이런 이유 때문에 발전효율은 떨어지는 편입니다. 이는 전력을 저장하는 ESS(Energy Storage System) 설비가 병용돼야 해결될 문제죠.

또 다른 재생에너지인 풍력발전도 마찬가지입니다. 풍력발전은 풍차 날개가 바람에 돌면서 발전기 내부 자석 주위에 자기장을 형성하고 이를 전기에너지로 바꾸는 원리입니다. 풍력 또한 그 원천이 무한하고 설치기간도 짧은 친환경에너지입니다. 풍력발전은 관광상품으로도 활용될 수 있는데요. 그러나 일단 바람이 잘 부는 공간을 골라 설치해야 하고, 또 10~40km/h의 순간적인 강한 바람이 불어야 제대로 전기를 생산할 수 있습니다. 게다가 회전하는 날개에 새들이 부딪혀 죽는 일도 종종 벌어진다고 하네요. 한편 사탕수수·옥수수 등을 에탄올로 바꿔 사용하는 바이오에너지 또한 재료생산과정에서 오염물질을 배출하고 환경을 훼손한다는 지적이 나왔습니다.

그러나 이 같은 한계점에도 더 이상의 온실가스배출을 막자는 전 세계적 기조 때문에 대체에너지 개발과 보급은 앞으로도 이어질 것으로 보입니다. 재생에너지의 한계를 줄이려는 노력과 함께 신에너지 개발도 줄을 잇고 있는데요. 현재는 수소기체의 폭발력을 에너지원으로 사용하는 수소에너지 기술과 메탄올 등의 연료를 산화시켜 나온 화학에너지를 전기로 바꾸는 연료전지 등이 활발히 개발되고 있습니다.

## 음식물 폐기물이 대체에너지가 된다 …
## 바이오에너지 사업 '시동'

산업화 시대가 거듭되면서 화석연료는 대기오염은 물론 환경을 위협하면서 지구 생태계를 파괴하는 최악의 연료로 꼽히고 있다. 사정이 이렇다 보니 탄소 배출을 줄이고 생태계를 보호할 수 있는 대체에너지 개발을 위한 각국의 노력이 오늘도 지속되고 있다. 탄소중립과 함께 지구 생태계를 지키며 새로운 에너지원을 통한 자원재순환 활동이 환경기업을 중심으로 활발하게 전개되고 있는 가운데 SK에코플랜트가 음식물폐기물에서 발생하는 가스를 연료로 전환해 공급하는 바이오에너지 사업 개발에 시동을 걸고 나섰다. SK에코플랜트는 전북 군산 소재 자원재순환 기업인 홍보에너지와 함께 '바이오가스 고질화 기술 실증 및 사업화'를 위한 업무협약을 체결하고 친환경 경영 강화와 신재생에너지 사업 추진을 위해 가속도를 높인다는 계획이다.

출처 : 데일리포스트/일부인용

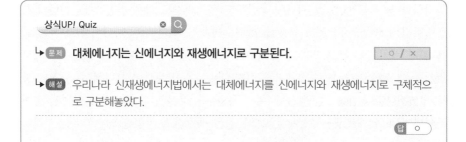

상식UP! Quiz

↳ 문제 대체에너지는 신에너지와 재생에너지로 구분된다.   ┌ ○ / ✕ ┐

↳ 해설 우리나라 신재생에너지법에서는 대체에너지를 신에너지와 재생에너지로 구체적으로 구분해놓았다.

답 ○

# 녹색칠에 가려진 진실

기업들은 자사의 상품을 팔기 위해 다양한 일을 합니다. 기후위기에 대한 경각심이 높아진 최근에는 기업들이 내놓는 상품들이 친환경을 표방하는 경우가 많은데요. 지역사회 보전, 깨끗한 재무구조와 함께 환경보호를 방점을 두는 ESG (Environmental, Social, Governance)가 보편적인 경영기조가 되면서 친환경을 내세우는 기업들이 늘어가고 있습니다. 기업들은 상품을 만들면서 환경오염을 일으키지 않거나 덜 일으키는 소재를 쓰기도 하고, 수익금의 일부를 환경보호를 위해 사용하기도 합니다. 또 상품을 사용함으로써 소비자가 환경보호를 직·간접적으로 실천할 수 있는 방법을 제시하기도 하죠. 기업들은 이러한 방식으로 환경보호 캠페인을 펼치는 동시에 자사의 이미지를 향상시킵니다.

그런데 이러한 친환경 마케팅을 악용하는 사례도 있는데요. 말하자면 친환경 제품이 아닌 것을 친환경 제품인 척 홍보하는 것이죠. 이러한 행태를 '그린워싱(Green Washing)'이라고 합니다. 초록을 뜻하는 그린(Green)과 영화 등에서 백인 배우가 유색인종 캐릭터를 맡을 때 사용하는 화이트 워싱(White Washing)의 합성어로 우리말로는 '위장 환경주의'라고 합니다. 기업이 제품을 만드는 과정에서 환경오염을 유발하지만 친환경 재질을 이용한 제품포장 등만을 부각해 마케팅에 강조하는 것이 그린워싱의 사례라고 할 수 있는데요. 2007년 미국 테라초이스가 발표한 그린워싱의 7가지 유형을 보면 상충효과와 감추기, 증거 불충분, 애매모호한 주장, 관련성 없는 주장, 거짓말, 유행상품 정당화, 부적절한 인증라벨이 있습니다.

그린워싱의 사례를 구체적으로 몇 가지 살펴보면 지난 2021년 사우디아라비아는

2060년까지 '넷제로'를 달성하기 위해 사막에 무려 500억그루의 나무를 심겠다고 발표했는데요. 물 한 방울 없는 사막에 어떻게 그런 많은 나무를 심겠다는 것인지 구체적인 계획은 빠져 있어 비웃음을 샀습니다. 또 우리가 흔히 인터넷 쇼핑몰에서 만날 수 있는 '친환경', '무독·무해' 같은 광고문구도 사실에 근거하지 않고 판매자가 임의로 적었다면 그린워싱이 됩니다. 2015년에는 한 외국계 자동차회사가 큰 소동을 일으켰는데요. 자사의 디젤차량에 친환경시스템이 장착돼 있어 배출가스를 저감할 수 있는 것처럼 광고했죠. 그런데 실제로는 인증시험 때에만 가스를 덜 배출하도록 저감장치를 조작하는 소프트웨어를 사용했다는 사실이 드러났습니다. 이 회사는 우리나라 공정거래위원회로부터 과징금 처분을 받았죠.

이 그린워싱을 방지하기 위한 수단 중 하나가 '그린 택소노미(Green-Taxonomy)'입니다. 어떤 경제활동이 친환경적이고 탄소중립에 이바지하는지 명확하게 규정한 분류체계인데요. 이러한 규정을 세움으로써 기업은 명확한 친환경 경영기준을 세울 수 있고, 또 녹색투자를 유도할 수도 있습니다. 어떤 경영활동이 그린워싱에 해당하는지 판단하는 지표가 되기도 하죠.

# EU, '무늬만 친환경' 채권 남발 막는다 … 녹색채권 규제 합의

유럽연합(EU) 홈페이지에 따르면 EU 이사회와 집행위원회, 유럽의회는 3자 협의 결과 'EU 녹색채권(EuGB)'을 신설하고 관련 표준을 제정하는 방안에 잠정 합의했다. 잠정 합의안이 시행되면 EuGB라는 명칭이 붙은 채권으로 조달한 자금은 EU의 친환경 경제활동 분류체계인 'EU 택소노미' 기준에 부합하는 경제활동에 투자한다는 것을 증명해야 한다. EU는 각 회원국 관할 당국에서 채권 발행인이 새 표준에 따른 의무를 준수하는지도 감독·관리하도록 했다. 집행위가 2021년 7월 처음 제안한 EuGB 규제는 '그린워싱' 금융상품 남발을 방지해 지속 가능한 자금조달 환경을 조성하는 것을 목표로 한다. 그린워싱은 실제로는 친환경적이지 않으면서 이윤을 목적으로 친환경적인 척하는 이른바 위장 환경주의 행위를 뜻한다. 실제로 친환경 산업의 몸집이 커지면서 관련 투자자금을 조달하는 방법의 하나로 녹색채권 시장이 전 세계적으로 급속도로 팽창했지만, 이 과정에서 그린워싱 상품으로 인한 투자 불확실성 증대 등이 문제로 지적돼 왔다.

출처 : 연합뉴스/일부인용

---

상식UP! Quiz

↳ **문제** 실제로는 환경에 유해한 활동을 하면서 친환경적인 것처럼 광고하는 행위는?

① 업사이클링
② 프리덤 푸드
③ 고프코어
④ 그린워싱

↳ **해설** 'Green'과 'White Washing(세탁)'의 합성어인 그린워싱(Greenwashing)은 실제는 환경에 해롭지만, 마치 친환경적인 것처럼 광고하는 것을 말한다.

답 ④

# 이제는 늘 우리의 곁에 있는 소리 없는 암살자

미세먼지에 잠긴 서울의 풍경

미세먼지는 이제 우리에게 매우 익숙한 존재입니다. 안개처럼 뿌옇게 내려앉은 미세먼지를 보면 저절로 눈살이 찌푸려지지요. 이러한 먼지는 입자에 크기에 따라 세 종류로 나눌 수 있습니다. 우선 먼지입자의 크기가 50μm(나노미터) 이하인 총먼지(TSP, Total Suspended Particles)와 10μm 이하인 미세먼지(PM, Particulate Matter)가 있습니다. 그리고 2.5μm 이하인 초미세먼지가 있죠. 머리카락 굵기보다도 가는 미세먼지는 너무 가벼워 공중에 부유해 다닙니다.

미세먼지는 자연적으로 발생하기도 하는데요. 꽃가루나 일반적인 흙먼지, 바다에서 오는 소금 성분 등이 포함돼 있기도 합니다. 그러나 무엇보다 심각한 피해를 야기하는 것은 역시 인위적으로 발생한 것입니다. 주로 석탄이나 석유 같은 화석연료를 태우면서 발생하게 되는데요. 자동차와 공장의 매연, 대규모 건설현장에서 유발되는 먼지와 가루 형태의 자재가 날리면서 중금속 성분을 띤 미세먼지가 발생합니다. 화석연료 말고도 각종 폐기물을 소각하는 과정에서 생기기도 하죠. 이밖에도 공장 등에서 배출된 기체가 대기에서 다른 화학물질과 만나 유해한 미세먼지로 바뀌기도 합니다. 화석연료를 태우게 되면 황산화물과 질소산화물, 암모니아 등의 기체물질이 배출되는데, 이것이 오존이나 수산화물 등 다른 여러 물질과 잇달아 결합하면서 여러 유해한 성분을 갖추게 되죠.

우리나라를 뒤덮는 미세먼지는 상당량이 중국에서 오는 것으로 알려져 있습니다. 중국의 동쪽 해안 도시에 세워진 공장과 화력발전소가 배출하는 미세먼지가 우리나라로 날아오게 되는데요. 중국발 미세먼지는 지구가 자전하며 서쪽에서 동쪽으로 부는 바람인 편서풍을 타고 옵니다. 이 바람은 1년 내내 불기 때문에 중국공장과 발전소의 가동 정도·여부에 따라 우리나라의 하늘도 큰 영향을 받습니다. 실제로 2021년 중국이 호주와의 외교갈등 때문에 석탄 수입을 멈추게 되면서 중국에 화력발전이 중지되고 대규모 전력난이 닥쳤었는데요. 해당 기간 동안 우리나라의 하늘은 모처럼 청정했습니다. 이

중국 발 미세먼지의 위성사진

처럼 중국발 미세먼지의 비중이 높다는 것이 설득력 있지만, 우리 정부의 입장에서는 이에 대응할 뾰족한 수가 없는 게 사실입니다. 한때는 중국에 국제소송을 제기하자는 목소리도 있었습니다. 그러나 어떤 국제법을 위반했는지 규정하기가 모호하고 또 자칫 중국과의 외교갈등이 불거질 수 있어 어려운 입장입니다.

## 서울시, 가로숲길 10만㎡ 조성, 미세먼지 저감 효과

서울시가 도로변 보행공간 및 유휴지 등에 '미세먼지 저감 가로숲길' 10만㎡를 조성한다고 밝혔다. 미세먼지 저감 권장 수종 113종을 도입해 다양한 종류와 높이의 나무를 다층구조로 식재해 가로숲길을 조성하는 것이다. 도로 주변의 담장·방음벽 등 구조물에는 덩굴 식물로 벽면을 녹화하고, 교통섬 등 유휴지에는 시민들이 잠깐 쉬어 갈 수 있도록 편의도 제공한다. 이 외에도 보도와 녹지의 경계 구분을 위해 설치했던 녹지 경계석을 빗물 저장·이용 시설로 대체해 폭우, 가뭄 등 이상기후에 대비한다.

출처 : 파이낸셜뉴스/일부인용

상식UP! Quiz

↳ 문제 먼지입자의 크기가 2.5㎛ 이하인 것을 미세먼지라고 한다.     ○ / ×

↳ 해설 먼지입자 크기가 10㎛ 이하면 미세먼지, 2.5㎛ 이하면 초미세먼지라 한다.

답 ×

# 물티슈는 종이로 만들지 않아요

여러분은 물티슈를 자주 사용하나요? 손이나 책상, 식탁 등을 간단하게 닦아낼 수 있어서 흔히 쓰이는데요. 그런데 이 물티슈가 종이가 아닌 플라스틱으로 만들어진 다는 사실을 모르는 사람들이 많습니다. 물티슈는 부직포와 플라스틱의 일종인 '폴리에스테르'로 만들어집니다. 그래서 펄프로 제조되는 휴지와 달리 버려지면 썩는데 수백년이 걸리죠. 더 큰 문제는 물티슈가 버려진 뒤 잘게 찢어지고 분해되면 '미세플라스틱'이 된다는 것입니다. 이 미세플라스틱은 최근 지구의 환경악화에 영향을 주고 있는데요.

일반적으로 미세플라스틱은 크기가 5mm 이하인 플라스틱을 말합니다. 미세플라스틱은 제조될 때부터 작게 만들어지기도 하고, 플라스틱 제품이 폐기된 후 분해되면서 만들어지기도 합니다. 전자를 1차 미세플라스틱, 후자를 2차 미세플라스틱이라고 부르는데요. 피부의 각질을 제거해준다는 세안제나 치약에 들어가는 작은

알갱이(마이크로비즈)도 1차 플라스틱에 해당합니다. 이러한 것들은 사용 후 고스란히 하수도로 흘러가는데요. 크기가 작기 때문에 정제과정에서 걸러지지 않고 그대로 강·바다로 흘러갑니다. 나일론이나 폴리에스테르 같은 합성섬유로 만들어진 의류도 분해되면서 미세플라스틱이 됩니다. 의류를 세탁하는 과정에서도 떨어져 나와 하수도로 들어간다고 하는데요. 우리의 생각보다 훨씬 다양한 곳에서 미세플라스틱이 쓰이고 또 발생하고 있는 셈이죠.

바다에 유입된 미세플라스틱은 해양 생태계에 악영향을 끼치고 있는데요. 새나 물고기가 이를 먹이로 오인해 섭취하거나 토양에 쌓이면서 바다를 더럽힙니다. 산호초나 해조류의 생장을 방해한다는 연구결과도 나왔는데요. 더 심각한 문제는 우리가 마시는 물에도 섞여 들어갈 수 있다는 것입니다. 실제로 2021

상수원의 토양에서 발견된 미세플라스틱

년에는 수도권의 상수원인 강원도 춘천시 의암호에서 무려 11억개에 달하는 미세플라스틱이 발견되기도 했죠. 이 미세플라스틱은 도로에 칠해진 페인트가 벗겨지고 물에 유입되면서 의암호에까지 흘러간 것으로 추측됐습니다. 이런 눈에 잘 띄지도 않는 작은 플라스틱이 상수도를 통해 결국 우리의 몸에까지 들어올 수 있는 것이죠.

또 식수뿐만 아니라 미세플라스틱에 오염된 수산식품을 통해서도 섭취하게 됩니다. 실제로 2019년 세계자연기금(WWF)의 '미세플라스틱 섭취에 대한 연구'에 따르면 사람은 매주 2,000여 개의 미세플라스틱을 섭취하고 있다고 하는데요. 이는 플라스틱 카드 한 장 정도의 분량이라고 합니다. 그러니 우리는 매주 카드 한 장씩을 먹고 있는 셈이죠. 물론 이것이 너무 과장된 연구결과라는 주장도 있습니다만, 단순한 우려가 아니라 실제로 미세플라스틱이 지구와 우리 삶을 위협하고 있는게 엄연한 현실입니다. 최근에는 미생물에 분해되는 플라스틱이 개발되어 포장재나 일회용 컵, 빨대 같은 가벼운 일상용품에 적용하는 연구가 진행되고 있습니다. 하지만 이런 기술적 노력보다 우리 스스로 일상 속에서 쓰레기 배출을 줄이는 실천이 무엇보다 중요할 것입니다.

# 우리는 매일 미세플라스틱을 먹고 있다. 몰랐다고요?

배달 주문할 때 주로 사용하는 일회용기의 미세플라스틱 검출량이 다회용기보다 2.9~4.5배 많은 것으로 조사됐다. 한국소비자원(소비자원)은 시중에 유통되는 플라스틱 재질의 일회용기 16종과 다회용기 4종을 시험 평가한 결과 이같이 나타났다고 밝혔다. 소비자원에 따르면 일회용기의 경우 종류에 따라 1개당 1개~29.7개의 미세플라스틱이 검출됐다. 다회용기는 0.7개~2.3개의 미세플라스틱이 검출됐다. 소비자원은 미세플라스틱의 뇌·신경 질환 등 위해성은 아직 과학적으로는 밝혀지지 않았지만 선제적인 안전관리가 필요하다고 조언했다. 소비자원 관계자는 "배달 포장 시 일회용기 대신 다회용기를 사용하면 미세플라스틱 섭취를 줄일 수 있을 것"이라며 "이번 시험결과를 바탕으로 관련 부처에 일회용기의 미세플라스틱 관리방안 마련을 건의할 계획"이라고 말했다.

출처 : 경향신문/일부인용

---

상식UP! Quiz

↳  2차 미세플라스틱은 제조될 때부터 5mm 이하의 작은 크기인 것을 말한다.

○ / ×

↳ 해설 제조될 때부터 작게 만들어지면 1차, 플라스틱 제품이 폐기된 후 분해되면서 만들어지면 2차 미세플라스틱이다.

 답 ×

# 이제 더는 버릴 곳이 없다

우리가 일상에서 흔히 버리는 쓰레기. 그런데 이 쓰레기가 어디로 가는지 알고 있나요? 쓰레기를 처리하는 과정에는 크게 세 가지가 있습니다. 매립하거나 소각하거나 재활용하죠. 이 쓰레기를 처리할 곳이 부족하다는 이야기는 이전부터 들려왔습니다. 버릴 곳을 찾지 못해 특히 서울과 인천, 경기도 등 지자체는 매립지 분쟁까지 벌이고 있는데요. 여기서는 쓰레기가 처리되는 일반적인 과정과 현실화된 쓰레기 대란에 대해 알아보도록 하겠습니다.

수도권매립지로 들어가는 쓰레기 수거 차량들

쓰레기를 처리하는 가장 흔한 방법은 매립입니다. 재활용하거나 소각하는 쓰레기를 제외하고는 매립지에 가져가 묻어버리고 토사로 덮는 '복토(覆土)'과정을 거칩니다. 복토는 악취를 줄이고 혹시 모를 화재를 방지하려는 목적이 있죠. 이를 '위생매립'이라고 부르는데, 일단 위생매립을 하기 위해선 쓰레기에서 흘러나와 주변을 오염시킬 우려가 있는 '침출수' 유출을 막고 정화하는 시설이 필요합니다. 또 쓰레기가 미생물에 분해되거나 산화되어 소멸되는 과정에서 메탄, 이산화탄소 등 매립가스가 방출되는데요. 이 가스를 모아 발전소로 보냅니다. 하지만 썩어 분해되는 시간은 오래 걸리고, 쌓이는 양은 늘어만 가니 한계가 있을 수밖에 없습니다. 악취 때문에 여기저기 매립지를 세울 수도 없는 노릇이죠.

두 번째는 소각입니다. 일단 소각은 플라스틱 등을 제외한 태울 수 있는 쓰레기만 가능한데요. 보통 우리가 '일반쓰레기'라고 부르는 재활용이 불가능한 것들을 주로 태웁니다. 지역사회에서 소각장으로 모인 쓰레기들은 잘 타도록 뒤섞고 습기를 제거하는 '파봉'작업을 거쳐 1,000℃에 육박하는 소각로 안에 들어갑니다. 소각과정에서 발생된 열은 에너지 발전으로 재활용할 수 있습니다. 매립과 비교하면 남는 쓰

소각장 추가 건립을 반대하는 지역주민들

레기의 양을 크게 줄일 수도 있죠. 그러나 역시 소각은 이산화탄소와 각종 유독가스를 배출할 우려가 있기 때문에 무분별하게 늘릴 수 없는 실정입니다. 물론 가스가 유출되지 않도록 설비를 갖추고 있지만, 지역주민들에게는 달갑지 않은 존재죠. 탄소배출을 감축해야 하는 국가 입장에서도 그렇고요.

마지막으로 재활용입니다. 사실 '우리나라만큼 분리배출에 엄격한 곳이 있을까' 하는 생각도 드는데요. 흔히 아파트나 대형 상가 등에서 재활용 쓰레기를 분류하고 나면 민간 재활용 수거 업체가 사들여 재활용 업체에 되팝니다. 금속캔은 철캔과 알루미늄캔으로 분리해 녹인 다음 각각 재활용되고요. 폐지는 압축시켜 물과 약품에 섞어 작은 섬유입자로 만든 뒤 이물질을 제거해 다시 펄프로 만들죠. 페트병은 세척 후 잘게 분쇄해 '플레이크(Flake)' 형태의 원료로 만든 뒤 가공됩니다. 그러나 한편으론 모든 쓰레기를 재활용할 수 있으면 좋겠지만 현실은 그렇지 못하죠.

쓰레기에는 생활폐기물만 있는 것이 아닙니다. 하수와 폐수, 용수, 분뇨를 처리하는 과정에서 나오는 슬러지(Sludge)도 있고요. 상품을 생산하는 산업현장에서 배출되는 산업폐기물도 있죠. 이런 쓰레기들을 처리하는 데는 비용과 시간이 들고 무엇보다 처리할 수 있는 공간이 필요합니다. 그러나 안타깝게도 처리공간을 마련하는 데 골머리를 앓고 있는 중이죠. 더 이상 쓰레기를 버릴 곳은 없고 버리는 양은 늘어만 가니 이를 해결할 뾰족한 수가 없는 게 현실입니다.

특히나 이런 시설들은 혐오시설로 치부돼 지역주민들의 반대에 부딪히는 '님비현상'을 겪게 되는데요. 일례로 서울과 인천, 경기도의 쓰레기를 매립해오던 인천 서

구의 '수도권매립지'는 본래 2016년에 매립을 중단할 예정이었습니다. 그런데 환경 오염 여론이 심각해지고 이에 따라 분리배출이 활성화되면서 매립지로 오던 쓰레기의 양이 주춤했는데요. 그래서 매립기한을 연장하자는 논의가 조심스레 흘러나왔는데 역시나 지역사회의 극심한 반대가 터졌습니다. 자기가 사는 동네에 쓰레기를 버리러 오는데 사실 반길 사람은 없겠죠. 때문에 도시들 간의 갈등도 증폭됐고, 여전히 대체 매립지를 마련하는 것이 끝나지 않는 고민거리로 남아 있습니다. 이 같은 현상은 수도권만이 아닌 전국의 지자체에서 겪고 있는 무거운 현실입니다.

## 3년 뒤면 쓰레기 직매립 금지 … 마지막 골든타임 지나간다

'쓰레기대란'의 시간이 다가오면서 서울과 경기도, 인천의 고민도 깊어지고 있다. 3년 뒤부터는 종량제 쓰레기를 묻지 못하는 '수도권 직매립 금지'가 시행되기 때문에 이들 3개 시·도는 해결책 마련에 사활을 걸어야 하는 상황이다. 최근 환경부와 수도권 단체장은 '4자 협의체'를 재가동하면서 대체 매립지 찾기와 폐기물 처리시설 확충 등에 힘을 모으기로 했다. 그러나 새 매립지를 찾는 것도, 지역 내에 소각장을 늘리는 것도 지난한 일이라 보다 실현 가능한 대안을 모색해야 한다는 지적이 나온다. 4자 협의체가 다시 가동된 건 2021년 6월 이후 1년 8개월 만이다. 환경부와 수도권 단체장들은 2015년 합의사항 이행에 초점을 맞추고 대체 매립지 조성을 원점부터 재논의할 계획이다. 하지만 새 매립지를 조성하는 데 최소 7년 이상이 걸려 '골든타임'은 이미 지나간 것과 다름없다는 평가가 나온다.

출처 : 국민일보/일부인용

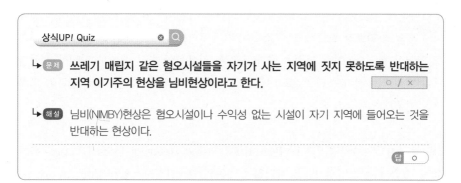

상식UP! Quiz

↳ 문제 쓰레기 매립지 같은 혐오시설들을 자기가 사는 지역에 짓지 못하도록 반대하는 지역 이기주의 현상을 님비현상이라고 한다.

○ / ×

↳ 해설 님비(NIMBY)현상은 혐오시설이나 수익성 없는 시설이 자기 지역에 들어오는 것을 반대하는 현상이다.

답 ○

# 환경과 ICT의 만남?!

스마트그리드(Smartgrid)는 한마디로 '지능형 전력망'이라고 할 수 있습니다. 가정과 산업전반에서 쓰이는 전력망에 ICT기술을 접목하여 전기수요를 지능적으로 조절하고 관리하는 시스템인데요. 가정에서 사용하는 가전제품과 공장에서 돌아가는 제조설비 등 전기가 통하는 것이라면 무엇이든 연결되어 효율적으로 관리가 가능합니다. 전기수요를 효율적으로 관리할 수 있다는 것은 다시 말해 전기를 시간대별로 선택적으로 사용할 수 있다는 뜻입니다. 가령 가정에서도 전력이 많이 드는 가전제품을 사용하고자 할 때에는 전기료가 가장 저렴한 시간대를 골라 사용할 수 있죠. 이는 전력을 공급하는 쪽과 소비하는 쪽이 실시간으로 전력생산과 관련된 정보를 주고받을 수 있기 때문에 가능합니다.

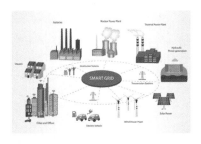

다시 말해 스마트그리드의 요점은 전력의 효율적 관리인데요. 기존의 전력발전은 공급자가 수요량을 미리 예측하고 혹시 모를 상황을 대비해 예비율을 둬 예측량보다 15% 정도 많이 전력을 생산합니다. 전력을 생산하기 위해서는 필요한 것들이 많죠. 아직까지 우리나라를 비롯한 많은 국가에서는 화석연료 발전비중이 높은데요. 태워서 열에너지를 얻을 연료가 필요하고, 발전설비와 에너지를 전기로 변환해 실어 나를 전선도 있어야 합니다. 이런 과정에 보태어 전력 사용량이 하루 중에도 일정하지 않다보니 버려지는 전기도 많죠. 또 여름철의 경우 전력사용이 몰릴 때는 전력이 모자라는 경우도 있는데요.

스마트그리드의 핵심적인 기술은 AMI(Advanced Metering Infrastructure)라고 할 수 있습니다. 소비전력량을 파악하는 기존의 원격검침시스템인 AMR(Automatic Meter Reading)가 진보한 형태인데요. AMI의 주축이 되는 장치로는 스마트미터가 있습니다. 기계식 전력량계에 통신기능을 추가한 것인데, 실시간으로 전력사용량을 측정하고 이에 대한 데이터를 모아 전력 공급자에게 전달하면 공급자 측에서 빅데이터로 통합하여 관리합니다. 소비자는 스마트폰으로 간단하게 자신의 전력사용 분석내용을 살펴볼 수 있고, 공급자는 어떤 시간대에 전력을 공급하는 것이 효율적인지 파악합니다. 그리고 시간대에 따라 적절한 가격으로 전력을 공급할 수 있습니다.

스마트그리드를 더 폭넓게 사용하면 가정뿐 아니라 기업과 공장, 도심 이곳저곳의 전력사용정보를 IT기술로 포집하여 필요한 시간대에 필요한 전력을 군더더기 없이 나눌 수 있습니다. 정보는 적합한 UI로 구성된 애플리케이션으로 각 소비자들이 실시간으로 확인할 수 있고요. 그래서 스마트그리드는 도시 전체의 인프라를 네트워크로 연결시켜 관리하는 '스마트시티' 개발에도 필수적입니다. 더 나아가 스마트그리드는 화석연료를 대체하게 될 친환경에너지 사용에도 도움이 됩니다. 전력생산이 불규칙한 친환경에너지는 그 특성상 생산전력을 저장하기 어려운 면이 있는데요. 스마트그리드를 활용하면 필요한 곳곳에 안정적으로 전력망을 확대·보급할 수 있게 됩니다. 또 전력공급관리에 인공지능을 활용하니 사고나 공급중단 위기에도 선제적으로 매끄럽게 대응할 수 있죠.

러시아의 우크라이나 침공이 촉발한 에너지대란으로 스마트그리드의 필요성이 부각되고 있습니다. 세계적 IT 기업을 보유한 미국과 에너지위기 직격탄을 맞은 유럽도 노후화된 전력망을 현대화하기 위해 막대한 비용을 투자하고 있죠. 특히 에너지 원료 대부분을 수입하는 우리나라 또한 조금이라도 더 에너지를 아껴 사용할 필요가 있습니다. 정부는 2018년부터 2022년까지 지능형 전력망을 확산하기 위해 4조 5,000억원을 투자했는데요. 실제로 한국전력공사는 2009년부터 2013년까지 제주도 구좌읍에 스마트그리드 실증단지를 조성하기도 했죠.

그러나 시장규모는 점점 커지고 있지만, 아직까지 가시적인 성과는 내지 못하고 있는 실정입니다. 먼저 현재 전력공급시스템을 뒤엎고 스마트그리드가 적용된 모델로 교체하는 비용이 만만치 않은데요. 지난 2016년까지 진행된 제1차 지능형전력망 기본계획에서는 AMI 보급 목표를 달성하지 못한 것으로 나타났습니다. 집집마다 AMI를 설치해야 스마트그리드를 실현할 기본요건이 마련될 텐데요. 아울러 네트워크가 수반되는 특성상 보안문제도 반드시 해결해야 할 문제입니다.

## 정부, '스마트그리드'에 5년간 3조 7,000억원 투자키로

산업통상자원부는 '2050탄소중립녹색성장위원회'에서 '제3차 지능형전력망 기본계획'을 심의·확정했다고 밝혔다. 이른바 '스마트그리드'로 불리는 지능형전력망은 정보통신기술을 적용해 전기공급자와 소비자가 실시간으로 정보를 교환하고 에너지 이용효율을 높이는 전력망을 뜻한다. 정부는 5년마다 지능형전력망 기본계획을 수립해오고 있다. 우선 오는 2025년까지 잉여전력을 열, 수소 등으로 저장하는 '섹터커플링'을 상용화하기로 했다. 섹터커플링이란 쓰고 남는 재생에너지 전력을 다른 형태의 에너지로 전환해 전체적인 효율성을 높이는 기술이다. 충전기를 통해 전력망에 연결된 전기차 배터리를 에너지저장장치(ESS)로 활용하는 '전기차·전력망 통합시스템(VGI)'도 마련하기로 했다. '한국형 통합발전소' 도입도 추진한다. 통합발전소는 태양광, 연료전지 등 분산된 재생에너지를 통합해 전력시장에 입찰하는 정보통신기술 기반의 가상 발전소다. 올해 말 제주에서 재생에너지 입찰제도 시범운영을 거친 후 2025년 말 전국에 확대 적용할 계획이다.

출처 : 경향신문/일부인용

상식UP! Quiz

↳ 문제 스마트그리드를 우리말로 해석하면 '지능형 전력망'이라고 할 수 있다.

ㅇ / ✕

↳ 해설 스마트그리드는 '지능형 전력망'으로 전력망에 ICT기술을 접목하여 전기수요를 지능적으로 조절하고 관리하는 시스템이다.

답 ㅇ

# 지구는 모두의 삶의 터전!

지구에는 모두 몇 종의 생물이 살고 있을까요? 과학자들에 의하면 2021년 7월 기준으로 '밝혀진' 생물종만 대략 211만종 정도 된다고 합니다. 이중 동물이 150만여 종으로 가장 많고, 다음이 식물 38만여 종과 균 14만여 종으로 이어지는데요. 물론 그밖에도 우리 눈에 보이지 않는 무수한 생물들이 지구에 살고 있습니다. 미처 밝혀내지 못한 생물 또한 많을 것이고요.

그런데 우리는 미디어를 통해 생물들이 사라지고 있다는 소식을 종종 듣게 됩니다. 세계자연기금(WWF)이 2022년 발표한 '지구생명보고서'에 따르면 1970년부터 2018년까지 지구의 지역별 야생동물 개체군의 규모가 평균 69%나 감소한 것

서식지 파괴를 맞고 있는 북극곰

으로 나타났습니다. 개체군이라는 것은 일정 지역에 함께 서식하고 있는 생물집단을 의미하는데요. 과거에는 어떤 지역에서 풍부하고 다양한 생물들을 만날 수 있었지만 이제는 그렇지 못하다는 뜻입니다. 한 지역에 함께 사는 생물들은 저마다 따로 살아가는 게 아닌, 많은 경우 먹이사슬이나 공생관계에 놓여 있기 때문에 환경변화에 다 같이 영향을 받을 수밖에 없습니다. 생물들이 멸종되면서 다른 생물들에게도 영향을 끼친다는 것이죠.

물론 생물이 멸종되는 것 자체가 이상한 일은 아닙니다. 환경과 그 변화에 적응하지 못하는 종은 자연스레 도태될 수 있죠. 지구의 역사에서 한 생물이 멸종된 자리는 새로운 생물종이 나타나 채우고 그 다양성을 늘려왔습니다. 그러나 과거의 멸종은 수백 · 수만 세대에 걸쳐 매우 느리게 진행됐기 때문에 이를 메우고 늘릴 여유가

있었지만, 지금은 그렇지 않습니다. 굉장히 빠르게 생물들이 사라지고 있죠. 앞서 말했듯이 한 생물종이 멸종하면 그 생물을 소비해 살아가는 생물에게도 치명적입니다. 먹이사슬의 한 부분이 끊어지면 생태계는 제대로 순환하지 못하죠.

2022년 2월 서호주에서 일어난 대형 산불

생물이 빠르게 멸종하는 가장 큰 원인은 역시 기후변화입니다. 동물들은 기후변화에 매우 민감한데요. 일례로 1980년대까지도 그물이 찢어지도록 잡히던 우리 동해의 명태는 시간이 흐르면서 어획량이 급감했습니다. 지금 우리가 마트에서 구입할 수 있는 명태는 대개 외국산이죠. 1980년대 후반 급격한 기후변화로 동해안의 수온이 2℃ 오르면서 명태가 알을 낳기 어려운 환경이 됐기 때문입니다. 이밖에도 기후변화로 인한 서식지 파괴 사례는 흔히 찾을 수 있죠. 온난화로 날씨가 건조해져 삼림에 큰 화재가 일어나 동물들의 삶의 터전을 빼앗기도 하고요. 빙하가 녹아 바다 위에 둥둥 뜬 얼음 위에서 표류하는 북극곰의 모습은 기후위기를 설명할 때 흔히 쓰이는 장면이기도 합니다. 이 북극곰들이 먹이를 찾아 사람들이 사는 민가로 내려오면서 또 다른 문제가 되고 있죠.

1992년 브라질 리우에서 열린 지구정상회담에서는 150개 국가의 정부가 생물다양성을 보존하기 위한 협약에 서명했습니다. 바로 '생물다양성협약(CBD, Convention on Biological Diversity)'인데요. 이 협약에서는 생물다양성을 보존하기 위해 국가가 나서서 해야 할 일들을 정하고, 국가 간에 협력할 수 있는 일들과 방안을 생각했죠. 전 세계가 이렇게 나서는 이유는 생물다양성이 인류에게도 중요하기 때문입니다. 이미 우리는 의식주와 산업, 의약 등 다양한 분야에서 생물을 자원으로서 사용하고 있는데요. 게다가 생물은 그 자체만으로 지구의 오염물질을 흡수하고 정화하는 역할을 합니다. 그리고 이러한 역할이 깨지지 않으려면 그런 역할을 하는 생물이든 이 생물과 먹고 먹히는 다른 생물이든 사라져서는 안 됩니다. 지구는 인류를 비롯한 많은 생물들이 순리의 흐름대로 살아가야 하는 소중한 터전입니다.

# 나뭇가지 착륙하는 드론 … DNA 수집해 생물다양성 감시한다

숲의 '환경DNA(eDNA)'를 손쉽게 조사할 수 있는 방법이 나왔다. 에마누엘레 아우콘 스위스 취리히연방공대 환경시스템과학부 교수 연구팀은 특수 케이지와 힘 센서를 이용해 나무에 착륙할 수 있도록 만든 드론 'eDrone'을 국제학술지 사이언스 로보틱스에 소개했다. 연구팀은 새로 개발한 드론을 활용해 14개의 나무, 21개의 육상동물 eDNA 샘플을 확보했다. eDNA는 흙 · 침전물 · 공기와 같은 환경, 살아 있는 세포, 세포 외 DNA가 복합적으로 혼합된 유전물질이다. eDNA 샘플에서는 세균, 박테리아, 진핵생물을 동시에 탐지할 수 있어 최근 생물다양성 조사에 활발히 활용되고 있다. 특히 기후변화로 향후 20년 안에 100만종의 생물이 멸종위기에 처할 만큼 생물다양성이 빠르게 감소하고 있어 eDNA의 중요성이 높아지고 있다. eDNA를 분석하는 것은 주변 환경에 생물들이 적응할 수 있는 해결책을 제공하는 것으로 알려졌다.

출처 : 조선비즈/일부인용

---

상식UP! Quiz

↳ 문제 **지구상의 동 · 식물을 보호하고 천연자원을 보존하기 위한 국제협약은?**

① 람사르 협약

② 런던 협약

③ CBD

④ 바젤 협약

↳ 해설 CBD는 생물다양성협약의 약자로 지구상의 동 · 식물을 보호하고 천연자원을 보존하기 위한 국제협약이다.

답 ③

# 절약과 재활용은 이제 기본입니다

우리가 경험하던 보통의 경제생활은 자원을 대량 채취해 상품을 대량생산하고 소비하며 다 쓴 것을 폐기하는 노선 위에서 흘러왔습니다. 이렇듯 일정하게 한쪽방향으로 흐르는 경제구조를 '선형경제'라고 부르는데요. 하지만 이러한 선형경제하에서는 자연스레 자원의 낭비와 폐기물의 배출이 늘어날 수밖에 없습니다. 그래서 친환경적인 대안으로 '순환경제(Circular Economy)'가 제시되고 있습니다. 순환경제란 사용한 자원과 상품을 절약하고 재활용하여 이른바 지속가능성을 높이는 경제생활이라고 할 수 있죠. 순환경제는 상품을 제조하는 기업뿐 아니라 소비자도 함께 실천하면서 그리는 수레바퀴 같습니다.

버려진 물품을 재료로 만들어진 업사이클링 제품들

순환경제가 떠오르기 시작한 것은 유럽에서였는데요. 유럽연합(EU)은 순환경제를 실천하기 위한 계획과 방안을 담은 전략 패키지를 발표하기도 했죠. 순환경제는 단순한 재활용 캠페인 같아 보이지만 국가가 경제를, 기업이 시장을 이끌어나가는 하나의 기조로서 기능합니다. 단순한 재활용은 만든 상품을 재활용해 다시 상품을 만들어 쓰고 폐기하는 수순을 밟습니다. 그러나 순환경제에서는 자원을 채취(take)하고 상품을 생산(make)하며 소비(consume)하고, 이를 고쳐서(repair) 다시 쓰고 (reuse), 재활용(recycle)하여 상품을 생산(make)하는 원형구조를 갖고 있습니다. 자원을 절약하는 동시에 이익을 창출하는 모델이죠.

순환경제의 사례를 한번 살펴볼까요? 전기자동차의 폐배터리를 수거해 재사용·재활용하는 방안은 전기차 시장의 확대와 맞물려 주목받고 있는데요. 특히 니켈이나 망간 같은 배터리 재료를 수입해 쓰는 우리나라의 경우 폐배터리 순환은 지속가능성과 경제적 이득을 함께 이룰 수 있는 방법입니다. 국내의 한 유통업체의 경우 자사의 대형마트에서 폐기되는 종이박스를 재활용해 온라인 쇼핑몰의 배송 박스로 사용하는 방안을 계획했죠.

또 폐수를 정화할 때 방출되는 가스를 포집해 지역난방에 활용하는 방법 또한 순환경제의 사례라고 볼 수 있을 겁니다. 매립지에서 모은 메탄가스를 발전소로 보내 에너지를 생산하는 방식도 같은 맥락입니다. 크게 보면 소유하지 않고도 상품의 이점을 누리며 소비할 수 있는 공유 · 대여 서비스도 순환경제의 일면입니다.

## SSG닷컴, '쓱배송' 포장재에 재생원료 도입
## "순환경제 시스템 구축"

SSG닷컴이 이마트 점포에서 발생하는 폐지를 재활용한 포장재를 도입하며 '순환경제' 체계 구축에 나선다. 최근 기상이변과 팬데믹을 거치며 전 연령대에서 환경에 대한 인식이 강화되고 있는 가운데 핵심 서비스 분야인 라스트마일(Last-mile) 영역에 친환경 요소를 입히며 ESG경영을 강화한다는 복안이다. SSG닷컴은 시간대 지정 배송서비스 '쓱배송' 상품 포장에 FSC(Forest Stewardship Council) 인증을 받은 재생원료를 활용한 원지를 도입한다고 밝혔다. FSC는 국제산림관리협회가 산림자원을 보호하기 위해 만든 국제인증이다. 새 포장재는 이마트 매장에서 사용 후 폐기되는 종이박스를 원료로 만들어졌다. 고지비율 중 30%가 재생원료이며 향후 지속적으로 함량을 높여나갈 예정이다.

출처 : 더팩트/일부인용

---

상식UP! Quiz

↳ 문제 **선형경제는 순환경제와 비슷한 개념이다.**　　　　　　　○ / ×

↳ 해설 순환경제는 기존 선형경제의 대안으로서 사용한 자원과 상품을 절약하고 재활용하여 이른바 지속가능성을 높이는 경제활동이다.

답 ×

# 코로나19와 함께 하는 생활

2023년 3월 20일부로 대중교통에서도 실내마스크 착용의무가 해제됐습니다. 전 국민의 대다수가 한 번쯤 코로나19에 감염되었다보니 이제는 일일 확진자 수 발표에도 많이 무감각해졌는데요. 하지만 여전히 코로나19는 우리 곁에서 사라지지 않았습니다. 지금도 우리 곁의 누군가는 코로나19에 감염되고 있죠. 그런데 정부가 모든 실내에서 마스크 착용의무 해제를 발표하면서 이 조치가 코로나19의 '엔데믹' 전환의 중요한 이정표라는 평가가 나왔습니다. '팬데믹'이라는 용어는 그간 언론을 통해 종종 들어와 익숙하긴 한데, 엔데믹은 조금 낯설지 않나요?

본래 엔데믹(Endemic)은 '말라리아'나 '뎅기열'처럼 특정 지역에서 주기적으로 발생하는 풍토병을 가리키는 말이었습니다. 그러다가 코로나19 확산 이후부터 팬데믹과 구분하기 위해 '주기적으로 발생하는 감염병'이라는 의미로 사용하고 있는데요. 세계보건기구(WTO)는 코로나19가 완전히 종식되지 않고 지역적으로 확산됐다가 사라지는 감염병의 형태를 갖추게 되자 이를 '엔데믹'이라는 용어로 표현했습니다. 우리나라 문화체육관광부에서는 코로나19로 인해 그 의미가 조금 달라진 엔데믹을 우리말로 '풍토병'이 아닌 '감염병 주기적 유행'이라고 대체하기로 했죠.

코로나19가 엔데믹으로 전환된다는 것은 우리가 철마다 겪는 계절독감과 같이 취급된다는 뜻입니다. 감기처럼 흔하게 걸릴 수 있는 질병으로 함께 살아간다는 의미죠. 사실 엔데믹 전환 조짐은 확산세가 다소 가라앉고 거리두기가 느슨해지기 시작한 2022년 초부터 이미 나오기 시작했습니다. 확진자가 폭증하면서 거리두기 조치가 사실상 유명무실해졌다는 평가가 나왔고, 바이러스가 변이될수록 치명률이 낮아진 점도 전환 가능성을 높였습니다. 그럼 엔데믹은 어떤 조건에서 가능할까요?

전문가들은 엔데믹의 전제조건으로 세 가지를 꼽아왔습니다. 첫 번째로는 언제 어느 정도의 규모로 유행할지 예측할 수 있어야 합니다. 대표적 풍토병인 독감도 주변국에 어떤 종류의 인플루엔자가 유행했는지 따져보고 올해 우리나라에 어느 정도 환자가 발생할지 예측합니다. 제약회사들은 이 예측에 발맞춰 알맞은 수량으로 백신을 생산하죠.

코로나19 경구치료제 중 하나인 팍스로비드

둘째, 확실한 치료제가 있어야 합니다. 2008년 팬데믹을 일으켰던 '신종플루'에는 '타미플루'라는 저렴하고 간편한 치료제가 있었습니다. 코로나19 또한 감염되면 동네병원과 약국에서 치료제를 처방받아 치료될 수 있어야 합니다. 하지만 2023년 5월 기준으로 누구나 간편하게 복용 가능한 확실한 코로나19 치료제는 아직 개발되지 않았습니다. 셋째, 감염의 규모가 일정하게 유지돼야 합니다. 첫 번째 조건과도 관련되어 있지만, 그 규모를 예측할 수 있어야 하고, 또 지역별로도 시기로도 확진자수가 고르게 기록되어야 하죠. 그러나 변화무쌍한 코로나19의 특성상, 또 어떤 변이가 나타나 확진자를 늘릴지는 누구도 알 수 없습니다.

이런 점들 때문에 여전히 우려를 표하는 목소리도 있으나 엔데믹은 이미 현실화되고 있습니다. '코로나19 이전으로 돌아갈 수 없다'는 전망이 팽배했던 때를 생각해보면 그래도 다행스런 일인데요. 3년간 많은 사람들이 희생당했고 경제적으로 큰 고통을 받았습니다. 사실 그래서 엔데믹에는 감염사태를 체감하는 국민의 심리도 반영돼 있다고 합니다. 사람들 스스로 일상생활을 영위할 수 있는 상태로 인식한다면 엔데믹에 진입했다고 할 수 있는 것이죠. 코로나19가 종식되기는 여전히 힘들어 보이지만, 함께 살아가야 한다면 확실하고 간편하게 치료할 수 있는 값싼 치료제가 하루 빨리 개발됐으면 하는 바람입니다.

# 코로나 엔데믹에 다시 붐비는 호텔

코로나 엔데믹에 막혔던 하늘길이 열리며 호텔업계가 국내외 투숙객들로 붐비고 있다. 특급호텔을 찾는 국내 관광객의 발길이 잦아진 것은 물론 일본과 대만, 마카오 등 일부 국가의 무비자 입국이 허용되며 해외 관광객이 급속도로 늘고 있다. 호텔업계에 따르면 대다수 특급호텔이 영업손실을 회복했으며 올해도 매출 성장세를 이어갈 전망이다. 호텔업계는 중국 리오프닝과 인천공항 일본 국제선 운항 증가에 따른 단체 관광객 유입에 따라 실적이 지속 성장할 것으로 기대 중이다. 이에 따라 호텔 재정비, 본격 고객 모시기에 나서고 있다.

출처 : 뉴스토마토/일부인용

---

상식UP! Quiz ⊗ Q

↳ 문제 세계보건기구(WHO)에서 선포하는 감염병 경고 최고등급은?
① 트윈데믹
② 엔데믹
③ 팬데믹
④ 에피데믹

↳ 해설 팬데믹(Pandemic)은 감염병의 세계적 대유행으로 WHO가 선포하는 감염병 경고다.

답 ③

# 매도 먼저 맞아본 몸이 안다

코로나19의 확산세 국면을 전환시킨 데에는 백신의 역할이 컸습니다. 코로나19가 본격적으로 창궐하던 시기에는 백신만이 유일한 해법이라며, 언제쯤 개발될 것인가 이래저래 말이 많았는데요. 통상 바이러스 백신 개발기간대로 2년 이상은 훌쩍 걸릴 것이라는 예측을 뒤엎고, 1년여 만에 개발되어 각국의 긴급승인이 떨어지기

국내 1호 코로나19 백신인 스카이코비원

시작했습니다. 접종 전후에 걸쳐서 백신의 부작용과 효과에 대해서도 말이 참 많았지만, 사람들은 공포감에 앞다퉈 백신접종을 받았습니다. 이렇게 전 세계인을 웃고 울렸던 백신은 어떤 방법으로 질병을 예방하는 걸까요?

백신의 목적은 후천적으로 면역체계를 만들어 바이러스가 침투했을 때 면역반응을 일으키도록 하는 것입니다. 백신의 효시는 1796년 영국의 의사 '에드워드 제너'가 개발한 '우두법'이라 할 수 있는데요. 당시 치명율이 40%에 달했던 천연두 바이러스 퇴치의 시작점이었죠. 제너는 '우두(소의 두창)'에 걸린 사람은 천연두에 걸리지 않는다는 이야기를 듣고, 우두 환자의 종기에서 고름을 짜내 어린 아이에게 주입했습니다. 그 결과 아이는 정말로 천연두에 걸리지 않았죠. 그러니까 백신의 기초적인 원리는 바이러스에 대비하기 위해 바이러스를 미리 몸에 주입한 다음 그 특성을 익히게 하여 막을 방법을 몸 스스로 만들게 하는 겁니다. 막을 방법을 만든다는 것은 방어 역할을 하는 우리 몸의 면역세포가 항체라는 이름의 무기를 만들어 바이러스와 싸운다는 뜻입니다.

그런데 바이러스를 주입할 때는 이미 그 기세가 약해졌거나 죽어 그 특성만을 띤 것을 주입해야 합니다. 참고로 약화되거나 독성을 없앤 바이러스를 주입하면 생백신, 죽은 바이러스를 주입하면 사백신이라고 합니다. 우리 몸의 면역세포는 바이러

스 자체가 아닌 그 항원에 반응하는데요. 항원은 바이러스의 얼굴이라고 할 수 있죠. 면역세포는 다음에 또 그 바이러스가 들어왔을 때 얼굴을 알아보고 공격하게 됩니다. 그런데 하나의 바이러스가 얼굴, 즉 항원을 바꿔 들어온다면 어떻게 될까요? 아마 항원을 알아보지 못하니 백신은 무용지물이 될지도 모릅니다. 코로나19도 그런 바이러스 중 하나였는데요. 그래서 과학자들은 '2가백신'이라는 것을 개발했습니다. 애초에 초기의 코로나 바이러스와 변이 바이러스를 동시에 주입하는 겁니다. 그러면 우리의 면역세포도 능동적으로 바이러스를 막아낼 수 있겠죠.

백신의 유효기간은 저마다 다릅니다. 홍역 백신의 경우 한 번 맞으면 25년 정도는 거뜬하지만, 독감이나 코로나19 경우 3개월 정도에 불과하죠. 이는 상술한 생백신이냐 사백신이냐에 따라 차이가 있는데요. 아무래도 살아 있는 바이러스를 주입하다 보니 면역세포가 더 강력하게 대응해야 하고 이에 따라 면역기간도 길어집니다. 대신 면역력이 약한 사람이라면 바이러스에 감염될 수도 있죠. 사백신의 경우 비교적 안전하지만 대신 면역기간이 짧아 주기적으로 접종을 해줘야 합니다.

## 접종률 하락에 코로나백신 대량 폐기 위기

코로나19가 엔데믹 수순을 밟게 되면서 상당수 재고 백신이 폐기될 처지에 놓였다. 냉동창고에 보관 중인 백신의 유효기간이 만료되면서다. 젊은층은 백신접종에 무관심하고 고연령층의 접종추세도 하향곡선을 그리고 있다. 만 6개월~4세 영유아 대상 코로나19 백신 접종률은 극히 미미하다. 접종 대상 영유아는 총 113만 1,393명으로 접종률은 0.02%에 그친다. 8주 간격으로 접종을 3회 해야 해 번거롭고, 감염 예방효과보다 부작용을 우려하는 부모가 많기 때문으로 풀이된다. 영유아 접종에는 화이자가 개발한 단가 백신이 쓰이는데 40만회분이 국내에 도입됐다. 영유아용 백신의 유효기간은 1년이다. 방역당국은 제조시기를 고려해 유효기간이 도래시기를 가늠하고 있다.

출처 : 아시아경제/일부인용

---

상식UP! Quiz   ⊗ Q

↳ 문제 **코로나19 백신에서 사용된 기존과 다른 새로운 백신기술은?**

① mRNA백신
② RNA백신
③ DNA백신
④ 사균백신

↳ 해설 mRNA백신은 핵 안의 유전정보를 세포질 내 리보솜에 전달하는 RNA백신이다. 기존의 백신이 바이러스 단백질을 체내에 직접 주입하는 반면 mRNA백신은 DNA상의 유전정보를 전령하는 방식으로 신체 면역반응을 유도해 '전령(메신저) RNA'라고 부른다. 기존 백신과 달리 바이러스 항원 배양시간이 들지 않아 시간이 절약된다는 장점이 있다. 하지만 보관온도 등 주변 환경에 매우 취약하다는 단점이 있다.

답 ①

신문으로 공부하는
# 말랑말랑 시사상식
## 과학·IT

CHAPTER 04

우주

# 정체불명! 우주는 과연 무엇으로 차 있을까?

우주는 매우 넓습니다. 너무 넓어서 그 크기를 가늠할 수 없을 정도죠. 별과 별 사이의 평균적인 거리가 얼마나 되는지 알고 있나요? 과학자들의 말에 따르면 서울에 농구공 하나를 놓고 미국 워싱턴D.C에 농구공 하나를 놓은 수준의 거리라고 합니다. 그러니 우주에는 빈 공간이 어마어마하게 많은 것이죠. 그런데 이 빈 공간에는 정말 아무것도 없는 것일까요?

은하단을 둘러싼 암흑물질의 분포를 추정하여 푸른색을 입힌 이미지

우주를 관측하는 방법에는 여러 가지가 있습니다. 그냥 맨눈으로도 볼 수 있지만, 맨눈으로는 그 실체를 알 수 없는 것들이 우주에는 무수히 많죠. 그래서 과학자들은 전자기파를 이용합니다. 우주 공간을 오고가는 가시광선, 엑스선, 적외선, 감마선 등등 물질이 방출하는 전자기파의 파장을 관찰해 보이지 않는 우주 깊숙한 곳에 무엇이 있는지 캐냅니다. 이러한 전자기파를 방출하는 물질은 질량을 갖고 있고 질량이 있다면 중력과 '중력장'도 갖고 있습니다. 앞서 일반 상대성이론에서도 봤듯이 중력장은 시공간에 영향을 줍니다. 우리는 시공간을 뒤트는 중력장 현상을 관찰함으로써 그 물질의 질량이 얼마나 되는지 가늠할 수 있죠. 그런데 문제는 분명히 중력장과 질량은 갖고 있는데, 이것이 방출하는 전자기파는 관측할 수 없는 것들이 있다는 겁니다. 그것도 엄청나게 많이요.

과학자들은 이 알 수 없는 존재들을 '암흑물질(Dark Matter)'과 '암흑에너지(Dark Energy)'라고 가정했습니다. 꼭 판타지 영화에서나 나올 법한 이름이지만, 사실은 그 실체를 알 도리가 없기 때문에 붙여진 명칭이죠. 분명히 뭔가가 존재하고는 있는데, 정체를 알 수 없었던 겁니다. 과학자들은 우리가 우주에서 관측할 수 있는 물질의 비율이 전 우주에서 고작 5%밖에 되지 않는다고 말합니다. 나머지 70%는 암흑에너지, 30%는 암흑물질이라고 하는데요.

암흑물질은 1930년대에 은하의 움직임을 관찰하면서 본격적으로 존재 가능성이 제기되기 시작했습니다. 원반 모양의 은하는 소용돌이처럼 회전하는데요. 이론상 중력이 강한 은하 중심에 가까울수록 회전속도가 빠르고 멀어질수록 중심에서 붙잡는 힘이 약하니 느려지죠. 우리 태양계도 보면 태양과 가장 가까운 수성과 가장 먼 해왕성의 공전주기는 크게 차이가 납니다. 그런데 과학자들의 관측결과 뜻밖에도 중심에서 가깝든 멀든 천체들의 회전속도에는 차이가 없었습니다. 은하의 회전속도는 은하 안에 있는 모든 천체의 총질량으로 결정되는데요. 관측결과로 미뤄보아 은하의 회전속도가 은하의 총질량으로 환산한 것에 비해 훨씬 빨랐던 것이죠. 관측 가능한 별이나 잡다한 수많은 물질 말고도 질량을 가진 보이지 않는 무언가가 은하를 함께 움직이고 있었던 겁니다.

암흑물질의 증거는 중력렌즈효과로도 확인할 수 있습니다. 중력렌즈란 우리가 일반 상대성이론에서도 봤듯이 빛(전자기파)이 중력에 의해 왜곡되는 현상을 말합니다. 뒤 페이지의 사진은 두 개의 은하단이 서로 충돌해 지나간 모습을 담은 것인데요. 푸른색 부분은 각 은하단의 기체가 방출한 전자기파의 분포를 나타내고 붉은색은 암흑물질의 분포를 나타냅니다. 두 부분은 극명하게 분리돼 있는데요. 각 은하단 내부에 있던 기체 등의 물질은 한데 섞여 은하단이 충돌해 지나쳐가는 속도를 따라가지 못하고 충돌한 공간에 정체하게 됩니다. 반면 암흑물질은 그대로 서로를 통과했죠. 사진을 보면 암흑물질의 붉은 흔적이 각 은하단의 움직임을 그대로 따라가고 있습니다. 이 암흑물질의 거대한 질량이 일으킨 중력렌즈효과를 포착해 붉게 나타낸 것이죠.

중력렌즈효과로 나타난 붉은색의 암흑물질 질량 분포

이밖에도 암흑물질의 증거는 몇 가지가 있지만 여전히 그 정체가 무엇인지는 밝혀지지 않았습니다. 암흑물질의 존재 자체에 의심을 품는 사람들도 있죠. 그러면 암흑에너지는 무엇일까요? 암흑에너지를 한마디로 말하면 우주를 더 빠르게 팽창시키는 미지의 에너지입니다. 이에 대해선 다음 장의 빅뱅우주론에서 함께 살펴보기로 하겠습니다.

# 우주 25% 수수께끼에 도전한다, 암흑물질 '액시온' 탐색 나서

유력한 암흑물질 후보인 액시온을 찾기 위한 가장 정밀하고 민감한 실험장비가 국내 연구진에 의해 개발됐다. 기초과학연구원(IBS)은 대통일 이론을 기반으로 하는 엑시온 암흑물질 탐색장비를 구축했다고 밝혔다. IBS 엑시온 및 극한상호작용 연구단 야니스 세메르치디스 단장 연구팀은 이 장비를 활용, 액시온이 존재하지 않는 영역을 확인하고 이를 학술지 '피지컬 리뷰 레터스(Physical Review Letters)'에 게재했다. 액시온은 우주의 26.8%를 차지할 것으로 예상되나, 탐지되지 않고 있는 암흑물질의 유력한 후보로 거론된다. 현대 물리학의 표준모형은 우주를 이루는 기본입자와 약력 · 강력 · 전자기력 등 세 가지 힘 사이의 상호작용을 잘 설명하지만, 이 모형이 설명할 수 있는 물질은 우주 전체에서 5% 정도에 불과하다. 암흑물질은 표준모형으로 설명하지 못한다.

출처 : 지디넷코리아/일부인용

상식UP! Quiz

↳ 문제 **중력렌즈효과란 빛이 중력에 의해 왜곡되는 현상을 말한다.**  ○ / ✕

↳ 해설 중력렌즈효과는 빛(전자기파)이 중력에 의해 왜곡되는 현상을 말하며, 이를 통해 우주에 암흑물질이 존재함을 추측할 수 있었다.

답 ○

# 우주가 팽창하고 있다고?!

빅뱅우주론에 대해 한 번쯤은 들어보았을 겁니다. 우주가 하나의 점에서 시작됐다는 이 이론은 이제 과학계에서 정설로 취급되고 있습니다. 현대 과학자들은 우주가 팽창하고 있다는 사실을 알아냈는데요. 빅뱅우주론은 이를 거꾸로 돌려 '우주가 팽창한다면 결국 아주 작은 하나의 점에서 시작하지 않았을까' 하는 생각에서 출발했습니다. 그런데 과학자들은 우주가 커지고 있다는 것을 어떻게 알았을까요?

아인슈타인은 1916년 일반 상대성이론을 완성하면서 우주는 팽창하지도 수축하지도 않는다는 '정적우주론'을 내세웠습니다. 그는 우주의 모든 공간의 밀도가 균일하고 정지돼 있으며, 시간에 따라 변하지 않는다고 생각했죠. 그런데 일반 상대성이론으로 도출한 자신의 방정식으로 우주의 원리를 계산해보면 우주는 팽창할 수도, 수축할 수도 있었는데요. 그래서 그는 여기에 '우주 상수'라는 부품을 하나 끼워 넣습니다. 우주 상수는 '진공(우주)의 기본적인 에너지밀도'를 의미하는 상수인데요. 그는 이렇게 우주는 어떤 변화 없이 영원불멸하다고 주장했습니다. 그리고 그것이 당시 물리학계의 지배적인 입장이었고요.

그런데 1929년 천문학자 '에드윈 허블'이 망원경으로 우주를 관찰하던 중 희한한 점을 발견합니다. 우주의 은하들이 서로 멀어지고 있는 것이었죠. 그것도 점점 빠른 속도로요. 정확히는 어떤 지점을 중심으로 은하들이 '후퇴'하고 있었습니다. '적색 편이' 현상으로 이를 알 수 있었죠. 은하가 내는 빛이 점점 멀어지면서 붉게 '늘어지고' 있다는 겁니다. 마치 멀어지는 구급차의 사이렌 소리가 늘어지는 것과 비슷합니다. 허블의 발견으로 '팽창우주론'이 본격적으로 힘을 받게 되었는데요.

에드윈 허블

은하가 서로 점점 멀어지고 있다면 과거에는 더 가까웠어야 이치에 맞습니다. 그리고 시간을 더 거슬러 올라가면 어느덧 한 지점에 모이겠죠? 이를 '특이점'이라고 하는데요. 138억 년 전 우주의 모든 천체와 물질이 모인 최초의 특이점은 상상을 초월하는 엄청난 밀도와 질량을 갖고 뜨겁게 달아올랐을 겁니다. 그러다 "쾅!(Big Bang)" 하며 일순간 폭발적으로 급팽창하고 밀도와 온도가 서서히 낮아져 현재의 우주를 만들어냈다는 것이 빅뱅우주론의 골자입니다. 그러나 빅뱅우주론은 처음에는 황당한 소리로 취급됐죠. 빅뱅이라는 명칭도 한 과학자가 방송에 나와 비웃으며 표현한 것에서 기원했습니다.

그런데 이 빅뱅우주론의 커다란 증거가 발견되며 상황은 역전되는데요. 러시아의 물리학자 '조지 가모프'라는 사람은 태초에 빅뱅이 있었다면 이때 터져 나온 빛(전자기파)의 흔적이 분명 현재 우주에도 남아 있을 것이라 생각했습니다. 파장이 짧은 엄청난 에너지의 빛이 점점 시간이 흐르면서 늘어지고 에너지가 미약해지면서 우주 전체에 퍼져 있으리라 추측했죠. 그리고 1964년 미국 벨연구소의 '아노 펜지어스'와 '로버트 윌슨'이라는 물리학자는 전파 망원경을 사용하던 중 어떤 잡음을 탐지하게 됩니다. 이 잡음은 우리 태양계 바깥에서부터 오고 있었고, 어떤 방향이든 균일한 세기로 고르게 잡히고 있었죠. 이 잡음은 마이크로파로 우주 전역 어디서든 발견됐고, 두 사람은 이것이 빅뱅우주설을 강력하게 뒷받침하는 증거라는 것을 깨달았습니다. 이것이 '우주배경복사'인데요. 우주배경복사는 우주가 빅뱅 직후

2013년 플랑크 위성이 관측한 우주배경복사

매우 뜨겁고 고밀도의 플라즈마 상태였을 때 방출한 빛의 흔적입니다. 이 에너지가 영겁의 시간동안 미약해지고 늘어지면서 마이크로파의 형태로 남은 것입니다. 우주 배경복사를 발견한 공로로 펜지어스와 윌슨은 1978년 노벨물리학상을 수상했습니다.

물론 빅뱅우주론에도 허점은 있습니다. 허점이라기보다는 우주의 시작을 설명하기엔 아직 모자라는 부분이 많죠. 일단은 '우주가 하나의 점에서 시작됐다면 그 점 이전에는 무엇이 있었는가?'라는 의문이 여전히 풀리지 않습니다. 이는 아직 우리의 상상 너머의 영역에 머물러 있죠. 이 때문에 정설로 취급되고 있긴 하지만, 빅뱅우주론은 여전히 많은 논쟁거리를 안고 있습니다.

## 130억년 전 은하 … 우주 '태초의 빛' 찾을까

빅뱅의 가장 강력한 증거는 우주의 모든 공간에 퍼져 있는 태초의 빛, 바로 우주배경복사다. 빅뱅 직후 초기 우주 연구는 제임스 웹 우주망원경(JWST) 덕분에 더 활발해지고 있다. JWST는 현존하는 광학 우주망원경 중 가장 크고 적외선 분해능이 뛰어난데, 최초의 별과 은하 형성을 관측해 우주 기원을 연구하려는 목적으로 발사됐다. 태양 질량의 1,000억배에 이르는 거대 은하는 빅뱅 발생 약 10억년 후에 해당하는 적색편이 z=6 부근에서는 확인됐지만, 이보다 더 이른 시기에 형성된 거대 은하는 아직 발견하지 못했다. 적색편이는 물체가 관측자로부터 가까워지면 청록색, 멀어지면 적색에 가까운 색으로 관측되는 현상이다. 천체 나이를 측정하는 데 활용하는 방법으로, 우주 팽창으로 거리가 멀어질수록 별이 발산하는 빛이 스펙트럼의 적색 끝 쪽으로 이동한다. 즉 적색으로 보일수록 멀리 떨어진 천체라는 말이다.

출처 : 서울신문/일부인용

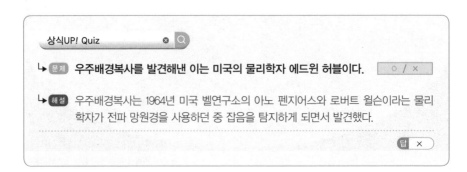

상식UP! Quiz

↳ 문제 **우주배경복사를 발견해낸 이는 미국의 물리학자 에드윈 허블이다.** ○ / ×

↳ 해설 우주배경복사는 1964년 미국 벨연구소의 아노 펜지어스와 로버트 윌슨이라는 물리학자가 전파 망원경을 사용하던 중 잡음을 탐지하게 되면서 발견했다.

답 ×

# 우주를 더 빠르게 키우는 미지의 에너지

앞에서 우주가 더욱 빠르게 팽창하고 있다고 했는데요. 사실 생각해보면 우주공간이 늘어나고 은하단들의 거리가 서로 멀어지면 당기는 힘도 줄면서 팽창속도가 점차 느려지는 것이 맞습니다. 그런데 관측결과는 정반대였죠. 과학자들은 지구와 멀리 떨어진 초신성의 빛을 관측하면서 이 사실을 명확하게 알아냈습니다. 무엇이 우주의 팽창을 가속하고 있는 것일까요? 이 역할을 하는 미지의 에너지가 앞에서 잠깐 언급했던 '암흑에너지'입니다.

암흑에너지는 우주 전체의 물질 비율의 70%를 차지하고 있다고 했습니다. 그러나 암흑물질과는 달리 암흑에너지는 간접적으로 그 존재를 관측조차 할 수 없습니다. 사실 암흑에너지는 과학자들이 우주가속팽창을 설명하기 위해 가정한 에너지입니다. 분명히 존재하긴 하는데, 이것이 실질적으로 존재하는지 아니면 다른 복합적인 요인이 우주의 가속팽창을 돕는지에 대해선 의견이 분분합니다.

암흑에너지는 기본적으로 밀어내는 척력을 바탕으로 합니다. 암흑에너지는 우주가 팽창하며 점점 늘어나는 공간의 힘입니다. 과학자들의 연구에 의하면 우주는 초당 71km 정도로 공간을 늘리고 있다고 하는데요. 그 결과 암흑물질과 관측가능한 우주의 물질의 비율은 점점 줄어들고 있지만, 암흑에너지의 비중은 계속 늘어나고 있죠. 물리량이 있는 물질들은 공간이 늘어나면 그 안에서 차지하는 비중은 줄어들지만, 에너지 자체인 암흑에너지의 밀도는 희미해지지 않는 것입니다. 암흑물질과 같이 암흑에너지의 실체는 명확히 밝혀지지 않았습니다. 그러나 과학자들은 암흑에너지가 우주의 미래와 관련이 있다고 보고 우주가속팽창의 결말은 무엇인지, 우주는 과연 어떤 최후를 맞게 될지 추측하고 있습니다.

# 블랙홀이 '암흑에너지' 원천이다 … 관측 증거 발견

블랙홀은 두 가지 방식으로 질량을 얻는다. 가스의 강착과 다른 블랙홀과의 합병이다. 그러나 휴면 중인 거대 타원은하에서 90억년 동안 진행된 블랙홀 진화과정을 연구하면서 연구원들은 오래된 블랙홀이 이 두 가지 성장방법을 기반으로 하는 것보다 질량이 훨씬 더 크다는 것을 발견했다. 이는 블랙홀이 질량을 얻는 또 다른 방법이 있음을 의미한다. 미국 하와이 대학 국제 연구팀은 그 답이 바로 우주를 가속 팽창시키는 진공 에너지 형태의 암흑에너지라고 제안한다. 연구의 공동저자인 크리스 피어슨 박사는 "이론이 사실이라면 이것은 우주론 전체에 혁명을 일으킬 만한 획기적인 발견"이라면서 "왜냐하면 마침내 우리는 20년 이상 물리학자들을 당혹스럽게 해온 암흑에너지의 기원에 대한 해결책을 얻은 것이 되기 때문"이라고 밝혔다.

출처 : 서울신문/일부인용

---

상식UP! Quiz

↳ **문제** 암흑물질은 우주 전체의 물질 비중의 70%, 암흑에너지는 30% 정도를 차지하고 있다.

○ / ×

↳ **해설** 암흑물질은 우주 전체 물질 비중의 30%, 암흑에너지는 70% 정도를 차지하고 있다.

답  ×

## 071 블랙홀

# 강력하고 무서운 우주의 힘

질량이 있는 사물은 중력을 가집니다. 우리도 중력을 갖고 있죠. 지구와 우리는 서로를 당기고 있습니다. 중력은 우주를 존재하게 하는 핵심적인 힘 중 하나입니다. 질량이 크면 클수록 중력도 강합니다. 당연히 지구보다 태양의 중력이 강하겠죠? 그러니 태양은 수많은 별들을 거느릴 수 있는 것이고요.

태양은 항성입니다. 우주에는 태양과 같은 거대 질량의 항성이 무수히 많습니다. 항성은 스스로의 중력에도 많은 영향을 받는데요. 가공할 중력에 짓눌리고 있는데 항성 내부의 폭발적인 핵융합 반응으로 중력을 이겨내면서 유지되죠. 그런데 항성이 나이를 먹으면서 핵융합의 주원료인 수소가 줄어들며 행성 내부에서 외곽으로 밀려나게 되는데요. 그 수소 핵융합의 부산물인 헬륨이 중심핵에 쌓이면서 변화가 찾아옵니다. 헬륨 핵융합이 이뤄지려면 더 높은 압력과 온도가 필요한데요. 헬륨 핵융합이 시작될 때까지 수소 핵융합이 점점 더 항성 바깥 부분에서 일어나면서 항성은 서서히 부풀어 오릅니다. 이러한 과정을 거치며 보통 항성은 거성, 초거성, 극대거성으로 변화합니다.

그러다 질량이 너무 커져 중력을 이겨내지 못하면 붕괴되고 초신성 폭발을 일으킵니다. 그리고 '중성자별'이 되죠. 앞에 중성자에 대해서도 이야기했지만, 중성자별은 항성이 폭발하고 붕괴되어 남은 중심핵이라고 할 수 있습니다. 별의 잔해가 극단적으로 압축되어 있으니 엄청난 밀도와 중력을 갖고 있죠. 그리고 이 극한의 중력으로 더 찌그러지면 마침내 '블랙홀'이 됩니다. 블랙홀은 아인슈타인의 일반 상대성이론에 의해 그 존재 가능성이 처음으로 제기됐습니다. 그는 별의 중력이 강하면 자체적으로 수축한다고 주장했죠.

블랙홀의 경계면에는 사건의 지평선(Event Horizon)이라 불리는 신비로운 지점이 있습니다. 블랙홀 내부에서 일어나는 사건들이 외부에는 아무런 영향을 줄 수 없는

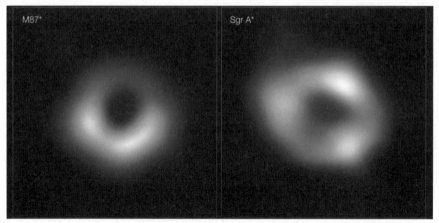
사건지평선망원경이 포착한 우리 은하 중심의 블랙홀

경계선이죠. 블랙홀의 강한 중력은 빛을 휠뿐 아니라 빛조차 빠져나가지 못하게 할수 있습니다. 빛을 빨아들이니 사실 관측하기도 쉽지 않죠.

그런데 세계의 주요 전파망원경을 연결해 블랙홀을 관측해온 '사건지평선망원경(EHT)' 프로젝트의 과학자들이 2022년 5월 워싱턴을 비롯한 6곳에서 동시에 기자회견을 열어 우리 은하 중앙의 블랙홀을 포착하는 데 성공했다고 발표했습니다. 이들은 전 세계에 블랙홀의 이미지를 공개했는데요. 이들이 포착한 우리 은하 중심부의 초대질량 블랙홀은 '궁수자리(Sagittarius) A'로도 불리는데, 지구에서 약 2만7,000광년 떨어진 궁수자리에 자리 잡고 있죠. 프로젝트는 전 세계 8개의 전파 망원경을 연결해 블랙홀을 관측하는 성과를 냈습니다. 여러 개의 망원경을 동시에 사용해 망원경의 크기를 키우는 차원으로 이용한 것이죠.

# 약 7억 5,000만년 된 초기 우주에서
# 팽창하는 초대질량 블랙홀 관측

초기 우주의 은하 중심에서 급속히 팽창하는 초대질량 블랙홀이 관측돼 학계에 보고됐다. 이 은하와 블랙홀은 초대질량 블랙홀의 기원에 관한 새로운 단서를 제공해줄 것으로 제시됐다. 미국 오스틴 텍사스대학의 천문학자 라이언 엔슬리 박사가 이끄는 연구팀은 빅뱅 이후 약 7억 5,000만년밖에 안 된 초기 우주에서 은하 'COS-87259'와 초대질량 블랙홀을 관측한 결과를 영국 '왕립천문학회 월보(MNRAS)' 최신호에 발표했다. 영국 왕립천문학회에 따르면 연구팀은 칠레 아타카마 사막에 있는 대형 전파 망원경 '아타카마 대형 밀리미터/서브밀리미터 집합체(ALMA)'로 중앙에서 급속히 팽창하는 초대질량 블랙홀을 가진 COS-87259를 찾아냈다. 이 은하는 우리 은하의 1,000배에 달하는 속도로 별을 만들고, 항성 수십억개를 형성할 수 있는 질량의 성간먼지를 가진 것으로 분석됐다. 중앙에 자리 잡은 초대질량 블랙홀은 우주먼지로 두껍게 덮여 있어 전자기스펙트럼 상의 거의 모든 빛을 중적외선 영역에서 내는 새로운 형태의 원시 블랙홀로 분류됐다.

출처 : 연합뉴스/일부인용

---

상식UP! Quiz

↳ 문제  우주에서 블랙홀을 이용해 먼 거리를 지름길로 가로질러 갈 수 있다고 이론상 추정되는 공간은?

① 웜홀
② 화이트홀
③ 밴 앨런 구역
④ 퀘이사

↳ 해설  웜홀(Wormhole)은 블랙홀과 또 다른 블랙홀(화이트홀)을 이어 붙인 통로를 지름길로 이용해 아주 먼 거리도 가로질러 여행할 수 있다고 추정되는 가설적 공간이다. 웜홀은 이론적으로는 가능하나 안정성 등의 문제 때문에 실제로 존재하고 또 인공적으로 만들 수 있을지에 대해서는 많은 의문이 있다.

답 ①

# 신이 만든 미지의 세계, 우주를 탐구하다

우주가 막 탄생했을 때 몇몇 소립자들에 질량을 부여한 존재로 알려져 '신의 입자'라 불리는 힉스입자는 우주 탄생의 원리를 설명하기 위한 가설 중 가장 유력한 표준모형(Standard Model)에서 없어서는 안 될 소립자입니다. 표준모형에 따르면 힉스입자는 모든 공간에 가득 차 있으며 소립자와 충돌하여 소립자의 움직임에 방해가 되는데, 이 방해되는 정도를 소립자의 질량으로 파악합니다.

대형강입자충돌기

1964년 영국의 물리학자 '피터 힉스'는 기본입자의 존재를 주장했습니다. 그 후 유럽입자물리학연구소(CERN)는 기본입자의 존재를 증명하기 위해 27km 길이의 대형강입자충돌기(LHC)를 통해 빛의 속도에 가깝게 가속한 뒤 서로 충돌시키는 실험을 시작했죠. 1984년 프로젝트가 시작된 이래 공사기간만 14년이 걸렸고, 약 100억달러가 투입됐습니다.

그러다 2012년 검출기 중 하나인 뮤온압축솔레노이드(CMS)와 아틀라스(ATLAS) 검출기에서 물질을 구성하는 기본 16개 입자가 질량을 갖게 될 때 잠시 나타나는 기본입자를 찾는 데 성공했습니다. 그리고 기본입자의 존재를 처음 제시한 피터 힉스 교수의 이름을 따서 힉스입자라는 이름을 붙였죠. 50년간 존재를 증명하기 어려웠던 이 힉스입자가 검출되면서 1960년대 그 존재를 제시한 힉스 교수와 프랑수아 엥글레르 교수는 물질을 구성하는 기본입자가 질량을 갖게 되는 메커니즘을 발견해 우주 생성의 비밀을 밝히는 데 이바지한 공로를 인정받아 2013년 노벨물리학상을 받았습니다.

## 탁자 위 입자물리학 … 우주 수수께끼 푼다

우주 만물을 구성하는 기본입자와 힘은 물리학의 표준모형 이론이 알고 있는 것 외에 더는 없는 걸까? 보이지 않으면서 중력과 척력으로 작용하는 암흑물질과 암흑에너지의 실체는 무얼까? 다른 기본 힘에 비해 중력은 왜 이토록 약할까? 현대 우주론의 바탕이 되는 입자물리학은 그동안 이론의 발전과 더불어 점점 더 큰 실험장치를 건설해 우주 만물을 가장 잘 설명하는 '표준모형' 이론을 구축해왔다. 힉스입자를 검출한 27km 길이의 지하시설 유럽입자물리연구소(CERN)의 거대강입자충돌기(LHC)는 이런 물리학의 발전을 상징하는 거대과학의 국제 실험장치. 최근에는 거대과학과는 다른 작은 규모의 실험들이 눈에 띄게 모습을 드러내고 있다. 초정밀 측정 기술과 장치를 바탕으로 실험실, 탁자 위에 작은 장치를 만들어 물리학의 근본 물음에 도전하는 흐름이다. 실제로 탁자 크기는 아니지만 작은 규모를 강조해 '탁자 위의 물리학'이란 별명도 붙여졌다.

출처 : 한겨레/일부인용

---

**상식UP! Quiz**

↳ 문제 **다음 보기가 설명하는 것이 바르게 연결된 것은?**

> (A) : 우주 공간에 가득 차 있는 기본입자로 소립자의 질량을 만들어내는 근원
> (B) : 대형강입자충돌기

① (A) : 윔프입자  (B) : LHC
② (A) : 힉스입자  (B) : LHC
③ (A) : 힉스입자  (B) : CERN
④ (A) : 액시온   (B) : GC

↳ 해설 (A)는 힉스입자, (B)는 LHC(Large Hadron Collider)를 말한다.

 답 ②

# 인류를 달로 보낸 로켓의 혁명

1969년 7월 발사되는 새턴V로켓

우주로 나간다는 것은 당연히 쉬운 일이 아닙니다. 지구의 중력을 박차고 대기권 밖으로 벗어나야 하는 만큼 엄청난 에너지와 기술력이 필요합니다. 인류는 우주로 나가거나 무언가를 내보내기 위해 로켓을 이용하는데요. 사실 이번 장에서 이야기할 미국 항공우주국(NASA)의 새턴V로켓은 최근 개발된 것이 아닙니다. 1960년대에 만들어진 로켓이죠. 하지만 이 로켓이 기념비적인 이유는 인류를 역사상 최초로 달로 보냈기 때문입니다.

미국은 1961년부터 인류를 달로 보내려는 '아폴로 계획(Apollo Program)'을 실행했습니다. 제2차 세계대전 이후 소련과 극심한 냉전을 벌이고 있던 미국은 1957년 소련이 최초의 인공위성인 스푸트니크 1호 발사에 성공하자 큰 충격을 받게 됩니다. 미국은 이에 뒤질세라 내친김에 사람을 달로 보내기로 결정하죠. 그러려면 일단 단순히 지구를 벗어나는 수준이 아닌 38만km나 떨어진 달까지 탐사선을 날리기 위해 크고 강한 로켓이 필요했습니다.

미국은 제2차 세계대전 이후 패망한 독일 나치하에서 일하던 인물들을 포섭하기 시작했는데요. 이 중 '베르너 폰 브라운'이라는 로켓 공학자가 NASA에 협조하게 됩니다. 새턴V로켓은 그가 주도해 개발한 초중량 로켓이죠. 전체 길이는 110.6m에 직경은 날개를 포함해 10m, 총중량은 2,721톤(t)에 달하는 어마어마한 크기였습니다. 이는 현재까지 인류가 개발한 로켓 중 가장 큰 규모입니다.

베르너 폰 브라운

새턴V F-1 엔진 앞에 선 폰 브라운

이 로켓은 3단으로 구성돼 있는데요. 우리가 누리호 발사성공 당시에도 봤듯이 대기권을 뚫고 날아가며 1단·2단·3단 분리를 거치게 되죠. 가장 하단의 1단 로켓(S-IC)은 지상 61km 높이로 로켓을 띄워야 했기 때문에 가장 강한 추력을 가졌는데요. 3,460t이라는 이 가공할 추력의 원동력은 바로 5개의 F-1 엔진입니다. 우리가 흔히 로켓발사를 상상할 때 밑에서 불을 뿜는 고깔 모양의 바로 그 엔진 형태를 띱니다. 1단은 지상의 강한 중력을 이겨내고 2분 30초 만에 로켓을 61km 고도까지 끌어올립니다. 이 힘을 마력으로 치면 무려 1억 6,000만에 달하죠. 연료는 등유를 사용했고, 1단과 위의 2단 로켓 사이에는 작은 엔진 다섯 개가 있어 61km 상공에서 1단을 밀어내는 역할을 했습니다.

액체수소·산소로 추진하는 2단 로켓(S-II)에도 다섯 개의 엔진이 달려 있습니다. 2단은 6분 동안 분사하며 176km 고도까지 가속해 올라갑니다. 마지막으로 로켓의 두뇌인 제어 컴퓨터와 사령선, 달착륙선을 머리에 인 3단 로켓(S-IVB)이 188km 고도의 지구궤도에 올라 지구를 두 바퀴 반 돈 후 마지막으로 한 개의 엔진을 점화해 달로 향합니다. 이렇게 로켓이 3단 분리 구조를 갖춘 것은 거대한 몸뚱이를 끌고 그대로 지구 밖으로 나가는 것이 어렵기 때문입니다. 일정고도로 강하게 올라간 후 하나씩 분리되며 무게를 줄이고 다시 추력을 일으켜야 비교적 쉽게 지구 밖으로 나갈 수 있습니다.

우리나라도 2022년 6월 드디어 자력으로 실용적 규모의 인공위성을 발사하는 데 성공했는데요. 또 같은 해 8월에는 자력으로 발사하지는 못했지만 우리나라 최초의 달 탐사선인 다누리를 발사해 달 궤도에 안착함으로써 우주강국에 한 발짝 더 다가갔습니다. 어찌 보면 1960년대 이미 유인 달 탐사에 성공한 미국의 자본과 기술력에 감탄할 수밖에 없는데요. 우리나라도 언젠가는 자력으로 로켓을 쏘아 올려 한국인의 발자국을 달에 남길 날이 오기를 기대해봅니다. 한편 국제사회는 다시 한 번 달에 사람을 보낼 계획을 추진하고 있는데요. 이 계획에 대해선 뒤에서 다시 알아보도록 하겠습니다.

## 달 넘어 화성 바라보는 아르테미스

차세대 대형 발사체 우주발사시스템(SLS) 로켓은 미국항공우주국(NASA)의 새로운 우주발사체다. 기존 유인 우주탐사를 수행한 새턴V로켓의 검증된 기술력을 기반으로 탄생했으나, 성능은 그것을 월등히 뛰어넘었다. SLS 로켓은 2014년부터 개발됐으며, 약 230억달러(약 31조 900억원)의 비용이 투입됐다. SLS 전체 길이는 98m로 32층 건물 높이에 달한다. 2개의 로켓 부스터가 코어 스테이지(로켓의 중추 역할을 하는 섹션) 측면에 붙은 형태다. 초저온 액화수소와 산소를 연료로 써서 작동하는데, 측면에 위치한 2개의 로켓 부스터는 고체연료 화합물을 사용해 최대 4,000t(약 3,900만뉴턴, $kg \cdot m/s^2$)의 강력한 추력을 제공한다. 지구 저궤도까지 143t의 탑재체를 올릴 수 있는 강력한 성능이다.

출처 : 주간동아/일부인용

---

상식UP! Quiz ⊗ 🔍

↳ 문제 아폴로 계획에서 달 탐사 로켓 개발을 주도한 사람은 베르너 폰 브라운이다.

○ / ×

↳ 해설 미국은 제2차 세계대전 이후 패망한 독일 나치하에서 일하던 인물들을 포섭하기 시작했는데, 나치의 로켓 공학자 '베르너 폰 브라운'도 전후 NASA에 협조해 로켓을 개발했다.

답 ○

# 인류, 별을 띄우다!

앞에서 살펴본 것처럼 세계 최초의 인공위성은 소련이 1957년 발사한 스푸트니크 1호입니다. 꿈처럼 느껴졌던 인류의 우주 진출이 현실화하는 순간이었죠. 물론 그 뒤에 이어진 미국과의 우주경쟁에서 전세가 뒤집히긴 했습니다만, 소련의 스푸트니크 1호 발사 성공 또한 인류에게 있어서 하나의 큰 도약이었음은 분명합니다. 사실 초기에 인공위성을 쏜 것은 군사적 목적과 패권다툼의 성격이 강했습니다. 지구 위에서 유유히 날며 상대국의 군사시설과 동태를 살핀다는 것은 상대국 입장에서는 매우 껄끄럽죠. 지금이야 너도나도 인공위성을 띄워 정찰, 통신, 기상관측 등 다양한 방면에서 활용하고 있습니다만, 당시 미국 입장에서는 소련의 우주 진출에 위기감을 느꼈을 겁니다. 덕분에 인류의 우주 진출도 문을 열게 됐지만 말이죠.

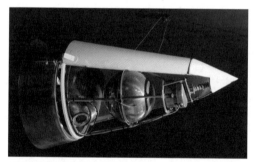

세계 최초의 인공위성 스푸트니크 1호

인공위성은 지구의 궤도를 공전하는 인공 비행체를 말합니다. 인공위성의 원리를 설명할 때 흔히 사용하는 비유가 대포입니다. 지구에서 수평으로 대포를 발사하면 언젠가는 중력에 이끌려 포탄이 떨어지겠죠? 그런데 포탄의 속도를 높여 초속 7.9km가 되면 떨어지지 않고 지구를 빙빙 돌 수 있습니다. 이 초속 7.9km를 '제1지구속도'라고 합니다. 이 속도는 어떤 물체가 일정한 방향으로 지표면 위를 날아갈 때 떨어지지 않고 운동을 지속할 수 있는 최소한의 속도입니다. 지구 상공 300km에서 돌고 있는 저궤도 위성들은 모두 이 속도로 지구를 공전합니다.

그런데 이 상태에서 속도가 더 빨라져 초속 11.2km 이상이 되면 지구 중력과 공전 궤도를 벗어나게 되죠. 그러면 더 먼 우주로 탐사를 떠날 수 있습니다. 이 초속

11.2km를 '제2지구속도'라고 합니다. 보통 인공위성들은 초속 7.9km와 11.2km 사이에서 높은 고도에서는 빠른 속도로, 낮은 고노에선 느린 속도로 공전합니다. 위성의 목적과 공전고도에 따라 위성 로켓이 도달할 속도를 결정하는데요.

국제우주정거장

지구의 궤도는 높이와 위치, 목적에 따라 저궤도, 중궤도, 지구정지궤도, 극궤도 등 다양합니다. 이 가운데 저궤도는 160~2,000km 상공으로 앞서 봤던 스타링크 같은 저궤도 통신위성, 우리나라의 아리랑 위성 등이 운용되고 있죠. 인터넷 통신이나 지구를 관측하는 용도의 위성이 대개 이 궤도를 돕니다. 인류가 만든 가장 큰 우주 건축물인 국제우주정거장(ISS)도 일종의 위성으로서 지상 300km 고도의 궤도를 돌고 있습니다. 한편 우리가 길을 찾거나 지리적 위치를 알아볼 때 정보를 전달하는 GPS위성은 고도 2,000~35,800km까지의 중궤도를 공전합니다.

또 지구정지궤도는 지구정상궤도라고도 불리는데요. 중궤도보다 높은 적도 상공 약 35,800km에 있으며 지구의 자전 속도와 방향이 같습니다. 그래서 지구에서 보면 이 궤도를 도는 위성은 정지한 것처럼 보이죠. 지속적인 관찰이 가능하기 때문에 이 궤도의 위성은 기상관측에 많이 쓰입니다. 우리나라의 무궁화·천리안 위성이 이 정지궤도를 돌고 있습니다.

# 한국 인공위성, 튀르키예 지진복구 돕는다

과학기술정보통신부(과기정통부)와 국토교통부(국토부)는 튀르키예 지진 피해 대응을 지원하기 위해 다목적실용위성과 차세대중형위성(국토위성)을 활용, 위성영상을 지속적으로 제공하고 있다고 밝혔다. 과기정통부의 다목적실용위성 3호, 3A호, 5호 등은 국제적인 재난 대응 공조를 위한 국제 재난재해 대응 프로그램(차터)에 가입하여 위성영상을 제공 중이다. 국토부는 국내에서 발생한 대형 산불 등 재난 및 복구지원을 위해 위성영상을 제공한 경험을 바탕으로 2023년 상반기부터 전 세계 재난재해 구조활동에 기여하고자 차세대중형위성 1호 영상을 차터(Charter)에 제공할 예정이다.

출처 : 헤럴드경제/일부인용

상식UP! Quiz     ⊗ 🔍

↳ 문제 **우리나라 최초의 과학인공위성의 이름은 무궁화 1호다.**    ○ / ×

↳ 해설 우리나라 최초의 과학인공위성은 우리별 1호로 1992년 8월 11일 발사에 성공했다.

답 ×

# 달이 차오른다, 다시 가자

달 유인탐사에 성공한 지 벌써 50년이 넘었습니다. 사실 1969년 미국항공우주국 (NASA)의 아폴로 11호가 달에 첫발을 뗀 이후에도 1972년 아폴로 17호까지 다섯 번 달을 더 밟았습니다. 그런데 그 이후에는 달에 간 사람이 없죠. 왜 그럴까요? 미국이 아폴로 계획을 실행하면서 쓴 비용은 가히 천문학적입니다. 현재 환율로 계산하면 1,704억 3,000만달러로 우리 돈으로는 무려 204조원이 넘습니다. 참고로 우리나라의 2023년 확정예산이 638조원 정도 되는데요. 게다가 달에 간다는 것은 꽤 위험한 일입니다. 어떤 예기치 않는 사고가 터져 인명을 잃을지 알 수 없죠. 가장 중요한 점은 굳이 더는 달에 사람을 보낼 이유가 없어졌다는 겁니다. 노하우는 충분히 배웠으니까요.

스페이스X의 달착륙선 '스타십' 상상도. 스페이스X는 아르테미스 계획의 유인착륙선 개발에 참여한다.

그런데 50여 년이 흘러 2017년 NASA는 2025년까지 다시 유인 달 착륙에 성공하겠다는 목표를 밝혀왔습니다. 이른바 '아르테미스 계획(Artemis Program)'이라고 명명한 이 계획은 미국을 넘어 세계 각국의 우주 관련기관과 기업들이 동참하는 글로벌 프로젝트로 진행되고 있죠. NASA는 다시 달에 가려는 이유를 크게 세 가지로 제시했습니다. 첫째, 단순한 일회성 이벤트가 아닌 인류가 지속적으로 달에 갈 수 있게 한다는 것입니다. 이를 위해 이들은 지구가 아닌 달에 우주정거장을 띄운다는 '루나 게이트웨이' 계획을 밝혔죠. 달 가까이에서 달 탐사와 화성 등 다른 천체의 탐사까지 지원한다는 것입니다.

두 번째는 여성 우주비행사를 최초로 달로 보내겠다는 것입니다. 아폴로 계획 당시에도 참여했던 비행사들은 모두 남성이었는데요. 그리스신화 속 달의 여신인 '아르테미스'가 이번 계획의 타이틀이 된 것도 이와 관련 있어 보입니다. 과거 아폴로 계획의 '아폴로'가 태양의 신이자 아르테미스의 쌍둥이 남매이기 때문이죠. 끝으로 셋째는 달을 화성과 그 밖의 태양계 외행성 탐사의 전초기지로 삼겠다는 것입니다. 사실상 아르테미스 계획의 궁극적 목표라고 할 수 있죠. 인류의 실질적 우주개발의 시작점이 되는 것입니다.

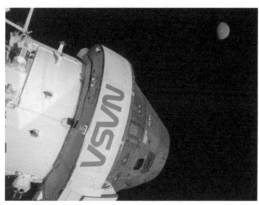
무인우주선 오리온과 달

아르테미스 계획은 2022년 11월 16일 '아르테미스 I' 로켓 발사를 시작으로 본격적인 막을 올렸습니다. 이 로켓에는 무인우주선 '오리온'이 탑재돼 있었는데요. 달로 떠난 오리온은 달 궤도를 돌아 25일 만에 다시 지구에 성공적으로 복귀했습니다. 이 발사는 우주선의 방열판을 시험하는 목적이 있었는데요. 우주선에 탑승한 비행사를 지구의 대기권에 진입할 때의 마찰열로부터 안전하게 보호할 수 있는지 알아보기 위함이었죠.

아르테미스 계획은 2025년 유인착륙선을 달에 보낼 '아르테미스 III' 발사 성공을 목표로 달리고 있습니다. 성공 후에는 루나 게이트웨이의 모듈을 실어 보내 건설을 시작하고, 추가적인 인프라 구축을 위해 로켓 발사가 이어질 예정입니다. 한편 이 계획을 성공시키기 위해 각국 정부는 '아르테미스 협정(Artemis Accords)'을 맺고 협력을 약속하고 있는데요. 우리나라도 2021년 5월 이 협정에 서명함으로써 10번째 참여국이 됐습니다.

# 우주경쟁 속 동북아 격랑 …
## "한국 달 착륙, 아르테미스 계획과 접점 시급"

미국이 '아르테미스 계획'이라는 이름표를 붙여 달에 사람을 다시 착륙시키고 상주기지까지 짓겠다는 목표를 천명했다. 핵심 목표는 달에서 희토류와 핵융합 발전의 원료인 '헬륨3' 등 광물자원을 채굴하는 것이었다. 다른 나라들은 아르테미스 계획을 견제 또는 호응하며 달을 향한 흐름에 뛰어 들었다. 불붙은 경쟁의 중심에는 동북아 주요국인 중국과 일본, 그리고 우리나라도 있다. 중국은 미국 위주의 국제질서가 달까지 미치는 것을 막으려고 한다. 일본은 미국과의 강력한 동맹관계를 바탕으로 달 진출에 속도를 붙이고 있다. 우리나라는 우주 기술력을 높이는 데 힘을 기울이고 있지만, 아르테미스 계획과 정교하게 맞물린 비전이 아쉽다는 지적이 나온다. 우리나라는 누리호 발사에 성공해 1급 물체를 지구 저궤도에 자력으로 올릴 수 있는 세계 7번째 국가가 됐고, 아르테미스 협정에도 가입했다. 하지만 갈 길이 멀다. 전문가들 사이에선 비용이나 기술적인 측면을 감안할 때 아르테미스 계획을 통해 달 개척을 도모하는 게 합리적이라는 시각이 제기된다. 우리나라가 아르테미스 계획 내에서 할 수 있는 일을 빨리 찾아 먼저 제시해야 한다는 것이다.

출처 : 경향신문/일부인용

---

### 상식UP! Quiz

↳ **문제** 우리나라는 아르테미스 계획에 협조한다는 협정에 2021년 5월 서명함으로써 10번째 참여국이 됐다.

`o / x`

↳ **해설** 아르테미스 계획을 성공시키기 위해 미국과 각국 정부는 아르테미스 협정을 맺고 협력을 약속하고 있는데, 우리나라는 2021년 5월 10번째 참여국이 됐다.

 **답** o

# 대한민국, 우주강국의 반열에 오르다

한국형 발사체 누리호(KSLV-Ⅱ)에 실린 성능검증위성과 위성모사체가 2022년 6월 21일 2차 발사에서 궤도에 안착했습니다. 이로써 대한민국은 세계 7번째로 1톤(t) 이상인 실용적 규모의 인공위성을 우주발사체에 실어 자체기술로 쏘아올린 우주강국의 반열에 올랐죠.

발사되어 날아가는 누리호의 궤적

누리호는 오후 4시 전남 고흥군 나로우주센터에서 발사돼 성능검증위성과 위성모사체 분리를 성공적으로 마쳤습니다. 누리호 위성모사체와 성능검증위성은 계획대로 지표면 기준 700km 고도에서 초속 7.5km의 속도로 지구 주위를 돕니다. 누리호는 순수 국내기술로 설계·개발된 우리나라 최초의 우주발사체인데요. 앞서 2013년 3차 발사에 성공한 나로호(KSLV-Ⅰ)는 2단만 국내기술로 개발됐고 1단은 러시아에 의존했습니다. 이와 달리 누리호는 75t급·7t급 액체연료 엔진부터 위성을 보호하는 덮개인 페어링에 이르기까지 핵심기술과 장비 모두 국내 연구진이 개발했습니다. 특히 향후 대형·소형 발사체 개발에 지속적으로 활용할 수 있는 75t급 엔진의 성능을 성공적으로 입증함에 따라 향후 진행될 우주개발의 발판을 만들었다는 평가가 나왔습니다. 해당 엔진은 1단에 엔진 4기가 '클러스터링'으로 묶여 마치 하나의 300t 엔진처럼 작동했고, 2단에는 1기가 쓰였습니다.

발사 하루 뒤인 22일 새벽에는 누리호에 실려 궤도에 오른 성능검증위성과 지상국 사이의 쌍방향 교신도 성공적으로 이뤄졌습니다. 누리호 발사 성공과 위성의 궤도 안착에 이어 쌍방향 교신을 통해 위성의 정상작동까지 확인됨에 따라 우리나라는

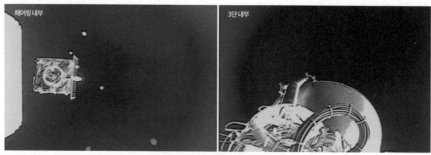

페어링 내부 / 3단 내부

성능검증위성 분리하는 누리호

실용위성 자체발사 역량을 완벽하게 갖추게 됐죠. 성능검증위성은 발사체인 누리호의 궤도 투입성능을 검증하기 위해 국내기술로 제작된 위성으로 임무수명기간인 2년 동안 지구 태양동기궤도에서 하루에 약 14.6바퀴 궤도운동을 하도록 설계됐으며, 한 달간 초기 운영기간을 거친 후 본격적인 임무를 수행하게 됐습니다.

## 한화, 누리호 기술이전 받는다 ··· '한국판 스페이스X' 탄생할까

한화에어로스페이스가 앞으로 한국항공우주연구원과 한국형발사체 누리호(KSLV-II)를 4차례 발사하고 설계·제작·발사 기술을 이전받는다. 한화에어로스페이스는 한국항공우주산업(KAI)과 정부 입찰경쟁에서 치열한 접전을 펼친 끝에 우선협상대상자로 선정됐다. 정부의 체계종합기업 선정은 누리호 설계·제작·총조립·발사 등 기술 전 과정을 민간에 이전하기 위한 목적이다. 우리나라도 미국항공우주국(NASA)이 과거 기술 공유를 통해 스페이스X와 같은 우주기업을 만든 것처럼 점진적 기술이전으로 우주산업을 조성한다는 계획이다.

출처 : 머니투데이/일부인용

상식UP! Quiz

↳ 문제 2022년 6월 누리호에 실려 발사된 실용위성의 무게는 1t 이하다.    ○ / ×

↳ 해설 누리호에 실려 발사된 성능검증위성의 무게는 1t 이상이다.

답  ×

# 사람은 우주도 더럽힌다?!

앞에서 지상의 쓰레기에 대해 이야기했었는데요. 우주에도 쓰레기가 존재합니다. 물론 천체의 작용으로 자연스럽게 얻어진 가스나 여타 물질 같은 부산물이 아닙니다. 이 쓰레기 또한 인간이 남긴 것이죠. 우주쓰레기는 인류가 지구 밖으로 뭔가를 쏘아 올리기 시작하면서 생기기 시작했습니다. 중요한 것은 점점 더 많은 인공체가 지구 밖으로 나갈수록 인류의 우주 진출을 어렵게 만드는 아이러니한 상황이 만들어지게 된다는 겁니다.

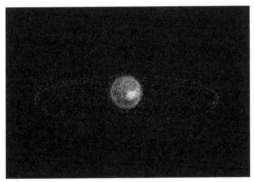

지구 주변 우주쓰레기의 분포도

알폰소 쿠아론 감독의 2013년 작 영화 〈그래비티〉를 보았나요? 포격된 위성이 남긴 잔해물이 우주망원경에 충돌하면서 우주에 표류하게 된 우주인의 이야기를 담고 있죠. 작품에서는 엄청나게 빠른 속도로 공전하는 위성의 파편들이 마치 총알처럼 우주인에게 날아들며 생명을 위협합니다. 이 파편들이 우주쓰레기라고 할 수 있는데요. 영화 자체는 우주에 홀로 남겨진 인간의 근원적 공포에 대해 다루고 있지만, 이 우주쓰레기의 위력과 그 피해에 대해서도 잘 보여주고 있죠.

이렇듯 우주쓰레기에는 파괴된 위성의 잔해, 수명이 다한 위성과 그 부산물, 발사된 로켓이 분리되면서 남겨진 잔해 등이 포함됩니다. 아직은 지구 주변을 빼곡하고 촘촘하게 둘러싸고 있는 것은 아니지만, 상황은 점차 심각해지고 있습니다. 이 공전하는 우주쓰레기들이 서로 충돌하면서 더 작은 크기로 조각나고 있기 때문입니다. 작은 돌멩이만한 파편도 공전으로 엄청난 운동에너지를 갖게 되면서 다른 인공물을 산산조각 낼 수 있습니다. 이런 파편들은 작아서 지상에서 요격하기도 어렵습니다. 우주쓰레기의 수가 더욱 늘어난다면 향후 우주 밖으로 나가는 것도 위험해지겠죠. 애써 만들어 쏘아 올린 로켓에 언제 어디서 우주 총알이 날아들지 알 수 없으니까요. 게다가 우주쓰레기가 중력에 이끌려 지상에 추락하면서 또 다른 위협이 되고 있기도 합니다. 현재도 꾸준히 지구 밖으로 뭔가가 나가고 있는 만큼 이 우주쓰레기를 해결할 방안을 빨리 찾아야 합니다. 과학자들은 거대한 그물망을 우주에 펼쳐 쓰레기를 수거하는 방안이나 쏘아 올린 위성을 이용해 쓰레기를 더 먼 우주로 날려 보내는 방법을 고안하고 있습니다.

## 지구 궤도는 인공위성 포화 상태

우주에서도 '쓰레기대란'이 벌어지고 있다. 지구에서 쏘아 올리는 인공위성의 수가 기하급수적으로 늘어나면서다. 이제는 미국, 러시아 등 일부 강대국들뿐만 아니라 일론 머스크가 이끄는 스페이스X 등 민간 우주기업들도 앞다퉈 인공위성을 발사하고 있다. 인기가 많은 궤도들은 이미 포화상태에 이르렀고 고장이 나거나 수명이 다한 위성들은 우주쓰레기로 전락한다. 최근 미국의 지구관측위성(ERBS)이 한반도 인근에 추락할 수 있다는 경계경보가 발령되면서 많은 사람이 처음으로 우주쓰레기의 위험성을 체감했다. 최은정 한국천문연구원 실장은 30년 가까이 우주쓰레기를 연구해오며 국내에서 이 문제를 가장 먼저 공론화한 우주과학자이기도 하다. 그는 우주를 둘러싼 전 세계 각국의 경쟁이 치열해질수록 우주쓰레기 문제가 심각하게 대두할 것이라고 전망했다.

출처 : 세계일보/일부인용

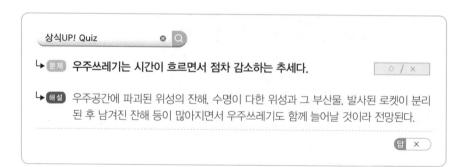

상식UP! Quiz

↳ **문제** 우주쓰레기는 시간이 흐르면서 점차 감소하는 추세다. ○ / ✕

↳ **해설** 우주공간에 파괴된 위성의 잔해, 수명이 다한 위성과 그 부산물, 발사된 로켓이 분리된 후 남겨진 잔해 등이 많아지면서 우주쓰레기도 함께 늘어날 것이라 전망된다.

**답** ✕

# 인류가 상상해온 꿈의 발전방식

앞서 대체에너지편에서 태양광발전에 대해 알아봤는데요. 태양광발전의 가장 큰 한계는 역시 발전수급량이 일정치 않다는 것이었습니다. 구름이 끼거나 비·눈이 내리면 일조량이 적어지니 그만큼 발전량도 줄어들겠죠. 그렇다면 태양광패널을 날씨의 영향이 없는 우주에 설치하면 어떨까요? 태양빛을 어떤 방해도 없이 그대로 받으니 효율도 높아지지 않을까요? 현재 개발되고 있는 우주태양광발전의 핵심이 그것입니다.

우주에서 태양광발전을 한다는 구상은 1941년 '아이작 아시모프'의 SF소설 '리즌 (Reason)'에서 처음 등장했는데요. 이후로 1968년 미국항공우주국(NASA)의 '피터 글레이저' 박사가 지구정지궤도에서 포집한 태양광에너지를 전기에너지로 변환해 마이크로파에 실어 지구로 보내는 방안을 구상하기도 했습니다. 그렇게 우주태양광발전은 1970년대를 거치며 연구가 이어져 왔는데요. 기술력도 기술력이지만 무엇보다 천문학적인 비용이 걸림돌이었습니다.

우주태양광발전의 기본원리를 살펴보면 먼저 태양광 패널을 설치한 인공위성을 지구궤도에 올려 지속적으로 태양빛을 받아 발전기를 돌리고 전기에너지를 만듭니다. 그리고 이를 마이크로파나 레이저로 바꿔 지구로 쏘게 되죠. 그럼 지구에서는 안테나로 이 마이크로파를 받아 다시 전기에너지로 변환해 쓰게 됩니다. 그런데 이런 방식으로 지구에서 쓸 만한 정도의 전력을 얻기 위해서는 패널과 지상안테나의 규모가 상당해야 합니다. 유럽우주국(ESA)의 분석결과에 따르면 패널은 넓이 $1km^2$ 이상, 지상안테나는 그 10배 이상의 공간을 필요로 한다고 합니다.

현재 우주 밖의 인공구조물 중 가장 큰 것은 대략 축구장 크기($7,140m^2$) 정도 되는 국제우주정거장(ISS)인데요. 위성 패널의 크기가 이보다 훨씬 크니 각각의 모듈을 하나하나 우주에 날려서 조립하는 수밖에 없습니다. 국제우주정거장 건설에 10년

태양광을 통해 에너지를 얻는 국제우주정거장의 태양광패널

이 걸린 걸 생각하면 우주태양광은 얼마나 걸릴지 알 수도 없습니다. 또 발전 효율도 생각해봐야 하는 문제입니다. 일단 태양광에너지를 오롯이 저장할 수 있는 고효율의 태양전지가 개발돼야 하고요. 또 위성에서 지상으로 마이크로파를 통해 에너지를 전달하는 과정에서도 적지 않게 손실이 발생하기 때문에 이 손실을 줄일 수 있는 방법도 연구해야 합니다. 또 이 우주태양광발전이 다른 신재생에너지와 견줄 수 있는, 또는 압도할 수 있는 가치가 있어야 해볼 만한 의미가 있겠죠.

그러나 우주태양광발전의 개발은 본격적으로 진행되고 있습니다. 2023년 1월에는 미국 캘리포니아 공대에서 우주태양광발전의 효율과 메커니즘을 시험하기 위해 데모모델을 쏘아 올리겠다고 발표했습니다. 그들은 우주에 패널을 붙인 발전기를 올려 어떤 발전방식이 가장 효율적인지, 또 지상에 전력이 제대로 도달할 수 있을지 시험한다고 전했습니다.

# '100년의 꿈' 우주태양광발전, 지구 저궤도에서 첫 시연한다

미국 캘리포니아공대(칼텍) 과학자들이 제작한  우주태양광발전소의 첫 시제품 '우주태양광전력시연기(SSPD)'가 지구 저궤도에서 타당성 실험을 시작할 예정이다. 이 장치는 스페이스X의 팰컨9 로켓에 실려 우주로 갔다. 무게 50kg의 이 시제품은 3개의 실험장비로 구성돼 있다. 첫째는 발전기의 몸체를 이룰 가로-세로 1.8m 크기의 모듈식 발전위성 '돌체(DOLCE)', 둘째는 가혹한 우주 환경을 얼마나 견뎌낼지를 시험할 32가지 유형의 광전지 '알바(ALBA)', 셋째는 초경량 마이크로파 무선 전력전송장치 '메이플(MAPLE)'이다. 칼텍은 이 시연기로 6개월간 지구 저궤도에서 우주태양광발전 기술을 시험할 계획이다. 우주태양광발전을 실현하는 데 가장 핵심적인 기술은 발전기의 경량화와 손실 없는 송전기술이다. 돌체에선 초박형 태양전지, 발전과 송전 통합시스템, 접이형 모듈식 구조의 배치기술을, 알바와 메이플에선 태양전지와 송전장치의 효율을 검증한다.

출처 : 한겨레/일부인용

상식UP! Quiz  ⊗ 🔍

↳ 문제  **우주태양광발전은 우주공간에서 마이크로파를 이용해 전력을 지상으로 송신한다는 방식이다.**
O / X

↳ 해설  우주태양광발전의 기본원리는 태양광 패널을 설치한 인공위성으로 태양빛을 받아 발전기를 돌려 전기에너지를 만들고, 이를 마이크로파나 레이저로 바꿔 지구로 전송하는 것이다.

답  O

# 인류 역사상 최강의 우주망원경

허블 우주망원경을 능가하는 가장 크고 강력한 제임스 웹 우주망원경(JWST)이 우주에 대한 인류의 호기심을 안고 발사됐습니다. 웹 망원경은 2021년 12월 25일 밤 9시 20분께 프랑스령 기아나 쿠루 인근 유럽우주국(ESA) 발사장인 기아나 우주센터의 아리안 제3발사장(ELA-3)에서 아리안5호 로켓에 실려 우주로 향했는데요.

망원경은 보름에 걸쳐 우주 전개를 진행했고, 이후 2주간 더 비행해 한 달 뒤 지구와 태양이 중력균형을 이루는 약 150만km 밖 제2라그랑주점(L2) 궤도에 진입했습니다. 이곳에서 궤도를 돌며 주경을 구성하는 18개의 육각형 거울이 하나처럼 움직이도록 미세조정하고, 시험관측으로 근적외선카메라(NIRCam)를 비롯한 과학장비를 정밀하게 점검하는 과정을 거쳐 6개월 뒤부터 본격적인 관측을 시작해 포착한 이미지를 지구로 송신했죠. 웹 망원경은 10년간 작동하도록 설계됐습니다.

제임스 웹 망원경이 촬영한 수십억년 전 우주의 모습

웹 망원경은 관측대상의 빛을 모으는 역할을 하며 망원경의 감도와 직결되는 주경의 크기가 6.5m에 달합니다. 이는 지름 1.32m의 금도금 베릴륨 거울 18개를 벌집 모양으로 이어 붙인 형태인데요. 허블망원경(2.4m)이나 스피처 망원경(0.85m)과는 비교가 안 될 정도입니다. 여기에다 파장이 길어 가시광선보다 우주의 먼지와 가스구름을 뚫고 더 멀리 가는 근적외선과 중적외선을 포착할 수 있어 가시광선 관측에 집중한 허블 망원경보다 성능이 100배 더 뛰어난 것으로 알려졌습니다. 이런 성능은 열에 민감한 적외선 망원경을 5겹의 차광막으로 태양빛을 막아 −235℃의 초저온상태로 유지할 수 있어 가능했죠. 하지만 역대 가장 큰 차광막과 주경을 아리안 로켓의 지름 5.4m 페어링 안에 넣느라 종이접기처럼 접었으며, 이를 펼쳐 고정하는 과정에서 50차례의 주요 전개와 178차례 방출이 이뤄졌습니다.

웹 망원경은 역대 최강 성능을 바탕으로 135억년 전 초기 우주의 1세대 은하를 관측함으로써 은하의 형성, 진화, 분포를 이해·파악해 암흑물질과 암흑에너지의 실체에 한 걸음 더 다가설 수 있을 것으로 기대됩니다. 또 외계행성 대기의 구성성분을 분석해 생명체가 존재할 수 있는 행성인지 파악할 수 있고, 더 멀리 더 깊이 우주 곳곳을 들여다볼 수 있죠. 이런 관측능력은 기존 망원경의 한계로 미뤄뒀던 우주의 수수께끼를 풀어내 우주에 대한 이해를 크게 바꿔놓을 것으로 보입니다.

## 제임스 웹 · 허블 망원경
## 소행성 충돌 장면을 최초로 동시에 잡았다

소행성 충돌 위험에서 지구를 구하는 인류 첫 프로젝트로 꼽혀온 '쌍소행성 궤도 수정 시험'을 제임스 웹 우주망원경과 허블 우주망원경이 동시에 담았다. 제임스 웹과 허블이 우주의 같은 대상을 동시 포착한 것은 이번이 처음이다. 미국항공우주국(NASA)이 최근 공개한 다트(DART) 우주선과 소행성 디모르포스의 충돌 직후 사진에 따르면 허블은 충돌 직후 디모르포스에서 광선처럼 빛이 나는 장면을 담았다. 나사는 "충돌 후 소행성이 3배 밝게 빛났고, 그 빛이 약 8시간 이어졌다"고 밝혔다. 가시광선을 주로 감지하는 허블은 다트의 소행성 충돌 전후 45장면을 담았다.

출처 : 조선일보/일부인용

상식UP! Quiz

↳ 문제 허블 우주망원경은 현존하는 최대 크기의 우주망원경이다. ○ / X

↳ 해설 제임스 웹 우주망원경은 현존하는 광학 우주망원경 중 가장 큰 규모다.

답 X

# 언젠가 화성에서 살 수 있을까?

인류는 언젠가 지구를 벗어나 살게 될 것입니다. 우리가 공상과학영화에서 보는 것처럼 생명이 살 수 있는 별을 찾아 새로운 터전으로 삼게 될 텐데요. 물론 아직은 머나먼 이야기입니다. 사람이 쏘아 올린 우주선은 태양계 너머로 가고 있지만, 정작 사람은 아직 달조차 벗어나지 못했으니까요. 차라리 우리 주변 별들에 정착을 하는 것이 더 빠를 수도 있을 텐데요. 그렇지만 태양계에서는 생명체가 살아갈 만한 별이 없죠. 그래서 그 별을 생명체가 살 수 있도록 환경을 조성하는 것을 '테라포밍(Terraforming)'이라고 합니다. 사실상 테라포밍도 가까운 미래의 이야기는 아닙니다. 우리의 과학기술력이 몇 수는 성장해야 실현가능한데요. 현재 인류의 그나마 가장 가까운 목표는 화성입니다. 이 장에서는 화성의 테라포밍 계획에 대해 주로 알아보죠.

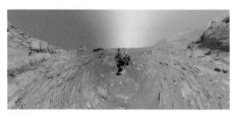

화성의 표면

화성의 환경을 먼저 살펴볼까요? 화성이 테라포밍 대상으로 진지하게 논의되는 것은 극지방에 얼음과 드라이아이스가 존재하고 대기가 있기 때문입니다. 문제는 대기가 지나치게 얇다는 것인데요. 지구의 1% 정도에 불과합니다. 앞서 대기편에서도 봤지만 대기는 생존 가능한 환경조성에 지대한 역할을 합니다. 여기에 화성은 지구보다 태양과 멀어서 매우 춥죠. 화성 탐사기구가 보낸 화성 표면의 사진을 보면 지구의 여느 사막 같은데도 실제로는 평균 기온이 −63℃에 달합니다. 설상가상 화성에는 자기장도 거의 없는데요. 행성 안의 핵과 맨틀의 움직임으로 형성되는 자기장은 태양이 뿜는 강력한 방사선과 태양풍을 막아줍니다. 지구도 자기장이 없었더라면 생명의 탄생은 불가능했죠. 화성의 대기가 미약한 것도 자기장이 허술해 제대로 보호해주지 못하기 때문입니다.

자, 그렇다면 이 척박한 화성을 어떻게 바꿔야 할까요? 여기에 대해선 현재도 다양한 방안이 고안되고 있지만 크게 보면 두 가지가 있습니다. 첫 번째로 먼저 화성의 기온을 높여야 합니다. 앞서 대기 편에서 온실효과에 대해 알아봤었죠? 대기 중의 온실가스가 태양빛을 적당히 가둬서 행성을 덥힙니다. 화성도 마찬가지로 메탄, 육불화황, 수증기 같은 온실가스를 살포해서 대기를 보강하거나 극지방에 강력한 위력의 폭탄을 투하해 드라이아이스에 갇힌 이산화탄소를 방출시키는 방안이 고안됐습니다. 또는 주변의 소행성이나 혜성의 움직임을 유도해 화성에 충돌시키는 방법도 생각되고 있죠. 물론 하나같이 쉬운 방법은 아닙니다. 더구나 생명체가 지낼 만한 어느 정도의 온난한 기온이 되도록 온실효과 작업을 반복해야 하죠.

두 번째는 자기장 문제를 해결해야 합니다. 화성의 대기는 자기장의 보호를 받지 못해 태양풍에 오랜 세월 날아갔는데요. 자기장을 구축하지 못한다면 힘들게 온실가스를 풀어 대기를 형성시킨다 해도 태양풍과 방사선의 위력에 속수무책일 겁니다. 이를 위해 화성과 태양 사이에 자기장을 형성하는 구조물을 띄워 방패처럼 막는 아이디어가 나왔고, 또 화성궤도에 대규모의 거울을 설치해 해로운 방사선을 막는 방안도 구상됐죠. 마치 SF영화의 한 장면 같은 이야기입니다. 이렇게 기본적인 환경을 구축하는 데 성공하면 극지방의 얼음을 녹이거나 인공강우를 이용해 물을 만듭니다. 그리고 생존에 강한 식물을 차례대로 심어 점차 지구와 비슷한 환경으로 조성해 건물을 세우고 도시를 건설하죠.

그러나 화성의 테라포밍이 이뤄져 식민지를 건설한다 해도 당장의 경제적 이득은 적을 것입니다. 지구에 비해 척박하기 그지없으니까요. 더군다나 현재 인류로서는 굳이 화성을 지구화해서 이주할 필요는 없습니다. 우리가 새롭게 정착할 별을 찾는 이유는 지구의 기후변화와 이로 인한 재해, 자원의 고갈 때문이라 할 수 있는데요. 그러나 당장 테라포밍 계획에 열을 올리기보다, 우선 지구의 환경을 개선하고 새로운 자원을 개

발하는 것이 시간과 비용 측면에서 더 효율적입니다. 사실 '다른 별로의 이주'라는 꿈은 과학기술의 거대한 진보를 실현한 찬란한 미래처럼 느껴지기 때문에 매력적이기는 하죠. 언젠가는 그 꿈이 실현되리라 예상되지만, 현재를 살고 있는 우리는 현재 삶의 터전인 지구를 잘 보전하는데 더 많은 노력을 해야 하지 않나 생각이 듭니다.

## 핵미사일 1만개 터뜨리면 화성 온도 올라갈까

과학자들은 오랫동안 화성을 인간이 살 수 있는 환경으로 바꾸는 '테라포밍(Terraforming)' 기술을 연구해왔다. 미국 우주기업 스페이스X의 창업자 겸 최고경영자인 일론 머스크는 만년설로 뒤덮인 화성의 극지방에 핵미사일을 1만개 이상 터뜨리면 얼음이 녹으면서 땅에 갇혀 있던 이산화탄소가 대기 중으로 방출돼 화성을 따뜻하게 데울 수 있다고 주장했다. 핵무기 폐기를 촉구하는 민간 안보 연구기관인 미국 플라우셰어스 펀드에 따르면 현재 전 세계 핵무기 보유량은 1만 3,125기다. 이 중 미국이 5,550기를 보유하고 있다. 이런 이유로 머스크의 주장은 비현실적이라는 비판을 받았지만, 2050년 100만명 이상을 화성에 이주시킨다는 그의 포부는 하나씩 진행 중이다. 스페이스X는 2026년 유인 화성 탐사선을 발사할 계획이다. 아랍에미리트도 2017년 국가 100년 프로그램을 발표하며 2117년 화성에 인간의 정착촌을 건설하겠다고 밝혔다.

출처 : 동아사이언스/일부인용

상식UP! Quiz

↳ 문제 **화성의 강력한 자기장은 생명체에게 해로운 영향을 끼친다.**    ○ / ×

↳ 해설 화성에는 자기장이 거의 없어 태양이 뿜는 강력한 방사선과 태양풍으로부터 생명체를 보호할 수 없다.

답 ×

신문으로 공부하는
# 말랑말랑 시사상식
## 과학·IT

CHAPTER 05

역사에 남은 **별별 과학자**

## "기하학의 창시자"

# 유클리드

수학이라는 학문은 인류가 숫자를 세고, 인류를 둘러싼 세계를 숫자로써 표현하기 시작할 때부터 발전해왔습니다. 인류가 경험하는 어떤 사물의 형태를 수학적으로 기술하기 위해서는 점이나 선, 면 등의 개념이 필요합니다. 이러한 수학의 분야를 '기하학(Geometry)'이라고 하는데요. 기하학은 아주 오랜 옛날부터 연구돼 왔지만, 이 기하학의 기초원리를 설명하고 수학적으로 증명한 사람은 따로 있습니다. 바로 이번 장에서 이야기할 고대의 수학자 '유클리드'입니다.

유클리드

유클리드라는 이름과 그가 정립한 '유클리드 기하학'에 대해 들어본 적이 있을 겁니다. 유클리드는 기원전 300년경에 활약한 그리스의 수학자인데요. 그는 그리스령 식민지 알렉산드리아에서 출생한 것으로 추정됩니다. 그의 혈통에 대해선 그리스계인지 이집트계인지 정확히 알려지지 않았습니다. 유클리드는 '기하학에는 왕도가 없다'라는 말을 남긴 사람으로 유명하죠. 유클리드가 이집트 프톨레마이오스 왕조의 초대 파라오였던 프톨레마이오스 1세를 가르칠 때 기하학의 난해함을 호소하던 왕에게 기하학을 배우는 쉬운 길은 없다고 한 데서 유래했습니다.

그의 주요한 업적은 기하학 분야의 가장 중요한 서적이자 그의 대표작인 〈기하학원론〉을 남긴 것입니다. 이 책은 성경 다음으로 가장 많이 읽힌 책이라고도 하는데요. 유클리드는 〈기하학원론〉에서 앞선 세대의 수학자들이 탐구한 기하학적 사실을 체계적으로 기록하고 정리했습니다. 기하학의 논리를 전개하며 필요한 다섯 개의 기본적 전제인 '공준(公準)'을 세웠고요. 또 기하학의 이론체계에서 가장 기초적 명제가 되는 '공리(公理)'를 정리했습니다. 아울러 점과 면, 선과 곡선, 부피 등 기하학에서 사용되는 용어를 명확하게 정의했죠. 이를 통해 우리가 일반적으로 다루는 도형의 일반적인 성질을 하나하나 증명하고 있습니다. 공준과 공리의 내용을 한번 간단히 살펴볼까요?

## 공 리

1. 같은 것과 같은 것들은 서로 같다.
2. 같은 것들에 같은 것을 더하면 그 합은 서로 같다.
3. 같은 것들에서 같은 것을 빼면 그 차는 서로 같다.
4. 서로 포개어지는 것들은 서로 같다.
5. 전체는 부분보다 크다.

〈기하학원론〉의 영문판 표지

## 공 준

1. 임의의 서로 다른 두 점은 직선으로 연결할 수 있다.
2. 직선은 무한히 연장할 수 있다.
3. 임의의 점을 중심으로 하고 임의의 길이를 반지름으로 하는 원을 그릴 수 있다.
4. 모든 직각은 같다.
5. 한 평면 위의 한 직선이 그 평면 위의 두 직선과 만날 때 같은 쪽 내각의 합이 직각보다 작으면 이 두 직선은 직각보다 작은 쪽에서 만난다.

유클리드의 이러한 정리는 현대인들이 보면 무척 단순하고 당연한 이치 같지만, 그는 공간과 사물의 모양을 명징하게 설명하는 하나의 기준을 만듦으로써 그 개념을 이해하고 인류가 세계를 좀 더 상세히 설명하는 데 크나큰 기여를 했습니다. 오래된 구닥다리 같은 이론이어도 우리가 학교에서 반드시 짚고 넘어가는 데는 다 이유가 있습니다.

〈기하학원론〉의 파피루스 필사본

# 자비르 이븐 하이얀

세상에서 가장 귀한 것은 무엇일까요? 당장 여러 가지가 떠오르겠지만, 과거 사람들에게 특히 값어치 있던 것 중 하나는 바로 '황금'입니다. 예나 지금이나 황금은 부와 권력의 상징이었죠. 그래서 물질에 대한 이해가 현재보다 낮았던 과거에는 흔한 금속을 금으로 바꾸고자 하는 시도가 끈질기게 이뤄졌습니다. 이것이 연금술이라고 할 수 있는데요. 이번 장에서 이야기할 '자비르 이븐 하이얀'은 가장 유명한 연금술사 중 한 사람입니다. 하지만 그가 유명한 이유는 단순히 황금을 잘 만들어냈기 때문은 아닙니다.

자비르 이븐 하이얀

8세기 아랍에서 태어난 자비르 이븐 하이얀은 지금의 이라크 '쿠파'라는 도시에서 활약한 저명한 연금술사입니다. 연금술의 근간인 아리스토텔레스의 '4원소설'은 이 세계가 '물과 불, 흙과 공기'라는 네 가지 원소로 이뤄져 있다고 했는데요. 연금술은 여기서 한 발 나아가 각 원소의 성질을 띤 물질들을 배합해 새로운 물질을 만들고자 했습니다. 주로 귀금속이나 불로불사할 수 있는 신비의 묘약을 만드는 데 노력했죠. 연금술은 화학, 점성술, 신비주의 등 다양한 분야가 복잡하게 얽힌 영역이지만, 특히 물질이 화학적 시도에 따라 변화하는 양상을 연구하고 그 성질을 깨닫게 하는 데 도움을 줬습니다.

자비르가 펼친 대표적 주장에는 황-수은설이 있습니다. 황과 수은을 적절하게 배합해 금을 비롯한 어떤 금속이든 만들어낼 수 있다는 것인데요. 이 밖에도 그는 주술적 관념에 입각해 인간의 말을 따르는 생명체를 창조하려 했다고 전해집니다. 물론 그의 이런 생각이 현재의 시각으로 보면 황당할 따름이지만, 그가 근대 화학의 아버지라 불리는 데는 이유가 있습니다. 수많은 연금술 저작을 남겼을 뿐 아니라 화학에 근대적인 연구 방법을 도입해 화학연구 발전의 가속화를 이뤄낸 인물이기 때문이죠.

자비르는 실험의 중요성을 강조하며, 실험을 하지 않으면 무엇이든 완전히 이해해낼 수

없다고 생각했습니다. 그는 실험에 쓰이는 증류기
나 저울 같은 기구를 만들기도 했는데요. 증류기는
실험에서 화합물을 분리해 추출할 수 있는 기구고,
저울 또한 화학실험에 필수적인 도구죠. 물질의 양
을 측정해 정확한 실험결과를 이끌어낼 수 있으니
까요. 이 밖에도 그는 평생 많은 업적을 일궜는데
요. 소금과 황산을 반응시키는 과정에서 염산을 발
견했고요. 이 염산에 질산을 섞어 귀금속을 녹이는
'왕수'를 얻기도 했습니다. 또한 염기 즉, '알칼리
(Alkali)'라는 용어를 도입한 인물이죠. 아울러 천이
나 가죽을 염색하는 방법을 고안하고, 방수되는 천
을 만들거나 철이 부식되지 않도록 바르는 광택제

를 개발하는 등 인류에 실질적으로 도움이 될 만한 연구성과도 올렸습니다.

그의 저서는 아랍 전역에 유행했다가 서방으로도 전해져 번역됐는데요. 다만 연금술이
신비주의와 주술적인 성격이 강했기 때문에 기독교 관념이 짙었던 당시 유럽에서는 허
무맹랑한 금서로 취급되기도 했습니다. 아예 연금술 자체가 금지되기도 했죠. 그러나
서서히 유행하기 시작한 연금술은 점차 주술적 성격은 희석되고 실용·실험주의적 색
채가 남아 물질에 대한 탐구를 더욱 깊게 이끌어냈습니다.

## "그래도 지구는 돈다!"

# 갈릴레오 갈릴레이

지구와 형제별들이 태양 주위를 돈다는 사실을 모르는 사람은 없습니다. 아! 지금도 지구가 원반 모양처럼 평평하며, 태양과 달이 지구를 공전한다고 주장하는 사람도 더러 있긴 합니다. 아무튼 과거의 사람들은 기본적으로 우주의 중심이 신이 빚어낸 유일한 땅인 지구라고 생각했습니다. 특히 기독교가 사람의 관념을 지배하던 서양에서는 이 같은 인식이 크게 두드러졌죠. 하지만 17세기에 진실을 알게 된 한 과학자에게 이는 참을 수 없는 괴로움이기도 했습니다.

갈릴레오 갈릴레이

갈릴레오 갈릴레이는 많은 업적을 남겼지만 역시나 지구가 태양을 공전한다는 코페르니쿠스의 '지동설'을 입증한 것으로 가장 유명합니다. 1564년 이탈리아 피사에서 태어난 그는 본래 가족의 희망대로 돈 잘 버는 의사가 되려고 했으나, 수학에 흥미와 재능을 발견하고 이후 대학교수가 되어 수학과 물리학 연구에 빠져 지냅니다. 그러다가 1609년에 망원경이라는 신기한 발명품을 만나게 되면서 그의 삶은 큰 변곡점을 맞는데요.

그는 기존 망원경을 30배의 고배율로 개량하여 하늘을 관찰했습니다. 달과 금성, 은하 등 가깝고 눈에 잘 띄는 천체를 살펴봤죠. 그는 망원경으로 몰랐던 사실들을 알게 됩니다. 달의 표면이 매끈하다는 종래의 인식과는 달리 산과 계곡처럼 다양한 지형을 가졌음을 관찰하고, 태양에 얼룩덜룩 흑점이 있다는 것도 알게 됩니다. 그러나 가장 중요한 발견은 목성을 관찰하던 중 이뤄졌죠. 그는 목성 주위를 맴도는 어떤 작은 천체들을 발견했는데요. 꾸준히 천체의 움직임을 관찰한 끝에 이들이 목성의 위성이며 목성을 공전하고 있다는 사실을 깨닫습니다.

당시 모두가 인정했던 '지구중심설'을 뒤집는 충격적인 결과였습니다. 이에 더해 그는 달이 주기적으로 모습을 바꾸듯 금성의 위상도 변함을 포착하는데요. 이는 지구중심설이 사실이라면 있을 수 없는 일이었죠. 그는 자신이 발견한 사실을 책으로 집필해 발표했는데, 여기에 신선함을 느끼는 이도 있는 반면 불쾌함을 느끼는 쪽도 있었습니다. 당시 가톨릭교회가 그랬죠. 사실 처음부터 가톨릭의 성직자·학자들이 갈릴레오의 주장을 깔아뭉갠 건 아니었습니다. 그는 당시 피렌체의 유력가문인 메디치가의 후원을 받고 있던 꽤나 명망 있는 과학자였죠. 그는 망원경을 대령해 가톨릭 인사들과 많은 유력자들이 직접 자신이 입증한 사실을 관찰하게 하는 등 지동설을 설득시키려 애썼습니다.

그러나 역시 성경과 정면으로 배치되는 지동설은 비판을 피하지 못했습니다. 교회의 경고에도 굽히지 않던 그는 종교재판소에 고발됐는데요. 갈릴레오는 성경에 적힌 것은 신앙에 관련된 은유적 표현일 뿐 실제 과학적 진리와는 관계없다며 성경과 지동설이 충돌하지 않는다고 반박했습니다. 그러나 끝내 1633년 종교재판에 회부된 그에게 교회는 주장을 철회하면 죄는 면하게 해준다고 최후통첩을 하죠. 결국 그는 지동설을 주장하지 말라는 교회의 경고를 어겼음을 인정합니다. 그리고 이를 앙다물며 "그래도 지구는 돈다"고 몰래 읊조렸다고 전해졌는데요. 그런데 사실 이 유명한 대사가 사실이 아닌, 후세 사람들이 지어냈을 가능성이 높다고 합니다. 한편 갈릴레오의 억울함은 그로부터 359년이 지난 1992년에야 풀리게 됐죠. 당시 교황이던 '요한 바오로 2세'가 갈릴레오의 재판이 잘못됐음을 인정하고 이에 대해 사과했습니다.

# 제임스 와트

지금 우리가 일반적으로 이용하는 기차 중에 '칙칙폭폭' 소리를 내며 가는 것은 없습니다. 거의 전기의 힘을 이용해 운행하고 있는데요. 이 '칙칙폭폭'이라는 의성어는 오랜 시간 동안 기차를 상징하는 말이었습니다. 증기기관차가 끊어 오른 증기를 뿜어내며 달리는 소리를 표현한 것이죠. 이 증기기관차는 18~19세기에 폭발한 산업혁명을 상징합니다. 산업의 역사를 더 힘차게 견인한 묵직한 한 페이지인 셈이죠. 이 증기기관 혁명을 이끌어낸 사람이 누구나 한 번쯤은 들어본 영국 출신의 '제임스 와트'입니다.

제임스 와트

영국의 위대한 공학자인 제임스 와트. 우리는 그에 대해 평소 알고 있는 것이 많지 않지만, 한 가지만 기억하고 있으면 됩니다. 바로 증기기관이죠. 사실 증기기관 자체는 와트가 태어나기 전부터 쓰이고 있었는데요. 그가 기존의 증기기관을 개량하고 이에 대한 특허를 내면서 진정한 의미의 증기기관이 탄생했다고 할 수 있습니다.

1736년 스코틀랜드에서 태어난 와트의 아버지는 배를 만드는 조선공이었습니다. 소년시절부터 아버지의 작업장에서 시간을 보낸 그는 자연스레 뭔가를 만드는 일에 관심을 갖게 되었죠. 그래서 지금으로 치면 중학교 격인 그래머 스쿨을 마친 뒤 1755년 런던으로 가 견습기계공이 됐고, 2년 뒤에는 글래스고 대학의 정식 기계공으로 임명돼 작업실을 차렸습니다. 여기서 그는 본격적인 발명활동을 하며, 증기기관과도 만나게 되죠.

당시에 쓰이던 증기기관은 '토마스 뉴커맨'이라는 사람이 개발했는데요. 물을 끓여 증기를 얻은 다음 실린더 내부의 피스톤이 증기의 기압차로 움직이는 원리였죠. 기압차를 일으키려면 실린더 안에 들어가는 고압·고온의 증기를 저온·저압으로 식혀야 합니다. 그런데 당시 뉴커맨의 증기기관은 증기를 식히기 위해 실린더에 직접 찬물을 뿌렸는데요. 그래서 다시 실린더를 가열하려면 열손실이 컸습니다. 쉽게 말해 물을 끓이기 위해 더 많은 석탄을 써야 했죠. 1764년 증기 기관의 수리를 맡은 와트는 열효율을 높일 방법을 고민했고, 피스톤을 기압차가 아닌 증기 자체의 압력으로 움직이게 바꿨습니다. 이를 위해 증기를 따로 압축하여 보관하는 '응축기'를 고안해 연결시키는데요. 매번 실린더를 식히고 가열시킬 필요가 없었고, 무엇보다 열이
보존되니 효율도 좋아졌습니다. 무엇보다 강력한 증기의 힘을 직접 이용할 수 있었죠.

그러나 그는 당장 이 획기적인 아이디어의 특허를 낼 수 없었습니다. 개량한 증기기관에 들어갈 정교한 부품들을 당시 기술로는 제작하기 어려웠기 때문이죠. 제작비용도 만만치 않아 그는 이후 8년간이나 열심히 일한 뒤에야 특허를 따내게 됩니다. 그리고 곧 와트의 증기기관은 탄광과 방직, 제철, 증기기관차 등 다양한 곳에 쓰였죠. 그의 증기기관은 산업혁명을 가속화한 주역 가운데 하나입니다. 당시 수력을 주로 이용하던 공장은 때때로 가동이 중단되곤 했는데요. 증기기관 덕분에 안정적으로 공장이 돌아갈 수 있었죠. 또 증기기관을 활용한 기관차는 연료와 원료를 대량으로 실어 먼 거리의 공장까지 빠르게 운반토록 했습니다. 이로써 사회를 움직이던 경제규모가 비약적으로 성장했고, 사람과 자본도 물밀듯이 밀려들게 됐습니다.

# 루이 파스퇴르

우유 같은 음식을 상온에 오래 내버려두면 상한다는 사실을 우리 모두 알고 있습니다. 음식이 상하는 것은 거기에 박테리아 같은 미생물이 번식하기 때문이죠. 그래서 상하기 전에 이 음식을 익혀 먹어야 하는데요. 그러나 상하지 않고 장기보관하기 위해선 미생물만 죽일 수 있는 방법이 필요합니다. 쉬운 방법은 가열하는 것인데 너무 뜨겁게 가열하면 우유는 끓어서 덩어리가 지죠. 우유를 변질시키지 않고 미생물만 깔끔하게 죽일 수 있는 방법은 없는 것일까요? 이를 가능케 한 방법을 최초로 고안한 사람이 '루이 파스퇴르'입니다.

루이 파스퇴르

1822년 태어난 프랑스의 미생물학자 루이 파스퇴르는 인류사에 길이 남을 많은 업적을 세웠습니다. 그의 대표적인 업적을 한 가지 꼽자면 여느 위대한 과학자들처럼 당대의 통념을 깨버린 것이 있죠. 그것도 2000년이 훌쩍 넘는 오랜 고정관념을 말입니다. 1854년 그가 릴 대학교의 자연과학대학장으로 재직할 당시 지역의 한 양조업자가 찾아왔는데요. 그는 담그는 술맛이 자꾸 시큼해지는 현상을 호소하며 원인규명을 부탁합니다. 당시 사람들은 술을 담글 때 쓰는 효모가 술의 원료를 알코올로 바꾸는 단순한 화학반응만 일어난다고 생각했습니다. 파스퇴르는 시큼하게 변한 술통에서 표본을 채취해 현미경으로 들여다봤죠. 여기서 그는 단순한 화학물질이 아닌 생물체를 발견합니다. 세균이었죠. 이 작은 미생물이 술맛을 새콤하게 만든 겁니다.

이쯤에서 그는 한 가지 의문을 가집니다. 생물체는 어떻게 탄생하는 걸까? 당시까지도 고대 아리스토텔레스의 '자연발생설'이 지배적이었습니다. 날벌레나 구더기 같은 것들이 온도, 공기 등의 요건만 맞으면 자연적으로 생겨난다고 봤죠. 그러면 술맛을 변하게 하고 음식을 상하게 만드는 미생물도 자연히 생긴 걸까? 파스퇴르는 동의하지 않았습니다. 어떤 생물체든 부모가 있을 텐데 미생물도 저 혼자 생겨나진 않았을 거란 말이죠.

그는 플라스크에 고기수프를 담고 목 부분을 백조 목처럼 길게 늘여 실험을 했습니다.

플라스크의 목을 백조 형태로 만든 이유는 공기만 통하게 하기 위함이었죠. 자연발생설을 주장한 이들은 공기만 있으면 생물이 자연히 생긴다고 여겼거든요. 백조 형태로 만들면 공기는 통하지만 바깥의 미생물은 들어올 수 없습니다. 자, 이제 플라스크를 가열해 수프에 있던 미생물들을 사멸시킵니다. 자연발생설대로라면 공기는 통하니 다시 미생물이 생기겠죠? 그러나 파스퇴르의 생각이 맞았습니다. 시간이 지나도 미생물은 번식하지 않았죠. 파스퇴르는 이런 아주

백조 목 플라스크

간단한 실험으로 당시의 통념을 박살냈습니다. 미생물은 자연환경 속에 작은 포자 형태로 돌아다니면서 음식물에 붙어 번식하고 상하게 만든다는 겁니다.

그는 이러한 업적을 바탕으로 미생물의 생장에 관한 연구를 계속해 식품의 변질 없이 균을 죽이는 '저온살균법'을 창안했습니다. 또 질병의 원인인 세균, 바이러스 같은 병원체를 배양해서 최초로 인공적인 백신을 만들었죠. 닭 콜레라와 탄저병, 광견병 백신을 개발해 동물과 사람에게 접종했습니다. '백신(Vaccine)'이라는 명칭을 만든 이도 파스퇴르입니다.

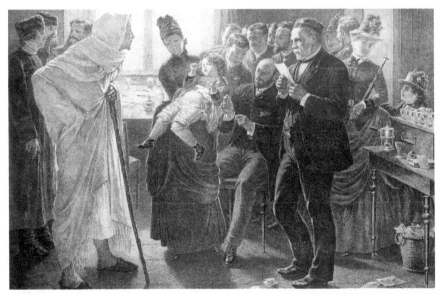

소년에게 광견병 백신을 주사하는 파스퇴르

# 레이첼 카슨

모든 일에는 어떤 '기점'이라는 것이 있습니다. 환경운동도 마찬가지인데요. 1900년을 전후해 산업이 급격하게 발달하면서 인류는 점점 더 빠르게 지구의 환경을 오염시키기 시작했습니다. 그러나 당시에는 발전에 따른 부의 축적과 물질적 풍요에 정신이 팔려 환경운동에 대한 별다른 움직임이 없었고, 환경오염에 대한 문제의식도 없다시피 했죠. 그러다 제2차 세계대전이 끝나고 사람들의 삶이 조금씩 안정되면서 환경보호에 대한 논의가 나오기 시작했습니다. 특히 1960년대 미국에서는 한 권의 책이 이러한 움직임에 불을 붙였죠.

레이첼 카슨

〈침묵의 봄〉이라는 책을 알고 있나요? 레이첼 카슨이라는 미국의 해양생물학자가 쓴 책입니다. 이 책이 널리 알려진 이유는 우리가 흔히 말하는 환경운동에 대한 인식과 그 지평을 크게 넓혀 놓았기 때문인데요. 한창 산업이 발전하던 1907년, 미국 펜실베이니아에서 태어난 카슨은 어릴 적부터 어머니와 숲을 거니는 것을 좋아했다고 합니다. 그러면서 자연스레 자연환경에 흥미를 느끼게 됐고, 글을 쓰는 것도 좋아해 작가가 될 꿈을 꿨죠.

그는 이후 대학에 들어가 영문학을 공부하려 했지만, 생물학으로 진로를 변경하게 됩니다. 해양생물학을 전공한 그는 졸업 후 미국 어업국에서 일하게 되는데요. 그는 바다를 경험하며 대중에게 바다의 환경과 아름다움을 전하고 싶어 했습니다. 당시 라디오 대본을 쓰고 있었던 카슨은 언론에 해양과 자연환경에 대한 글을 기고하기 시작하고, 동시에 책도 출간합니다. 이 책들은 당시엔 큰 화젯거리가 되지는 못 했지만, 소소하게나마 그의 글을 좋아하는 사람들이 생겨나게 되죠.

제2차 세계대전과 한국전쟁이 지나자 농업을 비롯한 미국의 산업도 다시 활기를 되찾게 되었는데요. 미국 농가가 활기를 띠면서 바다를 건너온 외국 농산물과 함께 외래 곤충들이 농가에 숨어들게 됩니다. 농민들은 곤충 박멸을 위해 DDT 같은 화학농약을 살포하죠. 그러나 이런 유독한 농약이 인간과 자연에게 좋을 리 없었습니다. 카슨은 이러한 사실을 목격하고 사태의 심각성을 깨달았는데요. 그는 당시 어머니의 사망과 자신의 암 발병이라는 악재를 이겨내며 관련 기사와 자료를 모으기 시작합니다. 그리고 1962년 그녀의 대표작인 〈침묵의 봄〉을 출간하게 되죠. 그녀의 저서는 미국 사회에 큰 반향을 이끌어냈습니다. 물론 그녀의 출간이 달갑지 않은 사람들도 있었

DDT 살포기

습니다. 정부는 국가의 농업 활성화정책에 반기를 든다며 싫어했고, 화학 농약을 만드는 기업들은 그를 공격하고 협박하며 사람들을 불안에 떨도록 선동하지 말라고 으름장을 놨습니다.

그러나 카슨은 〈침묵의 봄〉으로 20세기 선구적인 환경운동가로서 명성을 얻게 됐습니다. 실태를 목격한 미국인들은 충격을 받았고, 동시에 미국 내에서 환경운동의 확산을 가져왔죠. 제목인 '침묵의 봄'이란 인간과 자연의 조화가 깨어져 생명력을 잃어가는 환경을 표현한 것입니다. 그리고 인간이 계속해서 자연을 오용한다면 그 비극적인 결과가 인간에게도 돌아올 수 있음을 고발하고 있죠. 이 책이 촉발한 환경오염 논쟁은 미국에서 1969년 국가환경정책법을 제정하도록 만드는 계기가 됐고, 이후 범 세계적인 환경운동으로 확산해 마침내 1992년 '리우회담'으로까지 이어지는 성과를 낳았습니다. 리우회담에서는 자연과 인간, 그리고 경제개발의 양립을 실현하자는 국제적 약속이 이뤄졌죠.

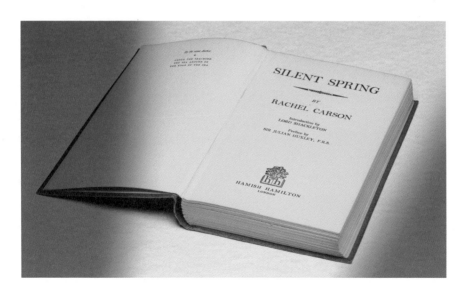

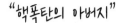

"핵폭탄의 아버지"

# 줄리어스 로버트 오펜하이머

제2차 세계대전에서 핵무기는 태평양전쟁을 일으킨 일본의 무조건 항복을 이끌어냈죠. 핵폭탄의 위력은 가히 상상을 초월했습니다. 독일 나치를 비롯한 추축국이 무너지고 일본도 열세에 접어든 상황에서 끝내 숨통을 끊어놓았으니까요. 그러나 모든 것을 초토화한 핵폭탄의 후유증은 현재도 계속되고 있습니다. 당시 미국은 전쟁을 끝낼 방법이 핵폭탄밖에 없다고 생각하고 핵무기 개발 프로젝트를 실행했는데요. 인류 최초로 핵실험에 성공하고 자신의 말대로 '세상의 파괴자'가 된 사람이 물리학자 '줄리어스 로버트 오펜하이머'입니다.

줄리어스 로버트 오펜하이머

1904년 미국 뉴욕에서 태어난 줄리어스 로버트 오펜하이머는 제2차 세계대전을 이야기할 때 빼놓을 수 없는 인물입니다. 제2차 세계대전은 미국이 일본에 원자폭탄 두 발을 투하하면서 사실상 끝이 났는데요. 이 무시무시한 핵무기를 만드는 데 주도적으로 나섰던 사람이 오펜하이머이기 때문입니다. 미국의 유복한 유대인 가정에서 태어난 오펜하이머는 어릴 적부터 물리학과 화학에 관심이 많았습니다. 그는 하버드 대학교 화학과에 수석으로 입학했는데요. 그는 20세기 초에 활약했던, 우리가 앞서 이야기했었던 막스 보른, 닐스 보어, 베르너 하이젠베르크 같은 석학들과 교류하며 물리학과 양자론을 공부했습니다. 이후 저명한 이론 물리학자가 된 오펜하이머는 미국 캘리포니아 공과대학에서 교편을 잡았습니다.

그러던 중 그의 이름을 더욱 유명하게 만든 사건이 시작되는데요. 제2차 세계대전이 한창이었을 당시 독일이 핵무기 개발에 착수했다는 첩보를 얻은 미국은 1942년에 '맨해튼 계획'을 실행했습니다. 미국이 주도하고 영국과 캐나다가 참여한 핵무기 개발 기밀 프로젝트였죠. 미국은 이 프로젝트를 통해 세계 최초로 핵분열 반응을 이용한 엄청난 파괴력의 핵폭탄을 개발하는 데 성공했습니다. 바로 이 계획에 오펜하이머를 비롯해 닐스 보어, 엔리코 페르미, 존 폰 노이만, 리처드 파인만 등 저명한 물리학계 석학들이 동원됐죠. 그리고 이 계획이 은밀히 이뤄지던 '앨러모스연구소'의 소장이 오펜하이머였습니다.

맨해튼 계획의 수장 오펜하이머는 당시 애국심에 불타고 있었습니다. 이는 유대인 가정 태생이었던 그의 출신과도 무관치 않죠. 당시 나치정권이 자행한 홀로코스트는 그의 분노를 이끌어냈으니까요. 다만 전쟁 이전 좌파적인 행보를 보여 미국 정부는 그를 마뜩찮게 생각했지만, 우려를 불식시키고 그는 프로젝트를 잘 이끌어 핵무기를 개발하는 데 성공합니다. 그는 핵실험에 성공하고 이렇게 말했다죠? "나는 이제 죽음의 신, 세상의 파괴자가 되었도다." 미국은 이들이 개발한 원자폭탄으로 일본제국을 항복시키고 태평양전쟁을 끝냅니다. 미국은 원자폭탄의 아버지라며 그를 칭송했죠.

그러나 막상 원폭이 떨어진 일본 나가사키와 히로시마의 참상을 전해 들으며 오펜하이머는 괴로워했다는데요. 그는 핵무기의 파괴력에 엄청난 충격을 받았고, 자신의 개발한 무기가 많은 인명을 앗아갔다는 것에 죄책감을 느꼈습니다. 이때부터 오펜하이머는 핵무기에 대해 회의론자로 돌아서게 되었죠. 그리고 정부의 정책에 반대하며 원자력 기술을 평화적으로 쓰자는 운동에 나섰습니다. 오펜하이머뿐 아니라 핵무기는 많은 사람들을 고통스럽게 했습니다. 아인슈타인도 핵무기의 위력과 참상을 알게 되자 자신이 발견한 "질량-에너지 등가원리를 찢어버리고 싶었다"는 말을 남겼습니다.

원자폭탄 투하 후의 일본 히로시마

좋은 책을 만드는 길, 독자님과 함께 하겠습니다.

신문으로 공부하는 말랑말랑 시사상식 – 과학 · IT

| | |
|---|---|
| 초 판 발 행 | 2023년 05월 10일 (인쇄 2023년 03월 31일) |
| 발 행 인 | 박영일 |
| 책 임 편 집 | 이해욱 |
| 편 저 | 시사상식연구소 |
| 편 집 진 행 | 김준일 · 김은영 · 남민우 · 김유진 |
| 표지디자인 | 김지수 |
| 편집디자인 | 최혜윤 |
| 발 행 처 | (주)시대고시기획 |
| 출 판 등 록 | 제10-1521호 |
| 주 소 | 서울시 마포구 큰우물로 75 [도화동 538 성지 B/D] 9F |
| 전 화 | 1600-3600 |
| 팩 스 | 02-701-8823 |
| 홈 페 이 지 | www.sdedu.co.kr |
| I S B N | 979-11-383-4943-7 (13030) |
| 정 가 | 17,000원 |